U1019752

汉语国际教育教材研究系列

商务汉语综合课系列教材论文册

倪明亮　编著

北京语言大学出版社
BEIJING LANGUAGE AND CULTURE UNIVERSITY PRESS

图书在版编目（CIP）数据

商务汉语综合课系列教材论．文册 / 倪明亮编著
．-- 北京：北京语言大学出版社，2015.5
ISBN 978-7-5619-4159-1

Ⅰ.①商… Ⅱ.①倪… Ⅲ.①商务－汉语－对外汉语
教学－教材 Ⅳ.① H195.4

中国版本图书馆 CIP 数据核字（2015）第 077952 号

商务汉语综合课系列教材论 文册
SHANGWU HANYU ZONGHEKE XILIE JIAOCAILUN WENCE

排版制作：北京创艺涵文化发展有限公司
责任印制：姜正周

出版发行：北京语言大学出版社
社　　址：北京市海淀区学院路 15 号，100083
网　　址：www.blcup.com
电子信箱：service@blcup.com
电　　话：编辑部　8610-82303647/3592/3395
国内发行　8610-82303650/3591/3648
海外发行　8610-82303365/3080/3668
北语书店　8610-82303653
网购咨询　8610-82303908
印　　刷：北京京华虎彩印刷有限公司

版　　次：2015 年 5 月第 1 版　　印　　次：2015 年 5 月第 1 次印刷
开　　本：787 毫米 × 1092 毫米　1/16　　印　　张：14.5
字　　数：308 千字
定　　价：48.00 元

PRINTED IN CHINA

序

倪明亮教授的又一力作《商务汉语综合课系列教材论》即将付梓，我有幸能提前读到书稿，十分高兴。倪教授从事对外汉语教学与研究三十余载，其中，与商务汉语的教学和编教结缘十多年。在即将步入人生第二段旅程之际，他决心把前半生的研究成果加以整理，为国际汉语教学事业做出一份贡献。为此，他临近花甲之年，笔耕不辍，佳作连连问世，令人十分感佩。

《商务汉语综合课系列教材论》，是我所读到的本领域对商务汉语综合课系列教材进行全面研究的第一部专著。全书从商务汉语综合课概述、商务汉语教材概述、大综合系列教材分析、小综合系列教材分析、大小综合系列教材对比分析、商务汉语综合课教材构架发展趋向等六个方面进行了详细的论述。尤为难能可贵的是，作者秉承其一贯的研究风格，在以该书《文册》展现其研究观点的同时，又以《表册》详列其研究资料数据；读者可由文及表，以表证文，二者互为补充，相得益彰。这一研究方法，给人不无启示。

当然本书的重要性首先在于作者所研究的课题：商务汉语的教学与教材。

自本世纪初开始涌现的世界上汉语学习的热潮，应该说主要是缘于我国改革开放以来连续三十多年经济的高速发展、国家经济实力的增长和国际地位的提高。各国与我国的经贸关系日益紧密，文化、教育关系随之而发展，在语言学习上就首先反映了出来。当然学习汉语有各种各样的动机和目的，有的人是想通过汉语获得所需的信息。但大家也都知道，当今汉语尚远未成为世界新资讯的首要载体，目前获得新资讯的最主要渠道也还不是汉语。吸引他们的自然还有中国文化的魅力，但五千年的中华文化一直存在，为什么偏偏现在出现学习汉语的热潮呢？恐怕“导火线”主要还是由于经济和贸易。今天，商贸汉语最充分体现了学习汉语的直接需要，体现了它的实用性：跟中国人做生意，最好直接用中文；懂汉语才能体验中国的商业文化，了解中国人的商业心理。而其他领域，比如科技、政治、外交等直接使用汉语的需要和可能似乎目前都还不如商务这么迫切。说商务汉语是汉语学习热潮中的热点，恐怕并不为过。尤其是“一带一路”战略的提出和亚投行的创建，进一步促进了我国和世界各国特别是亚非拉发展中国家的交流合作。新一波学习汉语热潮的到来，不会令人感到惊异；而排在首位的，必然又是对学习商务汉语的需求。

商务汉语的教学涉及听、说、读、写、译的教学，涉及口语和书面语的教学，涉及语言和文化的教学，也涉及教学法如何处理结构与功能的教学，可以说是汉语作为第二语言教学的一个缩影。但在我们的学科建设方面，毋庸讳言，对商务汉语教学的研究迄今仍是比较薄弱的一环，很多问题尚未进行讨论；已讨论的问题，至今仍有争论；即使过去被认为已经达成了的结论，今天由于形势的变化仍可以提出重新研究。可以说对商务汉语教学的研究，无论从学科建设来看，还是从教学的实际需要来看，都是十分紧迫的任务。

正是在这样的形势下，倪明亮教授的新著应运而生，对商务汉语综合课系列教材进行了比较全面的梳理，并提出自己的看法。相信这将为推动商务汉语教学的研究和商务汉语教材的研制起到很好的作用。

不敢言序，只是我读了本书的一点感想。

刘珣

于北京语言大学

2015 年 3 月

目　录

第一章　商务汉语综合课概述

随着汉语国际教育的深入发展，商务汉语教学越来越受到关注。作为对外汉语教学两翼（通用汉语和专用汉语）之一的专用汉语，商务汉语有很多地方与通用汉语不同，这是因为其特质性明显大于二者的同质性。本章从三个方面对商务汉语的特点进行了评述，这三个方面是：商务汉语概念界定；商务汉语综合课性质与特点；商务汉语综合课教学内容及方法。

第一节　商务汉语概念界定

商务汉语概念的界定，如同其名称的发展变化一样经历了30余年的发展。近十年来专家学者有关商务汉语概念的界定逐渐趋同，现将主要论述综合整理如表1–1所示：

表1–1　商务汉语概念界定论述简表

作者	有关界定的论述	时间	出处
朱黎航	商务汉语是商务专业用语与交际汉语紧密结合的专用汉语。商务汉语是专门用于商务活动的汉语。	2003	商务汉语的特点及其教学，《暨南大学华文学院学报》第3期
袁建民	商务汉语，一般是指为从事与中国进行经商、投资、置业等经济交往的外国人和外国留学生设置的专业汉语。	2004	关于商务汉语课程、教学和教材的设想，《云南师范大学学报（对外汉语教学与研究版）》第2期
万谊娜	商务汉语是特殊用途汉语的一种，是专门用于商务场合的特定工作与交际语言，它是一种交际能力的体现形式，既具有商务活动的专业性，又与基础性对外汉语的使用密切相关。	2004	对外商务汉语与基础性汉语的教学比较，《云南师范大学学报（对外汉语教学与研究版）》第6期
张黎	商务汉语是“为从事跨语言商务交际活动及相关活动的人员在商务工作和日常生活中所使用的汉语”。	2007	《经贸汉语课程研究》，商务印书馆
廖陈林	商务汉语是“商务人士在工作中需要使用的汉语”。	2007	在华商务人士汉语使用情况的个案调查，北京语言大学硕士学位论文
戴姗	商务汉语是一种专门汉语，它类似于化学、医学、物理等专用语，是专门用于商务活动的用语，但相对于其他专用汉语而言，商务汉语的专用程度又是比较低的。	2007	基于DCC三年经济日报语料的面向国际大企业商务领域词语统计方法研究，北京语言大学硕士学位论文
张晓慧	商务汉语是指人们在商务领域中进行工作和交流时所使用的语言，它是汉语的一部分，是具有专门用途的汉语。	2008	关于研制商务汉语功能大纲的思考，第九届国际汉语教学研讨会论文选
杨东升 陈子娇	“商务汉语不是商务加汉语，也不是汉语商务，而是一门专门的汉语”，它“具有一定的专业性”，“具有一般汉语所没有的很多特点，是一般汉语教学所无法替代的”。	2009	商务汉语课程总体设计，《大庆社会科学》第2期

续表

作者	有关界定的论述	时间	出处
崔妙莹	“商务汉语”是专门用语，拥有特定的词语，进行有文化差异的商务交流任务时使用。	2011	基于商务汉语改革的商务汉语需求调查分析，华东师范大学硕士学位论文
沈庶英	1）语言层面：商务汉语是应用于商务环境的以汉语为交际媒介的语言形式，属于专业汉语，也叫领域语言，是为实现专门用途交际所使用的特殊语境下的汉语，简称专门用途汉语。 2）课程层面：商务汉语是以应对商务环境下使用汉语进行交际所设置的专门教授这种特殊用途汉语的课程。 3）专业层面：商务汉语是以培养既懂汉语，又通商务，同时具有一定跨文化交际能力的复合型人才为目标的专业人才培养模式。	2013	《商务汉语教学理论研究与方法创新》，北京语言大学出版社

从表 1-1 可见，学者们对商务汉语概念的界定多是为了研究商务汉语的教学活动和教学行为，界定也随着时间的发展越来越成熟而全面，“商务汉语”这一概念的内涵不仅仅限于汉语教学，也是一个语言学概念。目前“商务汉语”概念已被业内人士广泛认知并且接受，成为这一领域的专有名词。

小结

在一门学科的确立过程中，概念界定是首要问题，清晰准确的概念界定是学科发展的前提和基石。商务汉语实际上是将汉语用于商务活动的专用汉语，即商务汉语是专门用于商务活动的汉语。商务汉语概念的最终界定，充分证明了这一点：名正，才能言顺。

第二节 商务汉语综合课性质与特点

商务汉语综合课是为第二语言学习者开设的商务专业方向的高级综合课。（沈庶英，2013）商务汉语综合课的性质体现为以下四个方面：（1）商务汉语综合课是一门语言课，其属性决定了它具有技能性、工具性；（2）商务汉语综合课是一门综合课，它与通用汉语综合课一样，一方面是所教授知识的综合，一方面是技能训练的综合；（3）商务汉语综合课与其他商务课程紧密相连，构成完整的商务汉语教学体系，直接联系着商务专业知识，其教学内容中的选篇、词汇、语法等均与商务活动紧密相关；（4）商务汉语综合课自身特点决定了它具有很强的实用性、交际性。

沈庶英（2013）在论述商务汉语综合课性质时指出，商务汉语综合课以语言为纲，以商务知识为目的，系统、直接教授语言知识，扇形、间接介绍商务知识和文化。学习者在提高汉语听、说、读、写四项技能的综合能力的同时，开始全面接触并逐步掌握商务活动的语言特点，大致了解并深入熟悉中国经济活动背景，开始认知并逐步了解具有中国特色的商务活动文化。

商务汉语综合课在商务汉语教学体系中，其特点在于它是一门核心课程，具体表现在它的内涵与使用范围、交际功能、语段篇章结构特征、词汇等方面。（张黎，2007）以商务汉语为主体，全面提升学习者的听、说、读、写四项语言技能是商务汉语综合课教学的基本目标。

小结

商务汉语综合课的性质在于它的“商务”和“综合”，其实质是以商务综合为内在核心，以汉语课为表现形式，二者相辅相成，又相得益彰地突现了商务汉语综合课的特点：它是一门核心课程。

第三节　商务汉语综合课教学内容及方法

商务汉语综合课的教学内容主要体现在两个方面：课文内容的宏观性，语言要素的微观性。宏观性是指课文内容应该包括整个中国经济、社会、经贸和金融活动以及商务文化等方面；微观性指的是语言要素的基本构成，其中以词汇最为鲜明。

课文内容的宏观性主要表现为两点。（1）课文内容选材的背景宏大，即课文要以进一步深化改革、推动市场经济发展为背景，选取代表当前经济社会进步倾向、在相当长一段时期具有较大影响力的内容。例如，中国沿海城市带的形成与发展，它从一个侧面彰显了改革开放以来，中国取得的重大成就，让世界重新认识了中国。（2）课文内容选材的场景宏观，即课文内容场景应该涉及商务活动的各个领域，恰当、合理利用这些具体场景。比如，可以选取保险公司作为场景，学习大家通常需要、运用的保险词语和表达方式，而不涉及具体的保险险种及相关业务。商务汉语的微观性在此特指构成课文内容的语言基本因素——基础词汇，即常用的基本生活词汇、一般业务词汇，专业术语除外。

商务汉语综合课教学方法至少作用于三个方面:（1）教材三大内容板块——商务汉语、商务知识和商务文化;（2）组成三大板块的具体构件;（3）整合其他教学法。就目前通行于对外汉语教学领域的各种教学法而言，笔者认为“综合教学法”应为商务汉语综合课的上佳教学方法。

商务汉语综合课是集商务汉语、商务知识和商务文化三大板块为一体的课程，教材本身就是一种教学内容综合的物化体。“教材是教学理念、教学原则、教学内容及教学方法的物化形态”,（华霄颖、徐少芬，2009）若按比例分配，以初级阶段为例，可以分为 7∶2∶1，即商务汉语占 70%，商务知识占 20%，商务文化占 10%。这样一种配比，反映在实际教学中，无疑综合教学法是最为适宜的，而我们在实际教学中也是这样操作的，而且效果良好。

商务汉语综合课是商务汉语、商务知识和商务文化三大板块的综合，需要通过讲授和训练使学习者掌握。第二语言教学中的听、说、读、写四大技能训练，完全适用于商务汉语综合课的商务汉语、商务知识和商务文化三个方面。

商务汉语教学界现在比较流行任务型教学法、内容型教学法、案例型教学法，呈现出的是一种多元教学法。商务汉语综合课可以取其所长，将其进行合理统一、有机综合，使之成为商务汉语综合课综合教学法里面的重要因子。

小结

商务汉语综合课的课文选材背景要宏大、场景要宏观，让学习者能够充分了解改革开放30余年中国经济社会发生的巨大变化；而要了解上述内容，必须通过课文内容的语言要素来进行。综合教学法是对商务汉语综合课内容的综合，是对语言技能训练的综合，是对各种教学法的综合。

第二章　商务汉语教材概述

任何教学活动都是通过教师、教法、教材才得以进行的，而教材作为教学内容的综合物化体，其重要性显而易见。本章首先概述了30余年来商务汉语教材的发展历程，根据调查统计，梳理出了商务汉语教材的三大类别——综合类教材、技能类教材、国别化教材。然后对三类教材分别进行了论述，其中对综合类教材，尤其是系列教材着墨最多。最后，从三个方面对三类教材的未来发展进行了简单预测。

商务汉语综合课系列教材（大综合的综合课教材部分和小综合）为本书主要研究对象，具体内容在以后各章节详细阐述。

第一节　商务汉语教材发展简述

现代商务汉语开始于20世纪80年代初，这一时期的商务汉语教学多集中在国际贸易领域，内容以交易性活动为主。1982年北京语言学院（北京语言大学前身）和北京外贸学院（对外经济贸易大学前身）联合编写的《外贸口语500句》是最早的商务汉语教材，这部教材的内容是以一笔进出口交易为主线，就合同条款进行磋商，从会见到议价、交货、支付、运输、保险，最终签订合同。80年代中期，以日本为代表的经济发达国家开始派遣一些公司职员来中国学习汉语，商务汉语学习的需求开始增加。1988年北京语言学院开设了经贸班，设有“外贸口语”和“外贸写作”两门必修课，当时所用的教材《外贸口语30课》和《外贸写作》于1991年正式出版，这是最早的供长期进修汉语的学生使用的商务汉语教材。（张黎，2007）随着我国对外贸易程度逐渐加深、贸易领域逐渐变宽，商务汉语的教学内容也有所变化，市场调查、业务讨论、会议演讲、企业文化等管理性活动和宴请、酒店服务等交际性活动成为主要教学内容。这一时期的商务汉语教材有《国际商务汉语》和《商务口语教程》等。

进入21世纪后，“大商务”的教学理念逐步形成，越来越多的外企进入中国，商务汉语的教学需求呈现层次化的趋势，企业职员和在校学生逐渐成为商务汉语学习者的主力军。这一时期的商务汉语教材也不再局限于贸易洽谈和贸易书面语言的训练，而是由简单的口语和写作技能的训练逐渐发展到听、说、读、写、译五项技能的全面训练，同时商务知识内容也在教材中占有一定比例。最新最广泛的教学法，如交际法、功能法、任务法和案例法等在新时期商务汉语教材中均有所体现。

据《商务汉语教学理论研究与方法创新》统计，2000年至2012年间，商务汉语教材出版达到80余套，有近200部之多。（沈庶英，2013）出版商务汉语教材的出版社也越来越多，这些出版社具有较强的专业性、前瞻性的特点，并且拥有大量具备一线对外汉语教学经验的编教队伍，比如北京语言大学出版社、北京大学出版社、外语教学与研究出版社、对外经济贸易大学出版社、华语教学出版社和商务印书馆等。可以说，目前的商务汉语教材比较丰富，我们在商务汉语教材的编写方面也有了一定的经验。

小结

纵观商务汉语教材30年来的发展，商务汉语教材已由早期的种类单一发展到现在的种类丰富多样，并且形成了多层次的教材体系。根据图书市场的不完全调查统计，目前商务汉语教材大致可以分为三大类：综合类教材、技能类教材、国别化教材。

第二节 商务汉语综合类教材

商务汉语综合类教材，顾名思义是指与商务汉语综合课配套使用的教材。通用汉语综合课包括了听、说、读、写各项技能的综合训练，李杨（1993）从言语技能的共性和个性出发，指出综合课是围绕语言基本要素与相关文化内容进行听、说、读、写的综合训练，具有融合性特点，是各专项技能课的纽带与核心。商务汉语综合课的性质与通用汉语综合课基本一致，课程内容主要包括汉语语言要素、商务文化知识和语言技能等。根据现有商务汉语综合课教材的出版情况可以看出，商务汉语综合课教材可分为单本教材和系列教材两部分。

2.1 单本教材

单本教材（个别含上、下册）是为了特定教学需要而设计的。据统计，目前市面上的商务汉语综合课单本教材共 22 部，具体情况如表 2–1 所示。

表 2–1 商务汉语综合课系列教材简表（单本）

编号	教材名称	出版时间	编者 / 主编	出版社
1	国际商务汉语（上、下）	1997	李忆民	北京语言大学出版社
2	基础实用商务汉语	2000	关道雄、遇笑容	北京大学出版社
3	国际商务汉语教程	2000	张泰平	北京大学出版社
4	商贸高级汉语	2001	金振邦、石克延	华语教学出版社
5	公司汉语	2002	李立、丁安琪	北京大学出版社
6	中国全景商贸汉语	2002	黄为之、杨廷治	语文出版社
7	中级商务汉语教程（上、下）	2004、2007	王惠玲、黄锦章	北京大学出版社
8	商务汉语速成（英文版）	2005	李振刚	华语教学出版社
9	BBC 初级实用商务汉语	2006	刘美如	北京大学出版社
10	体验汉语·商务篇	2006	张红、岳薇	高等教育出版社
11	经贸汉语·中级	2006	梁镛、王庆云	北京语言大学出版社
12	中国经济专业汉语教程	2007	龙清涛	北京大学出版社
13	实用商务汉语	2007	包文英	华东师范大学出版社

续表

编号	教材名称	出版时间	编者 / 主编	出版社
14	中国语新干线·商务表现（上、下）	2008	杜英起、冯富荣	北京语言大学出版社
15	实用商务汉语	2008	黄为之	华语教学出版社
16	经贸汉语（上、下）	2009	金一平	北京语言大学出版社
17	北京商务汉语（初级）	2010	董瑾	对外经济贸易大学出版社
18	商务汉语随学随用	2010	李俊桃	中央编译出版社
19	商务汉语一本通	2010	王立非	高等教育出版社
20	初级实用商务汉语（上、下）	2011	张丽华、熊欢	浙江教育出版社
21	成功商务汉语	2011	李琳	高等教育出版社
22	商务汉语入门（上、下）	2012	覃俏丽、万凯艳	旅游教育出版社

2.2　系列教材

系列教材通常是作为规划教材设计开发的，一般包括初级、中级和高级三部分。具体教材册数因各系列教材编者设计理念不同而略有不同，但一般至少包括两个级别或两部教材。笔者统计了目前市面上的商务汉语综合课系列教材共 12 套，为了便于分析、论述，我们把商务汉语综合课系列教材分为大综合和小综合两部分。

大综合教材不但包括商务汉语综合课初级、中级和高级系列教材，还包括了与之配套的技能课教材，如口语、阅读、写作、案例分析教材等，具体情况如表 2–2 所示。

表 2–2　商务汉语综合课系列教材简表（大综合）

<table>
<tr><th>编号</th><th>系列名称</th><th>综合课系列</th><th>出版时间</th><th>技能系列</th><th>编者 / 主编</th><th>出版社</th></tr>
<tr><td rowspan="4">1</td><td rowspan="4">国家对外汉语教学领导小组规划教材</td><td rowspan="2">商务汉语</td><td rowspan="2">1995</td><td>经贸初级汉语口语</td><td rowspan="4">黄为之</td><td>对外经济贸易大学出版社</td></tr>
<tr><td>经贸中级汉语口语</td><td>对外经济贸易大学出版社</td></tr>
<tr><td rowspan="2">经贸汉语</td><td rowspan="2">1998</td><td>经贸中级汉语听说</td><td>对外经济贸易大学出版社</td></tr>
<tr><td>经贸高级汉语口语</td><td>华语教学出版社</td></tr>
</table>

续表

编号	系列名称	综合课系列	出版时间	技能系列	编者 / 主编	出版社
2	新世纪商务（经贸）汉语系列	初级商务汉语精读	2007	初级商务汉语听力	董瑾	外语教学与研究出版社
		经贸汉语中级教程	2004	初级商务汉语口语		
		经贸汉语高级教程	2004	商务文化（初、中、高）		
				经贸汉语阅读与写作		
				经贸汉语听和说		
3	新思路商务汉语规划教材	商务汉语综合教程（1～4 册）	2010	商务汉语听说教程	仇鸿伟	对外经济贸易大学出版社
4	新丝路商务汉语系列教材	初级速成商务汉语	2009	商务汉语听力教程	李晓琪	北京大学出版社
		中级速成商务汉语	2009	商务汉语写作教程		
		高级速成商务汉语	2009	商务汉语口语教程		
		初级商务汉语综合教程	未出版	商务汉语阅读教程		
		中级商务汉语综合教程（生活篇、商务篇）	2012			
			2012			
		高级商务汉语综合教程	2012			
5	卓越汉语	商务致胜（1～5 册）	2011	高级阅读	王惠玲 周红	外语教学与研究出版社
			2011			
			2013			
			2012	公司实战		
			2012			
6	纵横商务汉语系列	中级综合 2 册	未出全	口语教程 4 册	李小萌	高等教育出版社
				听力教程 4 册		
		高级综合 2 册		阅读教程 5 册		

注：国家对外汉语教学领导小组规划教材中综合课系列和技能系列教材出版社不统一，因此分别标注。

小综合教材即商务汉语综合课系列教材，主要包括初级、中级和高级三部分，没有技能教材与之配合，具体情况如表 2–3 所示。

表 2-3　商务汉语综合课系列教材简表（小综合）

编号	教材名称	册数及开本	出版时间	编者 / 主编	出版社
1	商务汉语入门（基本礼仪篇）	各一册 16 开	2005	张黎	北京大学出版社
	商务汉语入门（日常交际篇）				
	商务汉语提高 （应酬篇、办公篇、业务篇）				
2	经理人汉语（语音篇）	一册 16 开	2005	张晓慧	外语教学与研究出版社
	经理人汉语（生活篇）	上、下册 16 开	2009		
	经理人汉语（商务篇）	上、下册 16 开	2005		
3	商务汉语（初级）	各一册 32 开	2007	大众中文网教材编委会	湖南科学技术出版社
	商务汉语（中级）				
	商务汉语（高级）				
4	实用商务汉语课本（初级）	各一册 16 开	2007	王又民 倪明亮	商务印书馆
	实用商务汉语课本（准中级）				
	实用商务汉语课本（中级）				
	实用商务汉语课本（准高级）				
	实用商务汉语课本（高级）				
5	通用商务汉语	三册 大 16 开	2010	季瑾	对外经济贸易大学出版社
6	赢在中国（语音汉字篇）	一册 大 16 开	2010	季瑾	北京语言大学出版社
	赢在中国（基础篇）	1～3 册 大 16 开	2010		
	赢在中国（提高篇）	一册 大 16 开	2011		
	赢在中国（成功篇）	一册 大 16 开	2011		

商务汉语综合课系列教材一般是作为规划教材设计开发的，小综合系列教材只包括商务汉语综合课的初级、中级和高级三部分；大综合系列教材不但包括商务汉语综合课的初级、中级和高级教材，还包括了与之配套的技能课教材，如口语、阅读、写作、案例分析教材等。通过比较大小综合的教材简表，可以看出以下情况：

2.2.1 教材名称

大综合系列教材的共同特点是都具有系列名称，例如“卓越汉语”“新丝路商务汉语系列教材”等，系列名称显示了大综合各系列教材的特点或特色。与之相比，小综合系列教材的名称较单一，但具体名称较清晰，如《通用商务汉语》《实用商务汉语课本》；小综合系列教材中的《经理人汉语》和《赢在中国》两个系列是专门为欧盟经理人项目编写的，均适用于集中强化的商务汉语培训，具有阶梯性和层级性。

2.2.2 出版时间

从出版时间上看，大综合系列教材的出版时间最早为 1995 年（国家对外汉语教学领导小组规划教材《商务汉语》），最晚为 2013 年（“卓越汉语”系列），时间跨度前后共 18 年。小综合系列教材的出版时间最早为 2005 年（“经理人汉语”系列），最晚为 2011 年（“赢在中国”系列），时间跨度前后共 6 年。由此可见，小综合系列教材的发展时间较短，大综合系列教材的发展时间较长，体系更加成熟完善。

2.2.3 教材编者

大、小综合系列教材的编者大部分都是从事商务汉语教学研究多年、具有丰富经验的大学一线教师。新丝路商务汉语系列教材的主编李晓琪 1984 年起从事对外汉语教学工作。曾任北京大学对外汉语教育学院院长、北京大学汉语国际推广领导小组副组长、《汉语教学学刊》主编、“商务汉语考试”研发办公室负责人。2010 年 5 月 19 日，国际商务汉语教学与资源开发基地在对外经济贸易大学成立。对外经济贸易大学拥有高水平的商务汉语教学和研究队伍，在商务汉语教学方面积累了丰富经验，大、小综合系列教材的编者大部分都是对外经济贸易大学的骨干教师，如董瑾、季瑾和仇鸿伟。

2.2.4 出版社

大、小综合系列教材的出版以对外经济贸易大学出版社和外语教学与研究出版社为主，国家对外汉语教学领导小组规划教材《商务汉语》《新思路——商务汉语综合教程》和《通用商务汉语》均由对外经济贸易大学出版社出版；“经理人汉语”系列、新世纪商务（经贸）汉语系列和“卓越汉语”系列教材均由外语教学与研究出版社出版。除此之外，北京大学出版社、商务印书馆、华语教学出版社、湖南科学技术出版社和北京语言大学出版社也先后出版了商务汉语综合课系列教材。

需要说明的是，本书的主要研究对象为商务汉语综合课系列教材（大综合的综合教材部分和小综合），不包括商务汉语技能类教材和国别化教材。

小结

商务汉语综合课综合类教材分单本教材和系列教材。单本教材第一部出版于1997年(《国际商务汉语》)，目前已经正式出版了22部单本教材。系列教材是综合类教材的主体，它由大综合与小综合两部分组成，已经面世的大、小综合教材各6套（含未出全的），最早的一部是《商务汉语》(1995)，最近的一部是《商务致胜》(2013)，两部教材均为大综合系列教材。

第三节 商务汉语技能类教材

技能类教材是单独训练学习者听、说、读、写各项语言技能的教材，主要包括口语、阅读、写作、案例分析教材和文化教材等。据统计，目前市面上的商务汉语技能类教材有系列教材 5 套（12 部）、单本教材 21 部，总计 33 部教材。由于技能类教材不是本书的主要研究内容，因此不再做具体细分，具体情况如表 2–4 所示。

表 2–4 商务汉语技能类教材简表（系列及单本）

<table>
<tr><th>编号</th><th colspan="2">教材名称</th><th>出版时间</th><th>编者 / 主编</th><th>出版社</th></tr>
<tr><td rowspan="2">1</td><td rowspan="2">对外汉语本科系列教材</td><td>商务口语教程</td><td>2000</td><td>张黎
张静贤
聂学慧</td><td>北京语言大学出版社</td></tr>
<tr><td>当代中国经济</td><td>2000</td><td>苏育平</td><td>北京语言大学出版社</td></tr>
<tr><td rowspan="2">2</td><td rowspan="2">北大版新一代对外汉语教材·商务汉语教程系列</td><td>商务汉语金桥——中级会话</td><td>2005</td><td>孙冰</td><td rowspan="2">北京大学出版社</td></tr>
<tr><td>成功之道：中级商务汉语案例教程</td><td>2005</td><td>袁芳远</td></tr>
<tr><td rowspan="3">3</td><td rowspan="3">汉语商务通系列</td><td>汉语商务通——中级听力教程</td><td>2007</td><td rowspan="3">董瑾</td><td rowspan="3">北京大学出版社</td></tr>
<tr><td>汉语商务通——中级口语教程</td><td>2005</td></tr>
<tr><td>汉语商务通——中级阅读教程</td><td>2005</td></tr>
<tr><td rowspan="4">4</td><td rowspan="4">商务汉语案例阅读教材系列</td><td>商务汉语经济案例阅读教程</td><td>2006</td><td rowspan="4">邢欣</td><td rowspan="4">北京大学出版社</td></tr>
<tr><td>商务汉语广告案例阅读教程</td><td>2008</td></tr>
<tr><td>商务汉语营销案例阅读教程</td><td rowspan="2">未出版</td></tr>
<tr><td>商务汉语管理案例阅读教程</td></tr>
<tr><td rowspan="3">5</td><td rowspan="3">发展商务汉语系列</td><td>发展商务汉语口语篇</td><td>2010</td><td rowspan="3">李泉</td><td rowspan="3">上海外语教育出版社</td></tr>
<tr><td>发展商务汉语听力篇</td><td>2010</td></tr>
<tr><td>发展商务汉语读写篇</td><td>2010</td></tr>
<tr><td>6</td><td colspan="2">外贸洽谈五百句</td><td>1982</td><td>北京语言学院
北京对外贸易学院</td><td>华语教学出版社</td></tr>
</table>

续表

编号	教材名称	出版时间	编者 / 主编	出版社
7	商业汉语（全英文）	1990	—	华语教学出版社
8	商用汉语会话	1993	郭力	北京大学出版社
9	汉语外贸口语 30 课	1999	张静贤	北京语言学院出版社
10	经贸洽谈 ABC	2002	刘丽瑛	北京语言大学出版社
11	外贸写作（第二版）	2003	赵洪琴 吕文珍	北京语言大学出版社
12	放眼天下——国际商务汉语	2003	任长慧	北京语言大学出版社
13	商务汉语金桥——中级阅读（上）	2004	王惠玲 黄锦章	北京大学出版社
14	新汉语经济新闻阅读教程·高级篇（上）	2004	王惠玲 王惠成	北京大学出版社
15	新世纪中级商用汉语课本（上、下）	2005	郭珠美	北京语言大学出版社
16	基础商务汉语——会话与应用	2005	王晓钧 张旺熹 孙德金	北京语言大学出版社
17	中级商务汉语实用对话	2007	黄为之	北京语言大学出版社
18	商务洽谈 500 句	2008	刘艳慧 柳叶青	华语教学出版社
19	BCT 商务汉语写作教程	2009	杨东升 陈子骄	北京语言大学出版社
20	商务汉语实用口语	2010	刘金兰	对外经济贸易大学出版社
21	高级商务汉语阅读	2010	华霄颖	华东师范大学出版社
22	商务汉语写作	2011	周红	学林出版社
23	商务汉语 800 句	2012	齐沪扬 刘慧清	商务印书馆
24	经贸汉语阅读教程	2012	钱玉莲	北京语言大学出版社

续表

编号	教材名称	出版时间	编者 / 主编	出版社
25	经济新闻听力	2012	丁俊玲 陈芳	学林出版社
26	商务汉语言文化启蒙	2012	叶蓉	上海社会科学院出版社

小结

《外贸洽谈五百句》(1982)是第一部商务汉语教材，也是第一部技能类教材，它开创了商务汉语技能类教材的先河。从已知的33部教材来看，超过三分之一是口语类教材，阅读类教材超过了10部。可见，口语类与阅读类教材占据了全部商务汉语技能类教材的半壁江山。

第四节　商务汉语国别化教材

国别化汉语教材指根据不同国家、地区的经验、文化、历史、种族与宗教特点编写汉语教材，在教材中体现出不同民族的文化特征、教育制度与规范等社会、文化特征。教材的使用环境分为各国通用和分国别使用两种，国别化教材一般是指分国别使用的教材。

现行的商务汉语教材许多是“以教师为中心”，从学生视角出发的偏少，难以满足学生需求；各国与中国的经济往来也有不同侧重，根据具体国家国情设计编写的国别化商务汉语教材更具有针对性，符合教材编写的原则。笔者统计了目前市面上的商务汉语国别化教材，如表 2-5 所示。可以看出，目前国别化的商务汉语教材仍较稀缺，国别化商务汉语教材的编写将成为商务汉语教材的重要发展方向之一。

表 2-5　商务汉语综合课系列教材简表（国别化教材）

<table>
<tr><th>编号</th><th colspan="2">教材名称</th><th>册数及开本</th><th>出版时间</th><th>编者 / 主编</th><th>出版社</th></tr>
<tr><td>1</td><td colspan="2">体验汉语·商务篇</td><td>一册
大 16 开</td><td>2006</td><td>张红
岳薇</td><td>高等教育
出版社</td></tr>
<tr><td rowspan="3">2</td><td rowspan="3">“财经中文”系列
教材</td><td>财经基础中文</td><td>一册
16 开</td><td>2009</td><td>龚宁珠</td><td>云南大学
出版社</td></tr>
<tr><td>财经中文</td><td colspan="4" rowspan="2">尚未出版</td></tr>
<tr><td>财经中文学习手册</td></tr>
<tr><td>3</td><td colspan="2">商务汉语</td><td>三册
16 开</td><td>2010</td><td>范晓玲</td><td>新疆教育
出版社</td></tr>
</table>

注:《商务汉语》教材目前只在新疆地区发行。

小结

国别化教材只有 3 部，其中两部针对性很强，而且是单一国别化教材。随着汉语国际教育的深入发展，商务汉语综合课的国别化教材有着极大的提升空间，可视为将来发展的主要方向之一。

第五节　商务汉语教材的未来发展

从商务汉语教材的发展可以看出，随着商务汉语教学研究的发展、教学方法的不断革新，商务汉语教材编写已经取得一定成绩，但与此同时仍存在一些问题，如商务汉语教材覆盖面不够、缺乏针对性和系统性以及教材编写缺乏统筹规划等。针对这些问题，我们认为商务汉语系列教材的编写必将成为今后商务汉语教材的发展方向。商务汉语系列教材的编写应该注意以下三个方面：

一、系列教材层级要完整，一般包括初级、中级和高级三个层级，个别系列教材层级不完整但至少应该包括两个层级。具有完整层级的系列教材可以满足教学中对初级、中级、高级的商务汉语教材相互配套使用的需要，教材的覆盖面更为广泛。

二、系列教材的编写者在编纂前可以从商务汉语教学总体布局出发进行统筹规划，在内容的编写上由浅入深、循序渐进，可以避免出现初级教材和通用教材较接近而高级教材又过于专业的极端问题，由此显示系列教材较强的系统性。

三、系列教材的各层级编者要在同一编写理念指导下编写教材，使得系列教材具有整体特色，各层级教材的人物、课文内容、生词语法讲解和练习形式统一有序，这样更有助于配合具体教学法运用于课堂教学。

教材是教学思想、教学原则、教学方法和教学要求的物化，又是课堂教学和测试的依据，在整个教学环节中的位置十分重要。未来的商务汉语教材建设应更加重视和发展编写系列教材；研究不同国家与中国的经济贸易特点、文化差异进而发展国别化教材；在商务汉语教材的形式上打破单一纸质书籍形式的限制，充分利用目前科技研究的成果，大胆尝试多媒体商务汉语教材的编写。商务汉语教材这一桥梁搭建得更加稳固，必定会使商务汉语学习者的步伐更加稳健，使商务汉语教学取得长足发展。

小结

本节细数了商务汉语综合类、技能类、国别化教材后发现，商务汉语综合课教材的未来发展趋向，应该定位在系列教材上面，其原因在于它具有三方面的原动力：(1) 大多数可以由出版社组织、策划；(2) 国家汉办定期的规划项目；(3) 编著者根据社会需求自主研制开发。可以预见，未来的商务汉语系列教材必将出现百花争艳的局面。

第三章　大综合系列教材分析与评估

商务汉语大综合系列教材始于 1995 年，由国家汉办规划，堪称第一套大综合系列教材。截至 2013 年又陆续出版了 4 套系列教材。本章对这 5 套教材进行了全方位的描述和分析，包括构成教材的八个方面：编排、选篇、语音、词汇、语法、修辞、文化、练习，并以此为基础制定了大综合系列教材各项点分析表。在对大综合初级、中级和高级教材相关项点进行分析之后，给出了一份预测性的评估结果。本章对评估过程不做详述，评估标准详见有关评估表。

阅读者可以根据本章内容做出自己的评判，如果想得到一个较为理想的评估结果，可以将本章中的某部教材用于实际教学，从而得到一个客观性评价。

本章内容与《表册》第一章相关项点表及第二章相关评估表对照。

表 3-1　初级商务汉语综合课系列教材（大综合）简表

编号	教材名称		出版时间	编者 / 主编	出版社
1	国家对外汉语教学领导小组规划教材	商务汉语	1995	黄为之	对外经济贸易大学出版社
2	新世纪商务（经贸）汉语系列	初级商务汉语精读	2007	董瑾	外语教学与研究出版社
3	新丝路商务汉语系列教材	初级速成商务汉语 1	2009	李晓琪	北京大学出版社
		初级速成商务汉语 2			
4	新思路商务汉语规划教材	商务汉语综合教程 1	2010	仇鸿伟	对外经济贸易大学出版社
		商务汉语综合教程 2			
5	卓越汉语	商务致胜 1	2011	王惠玲 周红	外语教学与研究出版社

表 3-2　中级商务汉语综合课系列教材（大综合）简表

编号	教材名称		出版时间	编者 / 主编	出版社
1	国家对外汉语教学领导小组规划教材	经贸汉语	1998	黄为之	华语教学出版社
2	新世纪商务（经贸）汉语系列	经贸汉语中级教程	2004	董瑾	外语教学与研究出版社
3	新思路商务汉语规划教材	商务汉语综合教程 3	2010	仇鸿伟	对外经济贸易大学出版社
4	新丝路商务汉语系列教材	中级速成商务汉语 1	2009	李晓琪	北京大学出版社
		中级速成商务汉语 2			
		中级商务汉语综合教程（生活篇）1	2012		
		中级商务汉语综合教程（生活篇）2			
		中级商务汉语综合教程（商务篇）1			
		中级商务汉语综合教程（商务篇）2			
5	卓越汉语	商务致胜 2	2011	王惠玲 周红	外语教学与研究出版社
		商务致胜 3	2013		

表 3-3　高级商务汉语综合课系列教材（大综合）简表

编号	教材名称		出版时间	编者 / 主编	出版社
1	新世纪商务（经贸）汉语系列	经贸汉语高级教程	2004	董瑾	外语教学与研究出版社
2	新思路商务汉语规划教材	商务汉语综合教程 4	2010	仇鸿伟	对外经济贸易大学出版社
3	新丝路商务汉语系列教材	高级速成商务汉语 1	2009	李晓琪	北京大学出版社
		高级速成商务汉语 2			
		高级商务汉语综合教程 1	2012		
		高级商务汉语综合教程 2			
4	卓越汉语	商务致胜 4	2012	王惠玲 周红	外语教学与研究出版社
		商务致胜 5			

第一节　教材的编排

编排体例是一套教材的骨架，是实现教材编写的构建方式。考察一套教材如何编排，能够从中了解编者的编写意图和指导理念。从20世纪90年代至今，5套商务汉语综合课系列教材先后出版。总的来看，这些教材在很大程度上都继承了早期商务汉语教材的编写传统，所呈现的体例相对稳定。同时可以看到，沿袭了传统的教材编写者们仍不忘创新，从程式化的编写模式中寻求新的突破。

1.1　传承

1.1.1 基本体例保持不变

5套系列教材中出版时间最早的是国家对外汉语教学领导小组规划的两部经贸汉语系列教材，采用的是最简单的体例，即"课文—生词—注释—练习—文化"。该体例由通用汉语综合课教材确定下来并得到广泛的认可，日后的商务汉语综合课教材多借用这一基本构架。5套商务汉语综合课系列教材的体例大体都遵循了这一构架，并以此为基础进行扩展和改动。

较早的《经贸汉语》，共25课，不分单元，每课含一篇课文，生词不注词性，不设专有名词，注释内容只包含一个词语解释和文化点介绍，练习形式比较单一，全书单色印刷并且没有插图。新时期的教材延续了这一基本构架，但编写者们对具体环节做出了许多改进，使教材尽可能地贴近学习者的生活，引发学习者的学习兴趣，并且便于学习者使用。

首先，多数教材在课文前设置导入部分，对课文情境或内容进行简单描述，或简要提炼出本课的学习目标，给学生以初步的印象及明确的目标。"新世纪"和"卓越汉语"系列教材都在课文前安排了导入，"新丝路"系列教材的课前导入部分则采用提问形式，通过与课文话题相关的问答引出课文内容。其次，多数教材扩充了课文数量。"新世纪"系列和"卓越汉语"系列在主课文板块后增设副课文板块，以丰富教学内容，给学习者提供自学的材料。"新丝路"和"新思路"系列则每课安排2～3篇课文，多篇课文并行，难度循序渐进。此外，练习板块得到了丰富，出现了多种形式的练习，并按照一定的目标和功能分类。"新丝路"和"卓越汉语"系列都设置了综合练习板块，以总结、补充、扩展该部分的语言点练习或技能练习。

1.1.2 以功能为纲的指导思想

20 世纪 80 年代后，功能和结构相结合的教学思想对对外汉语教材产生了普遍影响，涌现出了一批以功能为主线的汉语教材。纵观商务汉语综合课教材，功能的主题非常突出：这一方面是因为商务汉语教材起步较晚，编写思路大多参考了通用汉语教材；另一方面是源于商务汉语自身的特性。商务汉语的专业性强，对教材的实用性要求较高，且多数商务汉语教材是为有一定汉语基础的学习者编写的。因此，在这 5 套综合课系列教材中，一课一情境，一个教学单元承担一种功能，课文、生词和练习都围绕着一个话题或功能进行设计。除主干板块之外，5 套教材在其他板块的设计上也遵循了“重功能、重实用”的编排原则。

《商务汉语》和《经贸汉语》的使用对象是有一定汉语基础、打算来中国进行贸易活动的外国客商，教材以一个外商到中国进行商务活动的故事为主线，每课安排一个具体情境，课文后给出该课的重点句，这是为了帮助学习者提炼出日常生活或商务交际所需的关键句式，让他们能够尽快进行交际。“新丝路”系列的《中级商务汉语综合教程（生活篇）》在每课的最后设一个板块，列出与本课话题相关的常用语，在教材的最后还有常用语附录，便于学生快速查阅。“新世纪”系列的《初级商务汉语精读》的使用对象是具有初级汉语水平的外国留学生，内容以几个学生的留学生活为主线，每一课设有“实用文体”板块，介绍日常生活和商务活动可能会接触到的多种语言形式，比如申请表、广告、海报、价目表等，在扩展知识的同时还意在帮助学习者解决生活中可能遇到的问题，实用性很强。

1.1.3 系统的稳定与变化

5 套教材多数均跨越了初、中、高三个等级，教材编排既要保持一定程度上的稳定，使一套教材成为一个和谐的整体，又要适当地变化以区分各部教材的难易水平。

“新思路”系列教材共 4 部，每部 15 课，每课都安排了“课文、生词、语法要点、课堂练习、练习与作业、阅读理解”几个板块，没有多出或遗漏的，显得整齐划一。变化之处在于每部的课文篇数和长度：第一部每课有三篇课文，第二部减少到每课两篇，第三、第四部每课只有一篇课文；课文篇数减少的同时，长度逐渐增加。这样的安排均衡考虑了教学内容的难度，以及不同水平学习者的能力。对于初学者而言，较短的对话或语段更容易理解和记忆；到了中高级阶段，学习者应具备一定的阅读和理解较长篇章的能力。除课文外，该系列教材还对“阅读理解”部分做了变化处理：第一、第二部的阅读理解文章后附有思考题，第三部在此基础上增加了选择题，第四部又增加了问答题。这些细微的改动体现了编写者稳中求变的指导思想。

除“新思路”系列以外，“新世纪”和“卓越汉语”系列的初、中、高各部教材都保持着体例的稳定和一致，板块编排变化不大。如“卓越汉语”系列，整套教材使用的都是“导读—核心句—主课文—生词—重点词语—语言点—语言点练习—综合练习—副课文—生词—练习”的编排体例，从头至尾固定不变。

体例变化较为灵活的是“新丝路”系列教材，初、中、高三个等级的教材在编排体例上的差别相比其他几套教材较为明显。但编写者也保持了一定的系统性，每个等级的教材分为两部，两部教材体例一致，不同等级的教材之间保持着密切联系。

稳定的体例能使学习者很快熟悉、适应教材，但过于固化的程序在功效上可能存在一定的局限性；富于变化的体例能带给学习者新鲜感，但太过无章的体例规律性欠佳，容易干扰学习者的使用。一套完整的商务汉语综合课教材的编排应该在稳定与变化之间找到平衡点。

1.2 发展与创新

1.2.1 适用对象

关于商务汉语教材适用对象的探讨，即为谁编写商务汉语教材，是教材编写不可回避的问题之一。商务汉语教学承担的任务有别于通用汉语教学，大量的商务汉语教材都是为有一定基础的汉语学习者编写的。随着时代的发展，学习者学习商务汉语的需求日渐增加，商务汉语教材适用对象的范围也在逐渐扩大，近年来为零起点学习者编写的商务汉语教材也越来越多。

大体上看，5套教材的适用对象主要分为两类：一类是在学制内的系统学习汉语的留学生，一类是学制外的从事商务活动的人员。“新世纪”和“新思路”系列教材的适用对象属于前者，“新丝路”和“卓越汉语”系列教材的适用对象属于后者。

5套教材中只有“新丝路”系列的《初级速成商务汉语》是为零基础的初学者编写的，教材开头设置了语音部分，简单介绍了汉语语音基本知识，其他教材都在开篇直接进入语法部分的学习。“新丝路”系列还将《中级商务汉语综合教程》分为生活篇和商务篇，区分日常生活交际和商务交际，这种编排方式与小综合类教材《经理人汉语》类似。总体来看，大综合商务汉语系列教材的编排更专业化，更专注于商务汉语本身的内容，对学习者的汉语水平要求更高。例如，“卓越汉语”系列对每一部教材的适用对象都有所说明，按照学习时间和学时来划分对象的汉语水平，且日常生活交际不属于教学内容的主线，教材跳过语音阶段和基础的日常交际，直接进入系统的商务汉语内容。又如“新思路”系列教材，生词板块以外的其他部分都无拼音标注和译文对照，课文全采用语篇的形式，教材的难度显而易见。

1.2.2 参考大纲

从早期的无纲可循到现在的一系列汉语大纲的涌现，商务汉语教材的编写开始重视对相关大纲的利用。随着部分学习者的起点升高，简单零碎的内容不能满足较为专业的商务汉语教学的需要，而参考大纲进行编写是加强教材系统性、科学性以及针对性的有效手段之一。早期教材在参考大纲方面的欠缺激励着研究者建设商务汉语大纲，大纲的出版又给新的商务汉语教材的编写提供了一定的理论支持。

《初级商务汉语精读》是“新世纪”系列教材中最后出版的，针对准备进入经贸专业学习的留学生，参考了《高等学校外国留学生汉语言专业教学大纲》。由于不少学习者还有通过商务汉语考试的需求，一些商务汉语综合课教材也将这一点纳入其中。“新丝路”和“卓越汉语”系列都参考了《商务汉语考试大纲》，还结合考试内容和题型来设计教材，学习者在学习商务汉语的同时可以利用教材辅助准备考试。5 套教材出版年代不尽相同，对相关汉语大纲的参考也有所不同，但不得不说，利用大纲监控和辅助教材编写是未来的一大趋势。

1.3　教材点评

“新丝路”系列的《初级速成商务汉语 1》的编排体例在所考察的 5 套商务汉语综合课系列教材中显得尤为独树一帜。如前文所述，5 套教材几乎都遵循了“课文—生词—注释—练习—文化”这样一种传统的、固定的体例模式。而《初级速成商务汉语 1》的编排体例突破了以往教材的固有模式，在以功能为纲的编写理念基础上，编写者开始从第二语言习得的角度去思考教学流程，寻求教材编排体例上的创新。该教材在“说明”部分详细介绍了每课的构成板块，如表 3–4 所示。

表 3–4　《初级速成商务汉语 1》板块具体说明表

板块名称	主要内容	意义
认一认	图片	学习生词
说一说	图片、表格及相应的句子	1. 复习生词； 2. 进行句式表达
学一学	语法点、表达方式	掌握语法知识和某些特别的表达方式

续表

板块名称	主要内容	意义
练一练	1～2个以实际场景为背景的对话或小短文	1. 复习前两个板块所学的词汇、句式； 2. 掌握会话的承接、连贯等； 3. 进行简单的成段表达
听一听	与课文内容相关的听力练习	复习所学内容，提高听力水平
补充词语	与课文内容相关的词语	扩大词汇量，作为教学内容的补充
文化点击	与课文内容相关的，有关中国国情、文化等的介绍和说明	让学习者了解中国的国情与文化

“认一认、说一说、学一学、练一练、听一听”这些板块的组成并不单纯，除了表3-4概括的“主要内容”之外，几乎每个板块都有自己的“生词、注释、练习”，相当于一个小型的综合性教学环节。这种编排模式讲练结合的程度很高，操作性极强，语言知识逐步呈现，相应配备环环相扣的练习，同步锻炼学习者的语言技能。在形式上，大量图片和表格代替了文字，指令性和趣味性结合的练习、游戏代替了大段课文和语法讲解，教材因而显得生动灵活，尤其适合初级水平的学习者。编写者将传统的“课文—生词—注释—练习—文化”的体例打破，把它们糅合在一起，再按照学习者的习得顺序将其重组，设计出来的教材体例看似颇无规则，实际上仍有线索可循。这种全新的编排模式是否科学有效还需要实践的检验，但由此体现出的独特的编写理念无疑是商务汉语综合课教材未来发展的宝贵的财富。

小结

5套商务汉语综合课系列教材基本沿用了一个传统的、常用的体例模式，以功能法指导教材设计，整套教材的编排呈现出较为稳定的共同特征。虽然教材编排在相关大纲的参考、体例的创新方面仍处于初步探索中，但是部分教材对此做出的尝试与改变是值得注意的。

第二节　教材的选篇

2.1　初级

2.1.1 课程设置目的

商务汉语是一门有别于通用汉语、针对专门用途及领域所设置的汉语课程，是从事跨语言商务交际活动者在商务工作与生活中所需使用的语言。对外汉语教学界曾普遍认为，商务汉语的授课对象应该是中高级汉语水平学习者，但随着初级商务汉语学习者的不断增加，以及初级商务汉语教材的不断问世，不少专家学者逐渐改变了对商务汉语的认识，并开始着手研究初级商务汉语的相关问题。其中，选篇就是备受关注的问题之一。

初级商务汉语教材为面向初级阶段学习者的商务汉语教学的教材，主要是为有一定汉语基础、打算来中国从事商务活动的外国学生及商人进行商务汉语入门阶段的学习所设计的专业领域的汉语教材。其除了具有特有的专业性外，还具有较强的通用性，这一特点决定了商务汉语与通用汉语教材存在一定程度的重叠。初级阶段设置商务汉语课程，并不否认通用汉语的重要性，而是以通用汉语为基础，引入商务场景、商务表达、商务文化等因素。目的是在进一步培养学生听、说、读、写、译各项综合技能，掌握日常基本交际需求的前提下，满足学习者进行基本商务交际的需求，使学生尽快融入汉语语言环境的商务交际活动中，减少商务活动中的语言障碍，从而为其掌握并运用更高层次的商务汉语打下基础。为实现这一目的，初级商务汉语教材的选篇主要围绕基本的商务交流设置，同时又涉及日常生活的基本话题。

2.1.2 选篇原则

课文是教材的主体，是教材中至关重要的一项组成部分。“一本教材能否受到使用者和学习者的欢迎，课文的内容与语言起着至关重要的作用。”（赵金铭，1997）可见，一部教材的选篇决定着教材的优劣。谈到教材的编写原则，赵金铭（1997）曾在《对外汉语教材创新略论》一文中提到：“结构、功能、文化三者相结合，作为对外汉语教材的基本编写原则，是教材编写的一种理想模式。”我们认为，商务汉语作为一种商贸活动专用语言，在教材编写方面不仅要遵循结构、功能、文化三者相结合的编写原则，更要在课文选篇方面突出商务交际功能，只有这样才能达到学习和运用商务汉语的真正目的。作为一类汉语教材，初级商务汉语教材所选的言语材料必须是每课学习目标的中心，注重科学性，教授正确的语言知识。这不仅是通用教材要遵循的选篇原则，也是商务汉语教材课文选篇所必须遵循的原则。

除了注重科学性，教材的选篇还要具有实用性和趣味性。正如佟秉正（1991）所言："不少教材中的对话像审讯中的一问一答，绝非正常人的交谈，纯粹是为了练习语法或功能，完全脱离现实。有的短文根本不能称其为短文，因为只是把两个人的对话堆砌起来而已。"李晓亮（1996）也指出："我们使用的教科书充斥着枯燥无味的对话，生拉硬扯将一些毫不相干或极不自然的句子拼凑在一起，虽然表达了语法，但语法是在一种干巴巴的语言环境中表达出来的。学生接触到的汉语毫无生气，脱离实际，越学越没有兴趣，许多满怀信心要学习汉语的学生，只好半途而废。"通过以上论述，我们认为，一部教材无论其编写理念多么高明，体例编排多么创新，印刷装订多么精致，如果其课文内容设置得枯燥无味、不切实际，就不能算是一部好的教材。因而，实用性和趣味性也是初级商务汉语教材选篇所要遵循的重要原则。

此外，商务汉语作为专门学科的对外汉语教材，其教材选篇还要注重典型性，主要表现在选取合适的商务场景和商务话题。作为初级阶段的商务汉语综合课教材，在选篇上尤其要处理好从通用教材的日常交际话题向商务话题过渡的问题。以选取最基本的商务交际话题为主，引导学生逐步进入商务人士的角色，能够完成基本的商务交际活动。

2.1.3 课文特点

教材展现是教学的主要内容，而课文正是体现语言类教材主题的重要一环。李泉（2004）认为，教材的第一要素就是课文，它是教材成败的关键因素。既然课文在教材编写中占据如此重要的地位，可以说编好教材的关键就是编好课文。研究者在比较课文选篇的优缺点时，常常就话题是否实用、情境是否合理、体裁是否规范等三方面进行分析。本文将从以上三方面对初级商务汉语综合课的5部教材进行对比分析。

（1）课文话题

根据《商务汉语考试大纲》，并参考钱敏汝（1997）、张黎（2006）等人的观点，我们将商务汉语综合课教材的课文所涉及的主题（含具体话题）分为以下四类，如表3-5所示。

表3-5　商务汉语教材课文涉及的主题简表

主题	具体话题
日常生活类	相识介绍、寒暄、饮食、住宿、旅游、购物、拜访、聚会等
组织管理类	招聘、待遇、录用、交流意见、企业文化、企业结构等
交易洽谈类	营销、投资、谈判、银行业务、商业纠纷等
政策法规类	国家政策、法律法规、贸易文本、经济管理体制等

根据上述类分类，我们将 7 部教材核心课文的话题进行了统计分析，可以看到其商务话题的主要分布情况，如表 3–6 所示。

表 3–6　初级商务汉语综合课教材（大综合）课文话题统计简表

教材名称	课文话题
商务汉语	会见、宴会、观看表演、谈判、注册、参展
初级商务汉语精读	相识介绍、租赁房屋、银行取款、超市购物、学习理财、请客吃饭、网络生活、商店购物、课外生活、参观工厂、节日长假、交通、旅行准备、经济与生活
初级速成商务汉语 1	简单购物、时间表达、自我介绍、介绍家庭成员、点菜和结账、出行方式、天气情况、衣着打扮、兴趣爱好、学习和工作经历、图表说明、计划打算
初级速成商务汉语 2	描述房间布置和人物外貌、简要介绍产品、比较产品、叙述事件过程、员工请假、致歉、建议、邀请与应邀、祝贺、抱怨、夸奖、感谢
商务汉语综合教程 1	见面、购物、饮食、住宿、旅行、学习、休闲、节日、礼仪、访问、经济、政策、地理、产业、劳动用工
商务汉语综合教程 2	创业、合同、价格、支付、争议、企业、管理、质量、成本、市场、纳税、贷款、汇率、投资、价值
商务致胜 1	迎送、住宿、宴请、购物、日常办公

综合表 3–5 与表 3–6，我们可以看出，教材课文话题正是对四类主题中具体话题的体现。7 部初级商务汉语综合课教材的话题均包含在四类主题中，以日常生活类居多，也有少量的组织管理类和交易洽谈类。其中,《初级商务汉语精读》《初级速成商务汉语 1》《初级速成商务汉语 2》以及《商务致胜 1》的全部话题均属日常生活类;《商务汉语》除谈判、注册两个话题属交易洽谈类外，其余 4 个话题均为日常生活类;《商务汉语综合教程 1》除产业、劳动用工与政策分别属于组织管理类与政策法规类外，其余 12 个话题也均为日常生活类。这不仅符合初级阶段商务汉语选篇的总体特点，也照顾到学习者的实际水平。如《初级商务汉语精读》在话题设置上从“相识介绍”“租赁房屋”“银行取款”“超市购物”等基本生活话题入手，逐步引入“学习理财”“参观工厂”“经济”等经贸话题，其目的主要是在培养学生的听、说、读、写、译各项基本技能的基础上，由易到难地进行商务词汇、术语、表达方式及交际技巧等方面专业知识的教学。同时，这也体现了初级商务汉语综合课课程设置的主要目的：一方面，培养学生的基本交际能力，能够运用所学进行日常交际；另一方面，帮助学生运用商务知识处理基本的商务事件。

与上述教材的课文话题差别较大的是《商务汉语综合教程 2》，这部教材所选取的 15

个话题均未涉及日常生活类，均为组织管理、交易洽谈与政策法规类。与《商务汉语综合教程 1》相承接，由日常生活交际向商务活动交际过渡，符合教学规律与学生学习规律，体现了教材循序渐进，由浅及深，按梯次综合训练学生的听、说、读、写、译各项语言技能，逐步扩大学生的认知范围，丰富学习者的商务汉语知识的编写理念。

（2）课文情境

情境，指在一定时间内各种情况相对或结合的境况，主要包括教学情境、学习情境以及社会情境（叶蜚声、徐通锵，1997）。我们在此讨论的课文情境主要指教学情境，即具有一定情景氛围的教学活动。教材是教学与学习活动的主要依托对象，合理的教学情境既能体现一定的学科特色，又能内含问题，引发学生思考。关于 7 部教材的课文情境设置情况如表 3–7 所示。

表 3–7　初级商务汉语综合课教材（大综合）课文情境统计简表

教材名称	课文情境
商务汉语	机场、宴会、咖啡厅、银行、政府部门、公司、办公室、舞厅、高尔夫球场
初级商务汉语精读	课堂、房屋中介公司、银行、超市、宿舍、餐厅、商店、旅游景点、街道、工厂
初级速成商务汉语 1	商店、餐厅、教室、户外、路口、办公室
初级速成商务汉语 2	商店、办公室
商务汉语综合教程 1	无具体情境，情境体现在课文中，主要涉及商店、餐馆、宾馆、旅游景点等生活场所
商务汉语综合教程 2	无具体情境，情境体现在课文中，主要涉及办公室、银行、公司、税务所、交易市场等商务活动场所
商务致胜 1	餐厅、商店、机场、酒店、办公室

由表 3–7 我们可以看出，除《商务汉语综合教程 1》《商务汉语综合教程 2》的课文没有明确情境外，其余各部教材均设置了特定情境。其中，“商店”“公司”“办公室”“银行”“餐厅”“机场”等商务人士经常出席的场所，更为各部教材竞相取用，体现了情境设置的合理性和典型性。尤其是“商店”和“餐厅”，既是基本日常生活场景，也是商务场景，而这些场景的高频率复现也体现了初级商务汉语逐步引导学生由日常交际话题向商务话题过渡的设计理念。

通过比较可知，《商务汉语》《初级商务汉语精读》《初级速成商务汉语 1》以及《商务致胜 1》这 4 部教材对课文情境的设置更为详尽、丰富。其中，尤以《商务汉语》的课文情境为最丰富，全书共 25 篇课文，共设置 9 种情境，且每种情境均为在华商务人士经常出席的场合，这更有利于培养学习者尽快熟悉基本的商务交际活动。

（3）课文体裁

商务汉语综合课教材的课文绝对不能千篇一律以某一形式出现，而是要让议论文、说明文、记叙文等多种体裁同时出现。根据当前的语文教育对文体的划分，我们暂且将课文文体划分为记叙文、说明文、议论文、小说（含节选）、话剧（含节选）、剧本（含节选）、演讲或讲话稿、调查报告、书信、序言、实用公文、采访访谈、相声剧日记等常见课文体裁。根据商务汉语教材的专门性特点，我们将上述体裁进一步归纳为对话和短文两类，并对 7 部初级商务汉语综合课教材的课文体裁进行了统计，如表 3–8 所示。

表 3–8　初级商务汉语综合课教材（大综合）课文体裁统计简表

教材名称	课文体裁				
	对话	短文			
		说明文	议论文	记叙文	书信
商务汉语	+	–	–	–	–
初级商务汉语精读	–	+	+	+	+
初级速成商务汉语 1	–	–	–	–	–
初级速成商务汉语 2	+	–	–	–	–
商务汉语综合教程 1	–	+	–	–	–
商务汉语综合教程 2	–	+	–	–	–
商务致胜 1	+	+	+	+	–

从表 3–8 可以看出，除《初级速成商务汉语 1》以句型训练为主，课文尚未使用某一特定的体裁外，其余各部教材的课文均使用了对话、说明文、议论文等不同文体。其中，对话出现的范围尤为广泛，特别是《商务汉语》与《初级速成商务汉语 2》，整部教材均以对话贯穿，这既是大纲要求，也符合初级阶段学习者的特点。首先，对于初级学习者而言，日常对话最具有实用性；其次，初级阶段的留学生只是掌握了最基本的词汇和语法知识，汉语水平还十分有限，因而人物形象鲜明、故事性较强的对话既容易激发学生的学习兴趣，又能降低课文难度。而且《汉语水平等级标准与语法等级大纲》对初等水平的言语能力要求为“具有基本的读、听、说、写能力”，要求掌握的话题内容应为基本的社会交际活动，这就决定了我们主要以选择相应的日常体裁对话为主。

除此之外，7 部教材涉及说明文、议论文的体裁也较多，最多的是《商务汉语综合教程 1》和《商务汉语综合教程 2》，全书均为说明文文体，这对于学生尽快提高汉语水平也是十分必要的。

2.1.4 教材点评

（1）《商务汉语》

这部教材为黄为之主编，作为中央电视台同名电视教学片的配套教材，其教学对象是初涉中国市场的外国商务人士，后被部分院校采用，作为商务汉语教材进入课堂。教材的故事性很强，课文情境从公司、办公室到舞厅、高尔夫球场，真实、具体且丰富。课文全部以对话形式出现，6 类课文话题从会见、宴会到谈判、注册兼跨两大类主题，且每篇课文后面均有拼音和英文翻译，十分适合初级阶段的商务汉语学习者。

（2）《初级商务汉语精读》

《初级商务汉语精读》共 3 单元 15 课，每课 1 ～ 4 篇课文，均选取了与留学生密切相关的生活类和经济类话题，目的是使学生较快熟悉并适应在华的日常生活，并初步了解中国社会经济生活的现状。课文围绕几名固定人物（金源善、林大山、杰克）的一系列活动展开，几乎包揽了日常生活的方方面面，同时又涉及基本的商务活动。课后补充的相关实用文体及商务内容的阅读理解，使商务情景更加真实明确。作为初级阶段的商务汉语教材，教材也初步涉及几类业务类交际活动，如第 3 课“银行取款”和第 5 课“学会理财”涉及银行业务，第 7 课“网络时代”涉及电子商务，第 8 课“‘老字号’与小商店”涉及营销手段，第 15 课“旅游与经济”涉及经济特区等区域商贸交际活动。这既能体现教材的商务性特点，同时又与教材的适用对象为初级汉语水平者相吻合。

（3）《初级速成商务汉语》

该系列教材的第 1、2 部适用于初级阶段的商务汉语学习者。两部教材的情境都较为丰富，课文话题也丰富多样，既包含基本的日常生活，又融合了商务交际，体现了初级商务汉语综合课的基础性和商务性。教材在体裁选取上循序渐进，第 1 部主要以句型练习为主，第 2 部引入基本日常对话，这种编写体例符合教学大纲的要求和初级阶段学生的心理需求。

（4）《商务汉语综合教程》

该系列教材的第 1、2 部适合初级阶段学习者，共 30 课，每课结构基本一致：围绕同一话题展开，包括 2 ～ 3 篇主课文和 3 篇辅助阅读材料。如第 1 部第 3 课围绕“饮食”这一话题，设置了“饮食习惯”“八大菜系”“快餐”三篇主课文，辅之“羊肉泡馍”“麻婆豆腐”“咸水鸭”三篇副课文，使话题更加充实，拓展了学生的视野。第 1 部教材兼顾日常生活与基本经济生活，前 10 课以日常生活话题为主，从第 11 课开始，经济类话题的比重所有增加，如第 11 课“中国市场”，第 12 课“赶政策”，第 13 课“金融中心”等。第 2 部教材在此基础上，全部围绕经济类话题展开。两部教材的课文体裁全部为说明文，课文短小精悍，特别注重从中国社会的现状和传统风俗文化与经济活动的视角，向学习者渗透中华文化背景知识，使学习者领略中华文化的魅力，感悟不同文化的差异，这对学习者日后进行商务交际活动提供了很大帮助。

（5）《商务致胜》

该系列教材的第1部适用于有半年汉语学习经历的初学者，每课主要采用对话体的主课文与叙述体的副课文相结合的形式，以案例式的教学模式，培养学生运用汉语解决实际生活问题和商务问题的能力。课文情境与话题设置得少而精，且遵循了由易到难的编写原则。

2.2 中级

2.2.1 课程设置目的

设置初级商务汉语综合课的目的在于帮助汉语基础薄弱的学习者初步掌握在华的日常交际和商务往来技能，中级商务汉语则要求学习者能够在初级阶段学习的基础上更加深入地学习商务知识和商务技能，并运用课堂所学处理比较复杂的商务活动。在进一步扩大词汇量，巩固、补充、扩展和深化基本语法项目的基础上，提高学习者运用所学词语、结构、复杂句式和语段结构知识，就某一商务话题进行成段表达的能力，以及使用商务汉语口语和书面语与人交际的能力。中级阶段的商务汉语课程，要求学习者既能学到地道的汉语，掌握基本的交际技能，又能在商务活动中听得懂、看得懂、说得顺、写得清，基本无障碍地进行商务交际，切实发挥商务汉语的实用性和交际性功能。

2.2.2 选篇原则

商务交往是一种跨文化交流活动，文化障碍的存在不可避免。学习者是否能够了解和熟悉目的语国家的商务文化、当代国情、经济和法律政策，显得至关重要。因此，中级商务汉语教材的选篇除了继续贯彻初级商务汉语综合课选篇的科学性、实用性、趣味性、典型性外，还要注重隐含商务交际文化。中级商务汉语课程要求学习者在商务交际活动中，能够进行跨文化交际活动。只有以商务文化为背景，才能使教学更加情境化和真实化。此外，还要注重课文的连贯性和渐进性，即由初级阶段的课文语言逐渐向中高级阶段的真实语言背景转变。同时，从课程设置的目的出发，中级阶段应当逐步培养学生就某一商务问题表达自己看法的能力，所以应多选择一些接近学习者实际商务活动、令学习者感兴趣的课文，满足学习者的表达愿望。

商务汉语教材有别于通用汉语综合课教材，尤其在市场经济飞速发展的今天，商务世界日新月异。对此，课文应当选取能够引导学生思考当下商界的典型话题。虽然商务热点问题会随时代发展而不断改变，但其中的经典原理和典型案例却能历久弥新。因而，教材编写者应关注这些具有典型性的热点问题，在瞬息万变的商务热点中抓住经典，书写经典。

2.2.3 课文特点

（1）课文话题

各部教材的课文话题统计，如表 3–9 所示。

表 3–9　中级商务汉语综合课教材（大综合）课文话题统计简表

教材名称	课文话题
经贸汉语	以“汽车”借代商业产品的行业调研、市场定位、管理、议价、广告策划等为主题
经贸汉语中级教程	选取中国经济生活各个领域的热门话题，如储蓄和消费、会展业、营销策略、“活力城市”“朝阳产业”、经济与社会发展
商务汉语综合教程 3	市场调研、企业管理、产品开发、广告与营销、贸易方式、支付方式、索赔、贸易函电、商务代理、贸易合同文本、企业财务、融资、投资、雇佣与薪酬、劳动者的权益
中级速成商务汉语 1	见面、打电话、出租房屋、预订机票
中级速成商务汉语 2	参观工厂、开会、介绍新产品、产品报价、交货、付款方式、产品包装、产品代理、签订合同、索赔
中级商务汉语综合教程（生活篇）1	到达机场、租房、交通工具、宴请与答谢、买手机、游览景点、购物、饮食、求助、聚会
中级商务汉语综合教程（生活篇）2	网络时代、交际礼仪、邮寄业务、健身运动、家居生活、酒与文化、医疗保健、生活保险、假日旅行、离别时刻
中级商务汉语综合教程（商务篇）1	招聘、求职、新员工、答谢酒会、联系方式、企业文化、广告宣传、财务、竞拍、保险
中级商务汉语综合教程（商务篇）2	市场调查、产品介绍、市场营销、售后服务、展会、商务考察、商业信函、包装、物流和加盟、谈判、文化差异
商务致胜 2	商务联络、会见、出行、考察、商务习俗
商务致胜 3	银行业务、房产与业务、市场调查、市场促销、企业文化

由表 3–9 可以看出，除《经贸汉语》的课文话题自始至终以“汽车”作为产品的代名词，整个商务活动的开展都以“汽车”这一产品的买卖、调研、策划等作为中心话题开展外，其他各部教材均涉及了不同的商务话题，且在话题的选择和侧重上不尽相同。

在所统计的 11 部中级商务汉语系列教材中，《中级商务汉语综合教程（商务篇）1》《中级商务汉语综合教程（商务篇）2》和《中级商务汉语综合教程（生活篇）1》《中级商务汉语综合教程（生活篇）2》以及《商务汉语综合教程 3》这 5 部教材的课文话题最为丰富。其中，《商务汉语综合教程 3》在商务活动话题的选择上更为丰富全面，从课文话题设置的角度看，更有利于学生对商务汉语知识的学习。《中级商务汉语综合教程》的整套教材共 44 课，分为生活篇和商务篇，每课围绕一个话题进行，主要包括生活类话题和商务类话题。课文话题基本覆盖生活社交类任务以及商务活动中常用的业务类任务。尤其是商务篇的两部教材，商务话题十分丰富，从“招聘”“求职”等较基本的商务活动入手，逐步深入到“竞拍”“保险”“包装、物流和加盟”等商务活动的方方面面，我们认为这更符合学习者的学习规律，更具有科学性。

此外，《经贸汉语中级教程》和《中级速成商务汉语 1》《中级速成商务汉语 2》的课文在话题设置方面也较值得肯定。《经贸汉语中级教程》的课文主要选取了当前中国经济各行业的热门话题，如较具有前瞻性和时代性的“朝阳产业”“活力城市”，引导学生认识当前中国的经济发展状况和新兴产业。《中级速成商务汉语 1》《中级速成商务汉语 2》的话题也比较丰富，既包含生活话题，也涉及商务话题。其中商务话题多为基本的商务活动，如“产品报价”“产品包装”。与之相同，《商务致胜 2》《商务致胜 3》的话题也同时涉及日常生活类话题和商务活动类话题两方面，其中商务话题既包括比较传统的“招聘”类，也有反映当今时代的新型话题，如“商务联络”中的“电子商务”等。

（2）课文情境

11 部中级商务汉语综合课教材的课文情境统计，如表 3–10 所示。

表 3–10 中级商务汉语综合课教材（大综合）课文情境统计简表

教材名称	课文情境
经贸汉语	餐厅、郊外、公司、体育场、街头、工厂、某员工家、豪宅、汽车训练场、汽车展览场、晚会
经贸汉语中级教程	校园、中国经济的各行业
商务汉语综合教程 3	无具体情境提示
中级速成商务汉语 1	机场、宾馆、商店
中级速成商务汉语 2	工厂、办公室、会议室、公司、商店
中级商务汉语综合教程（生活篇）1	机场、招待会、商店、旅游景点、餐厅
中级商务汉语综合教程（生活篇）2	商店、邮局、机场
中级商务汉语综合教程（商务篇）1	无具体情境，情境体现在课文中，主要涉及公司、展会、办公室等商务活动场所
中级商务汉语综合教程（商务篇）2	
商务致胜 2	办公室、公司、工厂、展览会、商店、会议室、旅行社
商务致胜 3	银行、房屋中介公司、居民小区、办公室、交易会

从表 3-10 我们可以看出，中级商务汉语综合课教材在课文情境方面更多地采用商务活动场景，如公司、工厂、展会、会议室、机场等在教材中多次出现。同时，各部教材在课文情境设置方面也不尽相同。

《经贸汉语中级教程》选取了大背景和大环境，在此基础上引导学生了解中国经济的各行各业。与之不同，《经贸汉语》《中级商务汉语综合教程（生活篇）1》《中级商务汉语综合教程（生活篇）2》以及《中级速成商务汉语 1》《中级速成商务汉语 2》，则继续延续初级商务汉语系列教材的课文情境设置方式，选取若干具体的小场景，如汽车展览馆、晚会、餐厅、体育场、公司等生活场景和商务活动场景。这主要与这几部教材以商务人士来华活动为线索的编写思路有关。尤其是《经贸汉语》，这部教材的课文设有清晰的故事脉络，并以固定角色"林玉婉""吴国栋""比尔""李莎"相贯穿，这种编排方式也决定了其情境设置的具体性和丰富性。

《商务致胜 2》《商务致胜 3》兼取日常生活和商务活动场景，从日常联系、会面等生活场景入手，发展到市场调查、物业管理与服务、企业文化等商务活动场景，前后贯通。目的在于使学习者在商务社交活动中，从使用汉语进行日常交际逐步发展到能够比较有效地进行商务交际的水平。

在所统计的中级商务汉语综合课教材中，《中级商务汉语综合教程（商务篇）1》《中级商务汉语综合教程（商务篇）2》和《商务汉语综合教程 3》的情境设置不够明显，这可能是因为这 3 部教材的课文多采用说明文文体，情境大都体现在课文中。

（3）课文体裁

11 部中级商务汉语综合课教材课文体裁统计，如表 3-11 所示。

表 3-11　中级商务汉语综合课教材（大综合）课文体裁统计简表

教材名称	课文体裁				
	对话	短文			
		说明文	议论文	记叙文	其他
经贸汉语	+	–	–	–	–
经贸汉语中级教程	–	+	+	–	+
商务汉语综合教程 3	–	–	+	+	–
中级速成商务汉语 1	+	+	–	–	+
中级速成商务汉语 2	+	+	–	–	+
中级商务汉语综合教程（生活篇）1	+	+	–	–	+
中级商务汉语综合教程（生活篇）2	+	+	–	–	–

续表

教材名称	课文体裁				
	对话	短文			
		说明文	议论文	记叙文	其他
中级商务汉语综合教程（商务篇）1	+	+	-	-	+
中级商务汉语综合教程（商务篇）2	+	+	-	-	+
商务致胜 2	+	+	+	+	-
商务致胜 3	+	+	+	+	-

由表 3–11 可以看出，中级商务汉语教材的课文体裁多为对话体和说明文。在所统计的 11 部教材中，除《经贸汉语》的课文以对话贯穿全书外，其余多部教材均涉及两种或两种以上的文体。与初级阶段系列教材不同，中级商务汉语教材在对话方面，内容更加充实，不仅包括基本的日常交际，还涉及产品的“新闻发布会”等多方面内容。

除对话外，中级商务汉语综合课教材还涉及其他多种文体。其中，《商务致胜 2》《商务致胜 3》的文体最为丰富。两部教材每课课文均设置主课文和副课文，主课文多为对话形式，副课文文体较为丰富，主要有说明文、议论文、记叙文三种文体，对主课文起到补充及辅助阅读的作用。

除此之外，所统计的 11 部教材还涉及书信、讲话、实用公文等其他文体类型。如《中级商务汉语综合教程（商务篇）2》的第 7 课围绕“商务信函”这一主题展开，与之相关的“咨询打印机”“试销雨衣”“推迟发货”三篇课文均以书信形式出现。再如《中级商务汉语综合教程（生活篇）1》的第 4 课课文“致答谢辞”则以发言稿这一文体形式出现。

总体来看，与初级商务汉语教材相比，中级教材的课文在注重交际性的同时，体裁也更加丰富。

（4）课文与文化

对外汉语教学界通常把文化分为“知识文化”和“交际文化”两大类。“知识文化”主要指不同文化背景的人在交际时，对语言交际不产生直接作用或影响的文化背景知识；“交际文化”主要指两种不同文化背景的人在交际时，直接影响到交际功能准确发挥的语言和非语言的文化因素。商务汉语作为一门以实现交际为主要目标的专业课程，其教材应充分体现“交际文化”。初级阶段商务汉语学习者的汉语水平有限，因而课文一般不涉及文化知识。与之不同，中级商务汉语课程要求学习者在商务交际活动中，能够进行跨文化交际活动。只有以商务文化为背景，才能使教学更加情境化、真实化。因此，商务汉语教材不仅要设置独立的文化板块介绍相关文化项点，还要将文化因素融合在课文中。

各部教材的课文中涉及的文化因素统计，如表 3–12 所示。

表 3–12　中级商务汉语综合课教材课文与文化因素统计简表

教材名称	文化因素
经贸汉语	建筑文化、思想文化、民风民俗文化等
经贸汉语中级教程	中国国情文化、语言文化、餐饮文化等
商务汉语综合教程 3	商务制度文化、商务法律文化等
中级速成商务汉语 1	日常交际文化
中级速成商务汉语 2	基本商务知识文化
中级商务汉语综合教程（生活篇）1	基本交际文化和商务文化
中级商务汉语综合教程（生活篇）2	基本日常交际文化
中级商务汉语综合教程（商务篇）1	基本商务知识文化
中级商务汉语综合教程（商务篇）2	
商务致胜 2	日常交际文化、商务知识文化、民俗文化等
商务致胜 3	日常交际文化和商务文化的交融

由表 3–12 可以看出，11 部教材的课文文化主要分为日常交际文化和商务知识文化，有的教材还对中国传统文化有所涉及。其中，《中级速成商务汉语 1》和《中级商务汉语综合教程（生活篇）2》主要介绍了日常交际文化，而其他各部教材则更侧重商务文化知识与中华文化知识相融合，如《经贸汉语》《中级商务汉语综合教程（商务篇）1》《中级商务汉语综合教程（商务篇）2》《商务致胜 2》和《商务汉语综合教程 3》。这几部教材对文化的介绍较为细致，大多是以附录形式介绍与课文相关的文化背景知识。这种形式主要与课文情境与话题的设置密切相关，这几部教材的课文情境多为商务活动场所，并将其相应情境下的商务活动作为课文话题。我们认为，附录的形式更加直观、全面，便于教材对课文所隐含的文化知识进行细致的补充。同时，商务知识的学习也必然渗透着中华文化知识。中华文化博大精深，其中有很多与西方国家不同，对于外国人来说，要想在短时间内精通中国文化并非易事。因此，商务汉语教材要讲究实用性和商务性，不能以中华文化知识替代商务汉语教材的功效，而是要将商务礼仪、商务沟通、习俗文化、历史背景等多种文化因素酌情融入到课文中去。因此，如何在教材中恰当地将文化知识融入到与商业内容相关的背景文化中去，是一个值得我们深入探讨的课题。

2.2.4 教材点评

（1）《经贸汉语》

该部教材承中央电视台邀请而编写，是为外国商务人士在中国拓展商务事业而设计的商务汉语教材。教材情境设置丰富，全书围绕“汽车”这一话题以对话形式进行，符合商务汉语培养学习者交际能力的教学宗旨和教学目标。但学习者在了解相关投资项目之前，还要具备一定的基础商务知识。而在商务交际活动中，“汽车”这一产品只是其中的一部分，如果将注意力仅仅集中在这一种产品上，就可能会忽略其他的组成部分，不利于学习者接触到更为丰富的商务主题和商务知识。

（2）《经贸汉语中级教程》

该部教材总共6单元15课，每课围绕同一个话题设有一篇主课文和一篇副课文，注重介绍、讨论中国当前的经济发展状况和新兴经济，引导学习者关注中国社会的经济热点。

（3）《商务汉语综合教程》

该系列教材共4册，其中第3册为中级商务汉语课程使用的教材。该部教材共15课，每课编排体例相同，包括一篇主课文和三篇辅助阅读材料，主题涉及商务活动的方方面面，旨在进一步培养学生的商务汉语听、说、读、写能力。课文大都选自《IT时代周报》《环球企业家》《人民日报》《经济参考报》等当今国内外重要的商贸类期刊杂志、“新华网”“凤凰网”等各大门户网站的经济新闻，以及经济类专著（节选）。从课文情境、话题、体裁、文化等方面综合考虑，该部教材比较适合中级阶段的商务汉语学习者。

（4）《中级速成商务汉语》

该系列教材共6册，其中第1、2册为中级商务汉语综合课教材。两部教材均以功能项目为纲，以任务型教学理念为指导，课文内容丰富，基本覆盖与商务汉语活动有关的各类生活、社交活动和业务类活动。在体裁方面，课文多为对话体和说明文，旨在加强学生的口头表达和口语交际能力。

（5）《中级商务汉语综合教程（生活篇、商务篇）》

该系列教材共4册，包括生活篇和商务篇各两册，课文选篇的针对性较强。生活篇共20段情境对话，主要围绕外方职员在中国可能遇到的生活情境而编写，课文话题多为外方职员在中国从事经贸活动所必须解决的问题。这些情境对话的练习，可以使学习者增长汉语日常交际知识，提高口头表达能力和交际能力。此外，每课还增加了与主课文内容相关的辅助阅读，主要对日常生活知识、文化特点以及社会交往中应当注意的问题做了必要的介绍和补充。商务篇课文的编排体例与生活篇一致，其话题的选取主要以商务活动为主，覆盖商务活动有关的生活、社交类任务和商务活动中的常用业务类任务，为不同需求的学习者提供了广泛的选择空间。

（6）《商务致胜》

该系列教材共5册，第2、3册适用于中级商务汉语学习者。其教学目标在于培养学生达到在与商务有关的社交活动中能够运用汉语进行基本交际的水平。该部教材共分5个单元，每单元两课，每课设有一篇主课文和一篇副课文。围绕案例教学法的教学环节展开，主、副课文均采用有情节的案例事件。在体裁方面，主课文多为对话体，意在培养学生的交际能力和听说能力。副课文多为说明文、议论文、记叙文等多种不同文体，并在课文中导入相关商务文化，增加对知名企业的介绍，开阔学习者的交际视野。

2.3 高级

2.3.1 课程设置目的

高级商务汉语综合课要求学生在语音、词汇、语法等方面与初、中级商务汉语综合课一脉相承，在此基础上，要求学生进一步掌握商务汉语知识，在商务修辞、语用、文化等方面学有所得。着力提高学习者听、说、读、写、译各方面技能的熟练程度，使学习者具备扎实的语言基础，将所学知识和技能转化为处理商务事件的能力，并在实践中检验自己的商务汉语综合能力。同时，进一步加强商务文化背景知识的扩展学习，提高学习者解决实际问题的能力。

2.3.2 选篇原则

高级商务汉语综合课的课文选篇要更加突出交际话题的实用性、商务知识的专业性、语体的庄重性以及与文化内容的关联性。

具体而言，应该注意以下原则：从商务汉语的专门性出发，合理进行课文选篇，以通用性、实用性为基本原则，强调交际性和知识性，并尽可能多地选用原文；课文既应覆盖基本的商务活动内容，又要注重当今的贸易形势和主流贸易活动，充分考虑学习者在商务活动中的实际交际需求，就实避虚，以简驭繁；侧重提高学生的读写能力，同时也不放松听说能力；注重书面语，尤其注重培养学生阅读和书写商务应用文的能力；把传授语言知识、交际文化知识与培养学生全面的商务汉语语言能力结合起来，既要与初、中级教材互相衔接，避免学习和训练内容的重复，又要合理安排高级阶段的学习内容，注重学习内容和训练方法的深化。

2.3.3 课文特点

（1）课文话题

一部优秀的商务汉语教材，其内容应当既承担着汉语教学的任务，也承担着商务专业用语及知识教学的任务，这种双重的教学任务主要体现在中级阶段教材的课文话题的选取上。高级阶段的商务汉语教学在肩负这种双重教学任务的同时，应更多侧重商务话题。由于教材使用者的需求以及编写者的看法不同，不同的教材在商务话题的选取上也有一定差别。为了对高级阶段系列教材的商务话题进行比较全面的分析，我们对 8 部教材的课文话题进行了统计，如表 3–13 所示。

表 3–13 高级商务汉语综合课教材（大综合）课文话题统计简表

教材名称	课文话题
经贸汉语高级教程	就业、保险业、餐饮业、零售业、农业、传统企业与电子商务、空调业、零售业、广告业、典当业、药品超市、营销方略、房地产投资、啤酒业、跨国经营、文化产业、中国汽车市场
商务汉语综合教程 4	经济全球化、国际贸易政策、贸易壁垒、竞争优势、跨国经营、外资外企、金融市场、中国股市、房地产泡沫、民营企业、农村和农业改革、电子商务、互联网时代、低碳悖论、会展经济
高级速成商务汉语 1	企业注册、银行利率及投资、贷款、企业招商、加盟、招聘、应聘、福利待遇、团队、培训、述职、产品与品牌
高级速成商务汉语 2	市场营销、公司财务、利润、广告宣传、会展、贸易谈判、签约、客户服务、投资理财
高级商务汉语综合教程 1	商务宴会、商务考察、贸易谈判、运输保险、争端与仲裁、海关商检、银行税务、股票基金
高级商务汉语综合教程 2	企业招聘、企业管理、生产经营、劳资纠纷、广告销售、售后服务、知识产权、社会公益
商务致胜 4	创业与效益、企业管理、倾销与反倾销、知识产权、劳动合同法、国际贸易、经济法规、环保与经济发展
商务致胜 5	招聘秘书、销售员面试、报价、代理、网上开店、电子商务、高位库存、保险、跨国公司

由表 3–13 可以看出，高级商务汉语系列教材的话题基本都围绕商务活动设置，其中以组织管理类和交易洽谈类居多，有些教材还涉及少量的政策法规类，如《商务致胜 4》涉及劳动合同法及相关经济法规。在所统计的 8 部大综合系列教材中，《经贸汉语高级教程》《商务汉语综合教程 4》和《商务致胜 5》的课文话题最为丰富。特别是《经贸汉语高级教程》，全书共 18 个单元，每单元设有一篇主课文和一篇副课文，主课文均为 2002 以后各大报刊杂志上公开发表的文章，除传统的保险业、餐饮业、零售业、农业、居民消费、汽车市场等话题外，还涉及电子商务、营销策略、跨国经营、文化产业、房地产业、典当业、广告业等，话题广泛，风格多样，全面且深入地反映了新世纪特别是入世以后当

代中国社会经济生活各个领域的基本情况。副课文是对主课文话题的拓展与深化，目的是扩大学生的信息量，加深对本单元话题的理解，同时也起到提高学生阅读理解能力的作用。

（2）课文情境

8 部高级商务汉语系列教材课文情境统计，如表 3-14 所示。

表 3-14　高级商务汉语综合课教材（大综合）课文情境统计简表

教材	课文情境
经贸汉语高级教程	无具体情境，情境体现在课文中
商务汉语综合教程 4	无具体情境
高级速成商务汉语 1	公司、银行、广交会
高级速成商务汉语 2	
高级商务汉语综合教程 1	宴会、招待所、工厂、房地产市场、教室、公司、银行营业厅、海关、商检局
高级商务汉语综合教程 2	公司、办公室、商店、新闻发布会
商务致胜 4	无具体情境，以“娃哈哈”“海尔”等商业案例作为背景
商务致胜 5	

由表 3-14 可以看出，高级商务汉语系列教材的课文情境主要分为两类：一类的课文继承了初、中级商务汉语系列教材的传统，选取了一系列具体情境，如《高级速成商务汉语 1》《高级速成商务汉语 2》和《高级商务汉语综合教程 1》《高级商务汉语综合教程 2》，情境设置具体且明确；另一类的课文多没有明确情境，而是以经济社会为背景，如《经贸汉语高级教程》《商务汉语综合教程 4》和《商务致胜 4》《商务致胜 5》。这几部教材的课文均没有具体情境，而多以宏观的市场经济为背景，如《经贸汉语高级教程》的课文以保险业、餐饮业、零售业等中国传统产业经济，以及房地产业、当代汽车市场等现代产业经济的各行各业为背景，《商务汉语综合教程 4》将房地产、股市、农业改革等产业及政策作为课文背景，《商务致胜 4》《商务致胜 5》则多围绕成功的商业案例进行。我们认为，后者较适合高级阶段的学习者，因为这种方式能够使学习者在经过初、中级的学习后，拓展到更为宏观的场景，触及更为广阔的商务背景，从而培养学生处理商务问题的宏观把控能力。

（3）课文体裁

8 部高级商务汉语系列教材课文体裁统计，如表 3-15 所示。

表 3-15　高级商务汉语综合课教材（大综合）课文体裁统计简表

教材名称	课文体裁				
	对话	短文			
		说明文	议论文	记叙文	其他
商务汉语综合教程 4	-	+	+	-	-
经贸汉语高级教程	-	-	+	-	-
高级速成商务汉语 1	-	+	+	+	-
高级速成商务汉语 2	-	+	+	-	-
高级商务汉语综合教程 1	+	+	-	-	+
高级商务汉语综合教程 2	+	+	-	-	-
商务致胜 4	-	+	-	-	+
商务致胜 5	+	+	-	-	+

由表 3-15 可以看出，高级商务汉语系列教材在课文体裁方面多为说明文和议论文，其中说明文数量最多。在所统计的 8 部大综合系列教材中，除《经贸汉语高级教程》外，每部教材都选取了一定数量的说明文。如《高级速成商务汉语 1》全书共 8 课，每课围绕一个话题设有一篇主课文和一篇副课文，其中除第 6 课和第 8 课的主课文为议论文外，其余主、副课文均为说明文文体;《商务汉语综合教程 4》全书共 15 课，与《高级速成商务汉语》体例相同，全书围绕同一话题设有一篇主课文和两篇副课文，其中除三篇议论文外，其余主、副课文均为较大篇幅的经济与管理类的说明文。与上述教材体裁风格不同的是《高级商务汉语综合教程 1》和《高级商务汉语综合教程 2》，这两部教材的课文除说明文外，还包括部分对话体课文，且多选取真实的商务语料，着力提高学生的听说能力，体现出该部教材以交际为纲的设计理念。此外,《经贸汉语高级教程》的课文选篇全部为议论文文体，课文内容多为对某一具体问题的论证，如“中国的就业空间有多大”“药品超市姓‘药’还是姓‘商’”等。虽然这类体裁对学习者而言难度较大，但其规范的表述和清晰的结构，都有利于学习者进行高级阶段的商务汉语学习。

（4）课文与文化

在交际活动中，语言能力是实现交际能力的基础，但具备语言能力并不一定等于具备了交际能力和沟通能力，掌握一定的文化知识也是具备交际能力的重要方面。因此，教材课文在教授语言知识、培养学生交际能力的同时，也需及时、恰当地向学生传达相关的文化知识。在商务汉语教学中也应如此，我们要在进行语言教学的同时恰当导入商务文化知识及其他相关知识，才能把商务汉语学习者培养成跨文化交际人才。

高级商务汉语系列教材课文所体现的文化因素统计，如表 3-16 所示。

表 3-16　高级商务汉语综合课教材（大综合）课文与文化因素统计简表

教材名称	文化因素
商务汉语综合教程 4	企业文化、政策文化等
经贸汉语高级教程	商务知识文化
高级速成商务汉语 1	商务知识文化、中国传统思想文化
高级速成商务汉语 2	商务道德文化、策略文化
高级商务汉语综合教程 1	基本商务知识文化
高级商务汉语综合教程 2	
商务致胜 4	商务知识文化
商务致胜 5	商务交际文化

由表 3-16 可以看出，高级商务汉语系列教材在课文中体现的文化因素更加丰富，几乎每部教材的课文均涉及一定数量的文化因素。其中，不仅包含基本的商务交际文化，还包括中华传统文化、商务道德文化、策略文化、企业文化、政策文化和互联网文化。如《商务致胜 5》涉及比较专业的商务交际文化，既包括传统的“招聘”“报价”等交际文化，也有“开网店”“电子商务”等新兴交际文化；再如《高级速成商务汉语 2》涉及“诚信为本、和气生财”“买卖不成仁义在”的商务道德文化和中华民族以“和”为本的传统文化，以及“不要把鸡蛋放在一个篮子里”的商务交际策略文化。在所统计的 8 部教材中，课文中涉及的文化因素都具有一定的针对性，且编排方式不拘一格，如《商务汉语综合教程 4》和《经贸汉语高级教程》，将文化项目穿插在课文中，而《商务致胜 4》《商务致胜 5》和《高级速成商务汉语 1》《高级速成商务汉语 2》则多采用课文内容围绕某一文化项目的方式进行。从教学与学习的实际需求来看，我们认为，文化项目的编排与选择不仅要灵活多样，同时也要把握适度原则，无论采取何种形式、选取什么文化项目，都不能使文化项目喧宾夺主而失去课文的功效。

2.3.4 教材点评

《商务致胜》系列教材的 4、5 为高级商务汉语综合课教材，主要面向海内外有汉语学习经历的学习者，在教材课文的选取与编排方面独树一帜。教材围绕国内外成功的商业品牌设置了丰富的商务话题，并将文化因素贯穿其中。教材突破传统的教学模式，采用经典案例式教学，主、副课文均围绕有情节的经典案例进行，并导入相关的商务知识。在选取案例作为课文内容时，坚持从解决商务活动中的实际问题出发，以具有较大规模、在中国有较大影响力、企业形象好、案例具有典型性的文本为取材标准，如“娃哈哈”“海尔”等国内知名品牌。同时，教材不仅选取中国自主的企业品牌，也介绍了在中国有较大影响力的跨国企业，如“肯德基”“沃尔玛”等，体现了教材在选取案例方面的全面性。此外，课文在话题的选取上注重全面性，尽量涉及各个行业的典型案例，如雀巢咖啡、《读者》杂志、东京迪斯尼、肯德基汽车穿梭餐厅、沃尔玛、华为、卡拉 OK、西门子等，涉及的行业从饮料、娱乐场所、超市购物到家电、汽车、电子设备等，覆盖面十分广泛。

案例教学是商务汉语教学中重要的教学模式之一，其在商务汉语案例式课文的编写中还有很多问题值得我们探讨，如怎样增强案例的趣味性和可读性，怎样恰当地表现知识（包括语言知识和商务知识）等，但就案例教材的编写而言，《商务致胜》不失为值得学习的范本。

小结

本节主要从课文话题、情境、体裁、文化等几方面进行分析。在课文话题的选取方面，初级阶段的教材多为日常生活类，中、高级阶段的教材除日常生活类外，大部分话题为交易洽谈类和政策法规类。在课文情境方面，初、中级阶段的教材课文情境较丰富，注重提高学生听说交际能力，高级阶段的教材课文多没有明确情境，着力培养学生在宏观的背景下对商务活动的把控能力。在体裁方面，初、中级阶段的教材以对话体和说明文居多，高级阶段的教材则以说明文和议论文居多，这种体裁上的变化也体现出商务汉语系列教材的专门性和商务性的特点随着学习程度的深入而逐渐凸显。此外，中、高级阶段的教材课文选篇还涉及一定的文化因素，其中既包括商务文化，也包括中华传统文化，这对于帮助学习者系统、全面地进行商务汉语的学习将起到事半功倍的效果。

第三节　教材的语音

同通用汉语综合课教材一样，商务汉语教材也很重视语音教学，绝大部分教材对语音知识的讲解都比较详尽，以期能为学习者日后准确、流利地使用汉语进行交际打下坚实基础。

商务汉语大综合系列教材主要包括新世纪商务（经贸）汉语系列教材、新丝路商务汉语系列教材、“卓越汉语”系列教材、国家对外汉语教学领导小组规划教材“商务（经贸）汉语”以及新思路商务汉语规划教材。在这 5 套教材中只有新丝路系列教材中的《初级速成商务汉语》对汉语的基本语音知识有所介绍，所以将以此教材为例，对大综合系列教材中的语音项点进行分析。

3.1　语音项点的特点

3.1.1 语音项点呈现的宏观性与选择性

汉语的基本语音知识主要有声母、韵母、声调、声韵拼合、拼写规则、拼音方法以及语流音变等内容。《初级速成商务汉语》对于语音项点的呈现具有宏观性与选择性的特点。例如教材提及了汉语拼音的音节结构，也配有声韵拼合表，但对各个声、韵母并未进行单独呈现，也就是说教材是以整体展示的方法来呈现声、韵母的。又如汉语的语流音变主要涉及变调（三声变调、“一”的变调、“不”的变调）、轻声、儿化以及“啊”的音变几项内容，而教材对汉语语流音变的处理则是有选择性地呈现，即教材介绍了变调、轻声，而未涉及儿化、“啊”的音变。教材中语音项点呈现情况如表 3–17 所示。

表 3–17　《初级速成商务汉语》语音项点呈现情况

项点 \ 教材	音节						语流音变			
	声母	韵母	声韵拼合	声调	拼写规则	拼音方法	变调	轻声	儿化	“啊”的音变
初级速成商务汉语	–	–	+	+	–	–	+	+	–	–

3.1.2 语音项点讲解的概括性与简明性

《初级速成商务汉语》对于语音项点的讲解具有概括性、简明性的特点。例如教材对声母、韵母的讲解，是以声韵配合表的形式概括性展示，对单个声、韵母的发音未做具体描述。又如教材对汉语语流音变的讲解，在进行概念阐释的同时多配备表格作为辅助手段，以三声变调为例，教材在对三声变调的各种情况进行具体描写后，又以表格的形式给出了本调、变调，并配有例词，简单明了，使学习者一目了然。具体如图 3–1 所示。

2. 三声变调 [Tonal Modification of the Third Tone]

在语流中，三声字受后一音节声调的影响，会发生变化。在双音节词语中，当前一个音节为三声，后一个音节为一声、二声或四声时，前一个三声音节失去本调后边上升的部分，变为一个低降调；当前一个音节为三声，后一个音节也为三声时，前一个三声音节失去本调，读音近似于二声。如下表：

In speech flow, being affected by the tone of the following syllable, the Third Tone will change correspondingly. In disyllabic word, when the previous syllable is in the third tone, and following one in the first, the second or the fourth tone, then the third tone of the previous syllable will lose its rising part in the end and become a falling tone; when both the previous and the following syllables are in the third tone, the first will lose its original tone and be pronounced similar to the second tone as shown below:

本调	变调	例词
三声 + 一声 / 二声 / 四声	低降调 + 一声 / 二声 / 四声	好吃 hǎochī (tasty) 友情 yǒuqíng (friendship) 礼貌 lǐmào (courtesy)
三声 + 三声	二声 + 三声	想法 xiǎngfǎ (idea)

图 3–1 《初级速成商务汉语》三声变调讲解图

3.2 语音项点的特点分析

《初级速成商务汉语》是所考察的五套大综合系列教材中唯一一部涉及语音知识的教材，它对语音项点的编排既体现出了汉语语言要素的完整性，也体现出了教材编写的系统性，是一部很有代表性的教材。

《初级速成商务汉语》在语音项点的呈现与讲解方面所体现出来的特点是由商务汉语教材的性质所决定的。初级商务汉语教材大多是面向具有一定汉语基础的学习者，这些学习者对汉语的语音知识是有一定熟识度的，不过目前，也有部分零基础的商务汉语学习者，所以《初级速成商务汉语》选择性地将基本语音知识以宏观的形式呈现，以概括、简明的方式讲解，既可帮助有一定汉语基础的学习者复习语音知识，也可使零基础的汉语学习者对汉语的语音有一个整体性的把握。

小结

通过对《初级速成商务汉语》的分析以及对其他四套系列教材的考察，我们发现商务汉语大综合系列教材在对语音项点的处理上具有宏观性、概括性的特点，即不追求语音项点呈现与讲解的面面俱到，而是在把握整体性的前提下，有所侧重。商务汉语大综合系列教材多不涉及语音知识，其原因在于它所针对的学习者多为具有一定汉语基础的外国人，但是考虑到目前仍有部分零基础的学习者，大综合系列中的其他教材不妨借鉴《初级速成商务汉语》的做法，将基本的汉语语音知识编排到教材中，以便更好地兼顾到所有学习者的需求。

第四节　教材的词汇

4.1　初级

词汇是语言的建筑材料，语言系统的其他单位都必须通过具体的词汇才能表现出来。而商务汉语教材和通用汉语教材最大的不同就在于词汇选取不同。（周小兵、干红梅，2008）与通用汉语综合课教材相比，商务汉语教材的词汇在呈现情况、标注方式等方面都有着专业教材自身的特色。

4.1.1 词汇数据分析

（1）词汇数量整体分析

词汇数量在教材编写中是一个较难控制的变量，尤其是在商务汉语教材中，什么样的词汇量称得上适当，估计在长时间内很难有定论。

初级商务汉语教材词汇量的控制可以参考通用汉语教材的收录情况与词汇量的相关讨论。目前通行的初级汉语教材词汇量大都控制在 2000 ～ 3000 词的范围之内；张和生（2006）对外国留学生汉语词汇量进行了调查，发现已经学习汉语一年多（19 ～ 24 个月）的外国留学生词汇量为 3601 词，但对《汉语水平词汇与汉字等级大纲》中的词汇辨识率仅为 40.8%。邱军（1996）对近两年的留学生试卷进行了抽样分析，参考了对中国人的外语教学大纲并征求了一些有 20 年以上对外汉语教学经验的老教师的意见，得出的初步结论是："3000 词汇量的标准偏高，只有少数日、韩及亚洲其他国家的一些学生可以达到，2500 ～ 2700 词是相对合适的量。"

从统计数据来看，这些初级商务汉语综合课教材词汇量在 400 ～ 2000 个之间。词汇量最多的是《商务汉语综合教程》，为 1965 个；居中的是《商务汉语》《初级速成商务汉语》，分别为 852 个和 764 个；较少的是《初级商务汉语精读》和《商务致胜 1》，分别为 580 个和 412 个。各系列教材的编写意图、教授对象、系列部数及编者的规划不一样，反映到词汇要素方面，就造成了数量分布的差异。虽然有些教材词汇量比较大，但有不少词语是补充性或处于副课文之中的，只针对学有余力的学生，具有很大的灵活性，这样一来，需要老师引导掌握的词汇总数实际并没有那么多。

表 3-18　初级商务汉语综合课教材（大综合）词汇数据统计表 1（单位：个）

<table>
<tr><th>教材名称</th><th>词汇总量</th><th>课 / 单元平均数</th><th>每课时平均数</th></tr>
<tr><td>商务汉语</td><td>852</td><td>34.08</td><td>——</td></tr>
<tr><td>初级商务汉语精读</td><td>580</td><td>38.66</td><td>——</td></tr>
<tr><td>初级速成商务汉语 1</td><td>557</td><td>46.42</td><td>——</td></tr>
<tr><td>初级速成商务汉语 2</td><td>207</td><td>17.25</td><td>8.40</td></tr>
<tr><td>商务汉语综合教程 1</td><td rowspan="2">1965</td><td rowspan="2">65.50</td><td rowspan="2">16.38</td></tr>
<tr><td>商务汉语综合教程 2</td></tr>
<tr><td>商务致胜 1</td><td>412</td><td>41.20</td><td>5.15</td></tr>
</table>

注：“——”表示未标明课时数；《初级速成商务汉语》词汇量为 764 个（557+207）。

生词的数量与学习者的记忆相关，而能否记住生词又直接影响到学生的学习。编写者不但要严格控制教材的生词总量，还要注意对各年级、各部生词量的把握。教材中平均每课生词过多会给学生造成心理负担，同时也影响课堂教学的正常进行。对于分年级、分部出版的系列教材，词汇量的分布应该在教材编写之初就有一个大致的思路，可根据编写者的总体思路和对教学认识的不同而采用不同的递增方式来编排。此外，还必须注意各年级之间、各部之间词汇量的递增变化不能过大，应充分考虑教学对象的学习时限、学习能力等因素，而不是在编写过程中随意编排词汇，导致学习内容陡然增多或减少，造成前后差距过大，使学习者无法在短时间内接受，从而对汉语学习产生畏难情绪。

（2）商务词汇数据分析

商务词汇数量是指一部商务汉语教材所收录的商务类词语的数量，其与全书词汇总量的比值，可称为商务词汇选词率（以下称为“商务词汇比率”）。商务词汇比率应该达到一定的水平，如果比率太低，恐怕难以令人接受教材的商务汉语性质，所以选词率直接关系到一部商务汉语教材的资格认同。商务词汇比率对于教材编写者来说十分重要，它可以为商务汉语教材词汇的选取与编排提供有效的参考和指导，对其进行分析和考察，有着显而易见的价值与意义。

以往的研究，由于没有商务汉语专用词表为依据，只能人工地从《汉语水平词汇与汉字等级大纲》中挑选商务类词语进行对比，然后通过是否“超纲”来判断计算商务词汇的比率，很不科学，具有明显的局限性。

《经贸汉语本科教学词汇大纲》于 2012 年 4 月出版问世，此大纲是为经贸汉语本科四年制学历教育制定的，主要由研究报告、总词语表、核心词语表和附件四部分构成。大纲由零起点起步，共包括初、中、高三个等级，涵盖了经贸汉语本科学历教育一至四年级的全部内容，在选词方面尊重并吸收了极具权威性的国家级考试规范——《商务汉语考试大纲》中的主要词语，科学性与全面性并存，这项大纲的研制填补了商务汉语领域的一项空白，是第一部商务汉语词汇大纲。

具有专业性与权威性的《经贸汉语本科教学词汇大纲》为研究商务词汇提供了有利的参考，我们将各版本商务汉语教材词汇与《经贸汉语本科教学词汇大纲》的“总词语表”进行对比分析，得到重合于大纲的词汇，即属于《经贸汉语本科教学词汇大纲》的词汇，称之为“商务词汇”，进而得出“商务词汇”与对应教材词汇总量的比值，即为“商务词汇比率”。

表 3-19　初级商务汉语综合课教材（大综合）词汇数据统计表 2（单位：个）

<table>
<tr><th>教材名称</th><th>词汇总量</th><th>商务词汇量</th><th>商务词汇比率（%）</th></tr>
<tr><td>商务汉语</td><td>852</td><td>718</td><td>84.27%</td></tr>
<tr><td>初级商务汉语精读</td><td>580</td><td>511</td><td>88.10%</td></tr>
<tr><td>初级速成商务汉语 1</td><td>557</td><td>389</td><td>69.84%</td></tr>
<tr><td>初级速成商务汉语 2</td><td>207</td><td>194</td><td>93.72%</td></tr>
<tr><td>商务汉语综合教程 1</td><td rowspan="2">1965</td><td rowspan="2">709</td><td rowspan="2">36.08%</td></tr>
<tr><td>商务汉语综合教程 2</td></tr>
<tr><td>商务致胜 1</td><td>412</td><td>301</td><td>73.06%</td></tr>
</table>

注:《初级速成商务汉语》总词汇量为 764 个（557+207），商务词汇量 583 个（389+194），商务词汇比率为 76.31%。

从表 3-19 的数据来看，初级商务汉语教材商务词汇量在 301 ～ 718 个之间。其中商务词汇量最多的是《商务汉语》，为 718 个；最少的是《商务致胜 1》，为 301 个；其余教材的商务词汇量基本保持在 400 ～ 600 个，但仍然表现出明显的差异，各版本商务汉语教材商务词汇量的分布具有很大的不平衡性。此外，对比各版本教材的商务词汇比率，也不难发现各教材商务词汇比重的不平衡。商务词汇比重最高的是《初级商务汉语精读》，比率为 88.10%；比重最低的是《商务汉语综合教程》，其比率仅为 36.08%；其余教材商务词汇比重相对平衡，基本都超过 70%。由此看来，《初级商务汉语精读》词汇的商务性最为突出，《商务汉语》《初级速成商务汉语 1》和《初级速成商务汉语 2》以及《商务致胜 1》的商务词汇比重相当，都达到一定的商务水平，且趋于合理。而《商务汉语综合教程 1》和《商务汉语综合教程 2》的商务词汇比重存在明显的不足，未能达到半数的标准，反映了教材商务词汇的很大欠缺，这可能与教材的编写意图、教授对象等有直接的联系，但总体而言，其商务词汇的选取，还是有待提高的。

4.1.2 词汇索引及大纲

（1）词汇索引

据统计，5 套初级商务汉语综合课教材中，所有的教材在最后都附有词汇索引，名称为“生词总表”“总生词表”“词语索引”“词语总表”等。此外，《商务致胜 1》附有“专有名词总表”，《初级商务汉语精读》的词汇索引具体标示了词性、英文释义及对应的页码，《商务致胜 1》词汇索引中有繁简对照。词汇索引越具体，分类越明确，对学习者的帮助越大。

（2）词汇大纲

通过统计，只有以下几套教材提到词汇大纲:《初级商务汉语精读》在编写说明中提到“生词和短语以《高等学校外国留学生汉语言专业教学大纲》初等词汇为依据，同时收入一些经贸常用词语”;《初级速成商务汉语》紧密结合商务汉语考试大纲安排教学内容;《商务致胜 1》在编写说明中提到“本系列教材参照商务汉语考试大纲”，“各部的教学目标与商务汉语考试等级标准相吻合”。其他教材可能是由于当时的词汇大纲针对性不强而相应的商务汉语词汇大纲又尚未制定等原因而未参考大纲。

4.1.3 呈现情况及标注方式

有学者提出“词语注释应细化对语义、语法、语用的说明，尽量避免因‘教’的疏忽造成学生在交际中‘用’的偏误”（苏英霞，2004），“词性标注目的在于指导语言实践”（孙德金，2004），“教材的词性标注应当只针对本课课文中出现的用例，简单明确又不能超出课文，要有针对性”（王弘宇，2001）。

统计中，大多数教材生词呈现方式为拼音、词性加简单的外文释义。《商务汉语》生词未标注词性，只有拼音和英文释义，一切从简;《商务致胜 1》生词为繁简对照，用英文标注词性，其目录之前有“缩略语和说明性略语”，更有助于学生的理解;《初级商务汉语精读》用中文标注了词性，这对于有一定基础的商务汉语学习者来说是可以接受的。《初级速成商务汉语 2》未标词性，生词呈现方式仅为汉字和拼音，因为经过《初级速成商务汉语 1》的学习，学生已经有了一定的词汇基础，简短的呈现方式也给人一种轻松的感觉，可降低学生的紧张感。除《初级速成商务汉语 2》外，所有教材的词语都有英文释义，这有助于学习者学习和掌握词语的意义与用法。

4.1.4 词汇种类

初级商务汉语综合课教材的生词呈现无明确分类，即未将一般词语和商务词语分类处理，多数教材只列出生词表、专名表，而且专名表只是一些人名、地名、公司名等。《初级速成商务汉语 1》做了很好的尝试，将词语按话题分类呈现，虽未列表，但已成型，这对学生短时间内扩充词汇量有很大的好处。

多数教材词汇没有明确分类的原因也许在于编写之时没有明确的商务汉语词汇大纲，而商务汉语教材中词汇的分类又不能完全按照常识来判断。2012 年 4 月出版的《经贸汉语本科教学词汇大纲》经过了科学的统计，又辅以严谨的人工干预，为今后商务汉语教材的词汇编写指明了方向，提供了借鉴。

4.1.5 教材点评

以《初级商务汉语精读》和《商务汉语综合教程》为例，前者注意对词汇数量的控制，商务词汇比率较高，商务特色明显，并在词汇呈现中标注了中文词性，较多地考虑了学习者的情况，且利用不同的板块分散生词的密度，减少了学习者的压力。后者的词汇总量大大超过其他几套教材，仅主课文中的生词就有 1082 个，课平均词汇量高达 65.50 个，这着实对学生提出了更高的要求，而且商务词汇所占比重仅为 36.08%，商务词汇量稍有欠缺。

4.2　中级

中级商务汉语教材是适用于中级阶段商务汉语教学的教材。词汇量是衡量一部教材难易度的重要标准。本节主要考察中级商务汉语教材的词汇选编情况。

4.2.1 词汇数量

（1）词汇数量整体分析

表 3-20　中级商务汉语综合课教材（大综合）词汇数据统计表 1（单位：个）

教材名称	词汇总量	课 / 单元平均数	每课时平均数
经贸汉语	557	22.28	——
经贸汉语中级教程	700	46.67	——
商务汉语综合教程 3	905	60.33	15.08
中级速成商务汉语	595	29.75	4.96 ～ 5.95
中级商务汉语综合教程（生活篇）	1047	52.35	——
中级商务汉语综合教程（商务篇）	606	30.30	——
商务致胜 2	379	37.90	4.74
商务致胜 3	463	46.30	5.79

注：“——”表示未标明课时数;《商务致胜 2》和《商务致胜 3》分别为准中级、中级阶段教材，故中级阶段其词汇总量为 842 个（379+463）。

表 3-20 为中级商务汉语教材词汇数据统计表。从表中数据来看，每部教材词汇量不太统一。词汇总量最大的为《中级商务汉语综合教程（生活篇）》，共 1047 个；最小的为《经贸汉语》《中级速成商务汉语》，分别为 557 个、595 个。相差较大主要是因为教材编写之初缺乏统一的商务汉语词汇等级大纲，导致教材编写者对中级的认识分散、模糊，结果各行其是。这从教材的适用对象的不同可以看出：《经贸汉语中级教程》主要面向经贸专业留学生本科预科生，本科一、二年级及非学历教育的中、高级商务汉语班的留学生，也适用于外国经贸公司在华工作人员；《中级速成商务汉语》主要针对汉语为中等水平者；《中级商务汉语综合教程》适用于具有一定汉语水平，并希望在中国从事商务活动的学习者；《商务致胜 2》和《商务致胜 3》学习者应具有一年（680 学时）、一年半（1020 学时）汉语学习经历。《经贸汉语》的适用对象则为有一定汉语基础、希望在中国建立稳定市场和生产基地的外国客商。可见，这些教材对使用者界定不一，导致他们对教材词汇的选取也不一，但归根到底，是由于商务汉语教材编写缺乏像《汉语水平词汇与汉字等级大纲》那样的统一标准做指导。

（2）商务词汇数据分析

表 3-21　中级商务汉语综合课教材（大综合）词汇数据统计表 2（单位：个）

教材名称	词汇总量	商务词汇量	商务词汇比率（%）
经贸汉语	557	506	90.84%
经贸汉语中级教程	700	450	64.29%
商务汉语综合教程 3	905	234	25.86%
中级速成商务汉语	595	449	75.46%
中级商务汉语综合教程（生活篇）	1047	682	65.14%
中级商务汉语综合教程（商务篇）	606	234	38.61%
商务致胜 2	379	259	68.34%
商务致胜 3	463	337	72.79%

注：《商务致胜 2》和《商务致胜 3》分别为准中级、中级阶段教材，故中级阶段其词汇总量应为 842 个（379+463），商务词汇量为 596 个（259+337），商务词汇比率为 70.78%。

中级商务汉语教材的词汇总量，总体上有了很大程度的提升，而商务词汇量的分布呈现明显的不均。根据表中数据，中级商务汉语教材商务词汇量在 234 ～ 682 个之间。其中商务词汇量最多的是《中级商务汉语综合教程（生活篇）》，为 682 个；最少的是《中级商务汉语综合教程（商务篇）》和《商务汉语综合教程 3》，都为 234 个；余下各部教材的商务词汇量同样差异明显，没有相对集中的均值，存在极不平衡的特征。另外，各部中级商务汉语教材商务词汇比率的比较结果如下：商务词汇比重最高的是《经贸汉语》，比率为 90.84%；比重最低的是《商务汉语综合教程 3》，其比率仅为 25.86%。《中级商务汉语综合教程（商务篇）》商务词汇比重与《商务汉语综合教程 3》类似，也很低，比率为 38.61%，也不足 50%，表明了这两部教材商务性不足，商务词汇的教学也或多或少将会受到影响。其余各教材的商务词汇比重基本都保持在 65% 以上，安排较为合理，具有相对较高的商务价值。值得一提的是，《经贸汉语》作为中级商务教材中商务词汇比重最高的教材，具有显著的商务词汇优越性，其商务词汇比重高达 90% 以上，切实地保证了学生商务汉语词汇的学习，对商务汉语教学也具有极大的促进作用。

4.2.2 词汇标注形式及词汇分类

（1）标注形式

据统计，中级商务汉语教材除《中级商务汉语综合教程（商务篇）》生词未成表以外（一般词语虽未列成表，但位于课文旁边更有助于学习者对词语的认读与掌握以及对文章的理解），都列有生词表，标注方式都为拼音、中文或英文词性及中文或英文释义。尤其是《经贸汉语中级教程》和《商务汉语综合教程 3》中生词表实际为词语解释表，都配有中文释义，不同的是《经贸汉语中级教程》词语解释过于繁杂，这对学生来说是一个负担；而《商务汉语综合教程 3》生词表中对词语的解释较为简单，且都配有一个简短而实用的例子，会采用简单“近、反义词对比”扩展生词，这种处理更合适。

（2）词汇分类

《中级商务汉语综合教程（商务篇）》对词汇有了明确的分类（分“一般词汇”和“商务词汇”两个板块），每一段对话或短文中的常用商务词语均单独列出，突出商务表达。笔者认为这种分类无论是对学习者还是教授者来说，都有很大的好处。然而大部分的教材同初级商务汉语综合课教材一样，仍没有明确的词汇分类，商务词汇和通用词汇混在一个生词表中，这样不利于学习者对生词的学习。这当然是因为教材编写之时，商务汉语词汇等级大纲尚未出现，而当时的《汉语水平考试大纲》《商务汉语考试大纲》并不能满足实际的需要，《经贸汉语本科教学词汇大纲》的公布会对以后的教材编写尤其是词汇方面的编排起到参考作用。

（3）教材点评

《中级商务汉语综合教程（商务篇）》对词汇有了明确的分类，一般词汇随文注释，并未列表，简单明了，且每段课文前都有对应的商务词语表，这对学习者快速、系统掌握某一话题的词语有着重要作用。这些值得今后编写商务汉语教材时借鉴。

4.3 高级

4.3.1 词汇数量

（1）词汇数量整体分析

表 3-22 为高级教材词汇数据统计表。表中高级阶段商务汉语综合课教材词汇总量在 531 ～ 1031 个，每课时平均词汇量在 5.63 ～ 10.87 个，差异很大。但我们不能只盯着数字上的差异，还应该看到不同教材对生词的呈现与处理方式，我们认为分散比集中要好一些，即使生词稍多，只要能将生词分块、分话题呈现，结合语境，学生就容易消化，从而使学生在不知不觉中掌握生词。

表 3-22　高级商务汉语综合课教材（大综合）词汇数据统计表 1（单位：个）

<table>
<tr><th>教材名称</th><th>词汇总量</th><th>课 / 单元平均数</th><th>每课时平均数</th></tr>
<tr><td>经贸汉语高级教程</td><td>999</td><td>55.50</td><td>——</td></tr>
<tr><td>高级商务汉语综合教程</td><td>531</td><td>33.19</td><td>——</td></tr>
<tr><td>高级速成商务汉语</td><td>1031</td><td>64.44</td><td>6.44 ～ 8.05</td></tr>
<tr><td>商务汉语综合教程 4</td><td>652</td><td>43.47</td><td>10.87</td></tr>
<tr><td>商务致胜 4</td><td rowspan="2">901</td><td rowspan="2">45.05</td><td rowspan="2">5.63</td></tr>
<tr><td>商务致胜 5</td></tr>
</table>

注：“——”表示未标明课时数。

（2）商务词汇数据分析

表 3-23　高级商务汉语综合课教材（大综合）词汇数据统计表 2（单位：个）

<table>
<tr><th>教材名称</th><th>词汇总量</th><th>商务词汇量</th><th>商务词汇比率（%）</th></tr>
<tr><td>经贸汉语高级教程</td><td>999</td><td>663</td><td>66.37%</td></tr>
<tr><td>高级商务汉语综合教程</td><td>531</td><td>378</td><td>71.19%</td></tr>
<tr><td>高级速成商务汉语</td><td>1031</td><td>813</td><td>78.86%</td></tr>
<tr><td>商务汉语综合教程 4</td><td>652</td><td>90</td><td>13.80%</td></tr>
<tr><td>商务致胜 4</td><td rowspan="2">901</td><td rowspan="2">587</td><td rowspan="2">65.15%</td></tr>
<tr><td>商务致胜 5</td></tr>
</table>

对比初、中级系列商务汉语教材，高级商务汉语系列教材的词汇总量总体稳定提升，全部超过了 500 个，但是各教材的商务词汇量仍然存在不小的差异。如表 3-23 所示，高

级商务汉语教材商务词汇量在 90 ～ 813 之间，差异特别明显。其中商务词汇量最多的是《高级速成商务汉语》，为 813 个；最少的是《商务汉语综合教程 4》，仅为 90 个；《高级商务汉语综合教程》的商务词汇量为 378 个，也表现了明显的不均衡性。由于各版本教材词汇总量的不同，其商务性的判断还需要依据教材商务词汇比率的比较，来获得更加准确的结果。对各版本商务汉语教材商务词汇比率的比较发现，教材总体的商务词汇比重比较平均，其中 4 部教材的商务词汇比率都在 65% ～ 79% 之间，差异较小；另有一部《商务汉语综合教程 4》表现特殊，它的商务汉语词汇的比重仅为 13.80%，不足全书词汇总量的 20%，商务词汇严重欠缺，这对此教材商务词汇的教授与学习都会产生不利的影响。

4.3.2 词汇标注形式

高级商务汉语综合课教材中，词语标注形式趋于简单，词性都用中文标注，这样能帮助学习者提高其汉语思维意识，习惯中文词性表述方式，理解和掌握词法，对于经历了初、中级阶段的学习者来说，这是有必要的。

《经贸汉语高级教程》生词表实际为词语解释表，注有汉语拼音和词性，不仅有汉语解释，部分专业词语也配以英文释义，这样有助于学生更准确地理解词语，特别是经贸类常用词语。部分词语还标出了近义词与反义词，以帮助学生举一反三，扩大词汇量。但某些词语解释过于繁杂、书面化，缺少加工，如能通俗简单一些，并配以简短例子说明，效果会更佳。

《高级速成商务汉语》《高级商务汉语综合教程》的词语表主要采用拼音、中文词性、外文释义，简单而精炼。《商务汉语综合教程 4》的生词表则使用拼音、详尽的中文释义和实用的中文例句，对学生提出了更高的要求。

4.3.3 教材点评

《商务汉语综合教程 4》的生词表主要是关于词语的解释，详细而具体，且配以例句，平均课时词汇量很大，这固然符合高级阶段专业性学习的要求，但如果能在词汇量上加以控制，在解释词语上区分主次（区分重点与非重点词语，对重点词语进行简明扼要的说明），同时适当提高商务词汇所占比重并予以合理呈现，则更有助于提高学习者的学习效果，体现教材的商务特色。

小结

商务汉语系列教材突出了商务词汇，且所占比重很高，初、中、高级教材中，商务词汇比率初级最高占到93.72%，中级最高占到90.84%，高级最高占到78.86%。在对词汇要素的阐释上风格不一，也各有千秋。新丝路商务汉语系列教材在词汇内容安排上以轻松的风格为主，尤其是“拼音、汉字、英文释义”上、中、下的标注方式，十分简洁。新思路商务汉语规划教材则在具体性上更胜一筹，到了高级阶段对词语加以详细解释，也有助于学习者对生词的掌握。新世纪商务（经贸）汉语系列教材与前两个系列相比，在内容的系统性上更为丰富与完整，作为国家对外汉语教学领导小组规划教材，简洁、个性的处理方式与其“电视教学片配套教材”的性质相一致。

第五节　教材的语法

5.1　初级

语法是语言的一种构造规则，是衡量一部对外汉语教材难易程度的重要指标。本节对5套初级商务汉语综合课教材的语法内容进行研究，揭示其编排的内在特点与规律，以期对今后的初级教材语法的编写有借鉴作用。

5.1.1 语法项目、讲解及表述方式

（1）语法项目

初级商务汉语综合课教材中，语法项目总数最少的是《商务致胜1》，为36个；最多的是《初级商务汉语精读》，为157个。表面上看这两套教材语法点数目相差很多，但实际上，《初级商务汉语精读》为单部教材，编者需要将初级阶段涉及的基本语法点都体现在这部教材中；而《商务致胜》为系列教材，共5部。语法内容上，《初级商务汉语精读》不仅包括了《商务致胜1》中出现的“左右”“当……的时候”“因此”“尽管”“如果……就……”“把字句”等语法点，而且包括了大量《商务致胜2》中的语法点。如《商务致胜2》中才出现的表示两者关系的比较表达方式“A和B相差……”“A是B的N倍”“A跟B一样”等句法展示以及“大概”“听说”等词法讲解在《初级商务汉语精读》中都有体现。这使得《初级商务汉语精读》的语法项目总数远远高于《商务致胜1》。

《初级速成商务汉语》和《商务汉语综合教程》语法点数目虽有差异但也不大，这是教材编写者对初级阶段语法点界定的一致性与个体差异性的体现，也是教材的特色所在。以上数量统计如表3-24所示。

表3-24　初级商务汉语综合课教材（大综合）语法数据统计表（单位：个）

教材名称	语法项目总数	课/单元平均语法点数	课时平均语法点数
商务汉语	——	——	——
初级商务汉语精读	157	10.47	——
初级速成商务汉语	136	5.67	——
商务汉语综合教程1	105	3.50	0.88
商务汉语综合教程2			
商务致胜1	36	3.60	0.45

注：《商务汉语》为电视教学片的配套教材，无语法讲解；“——”表示无此项内容。

（2）讲解及表述方式

较早的《商务汉语》并未设置语法点，只有简单常用的商务用语重点句，中英文翻译，配以生动的电视教学片，对初涉中国市场的外国客商来说是很有帮助的。

《初级商务汉语精读》以“注释”和“语法”来讲解语法点。注释主要讲解词语的意义及用法。个别语法点之下设有“注意”，配以英文翻译，提醒学习者易错的地方，加深理解。该教材运用表格、公式、近（反）义词扩展、简单例句等呈现方式，足以使学习者吃透学习内容，但大量的文字讲解使得教材的趣味性稍有欠缺。

《初级速成商务汉语》尽量淡化语法讲解，所有语法放到“说明”中讲解，语言简洁、例子精炼，加上外文释义，有助于理解，缓解了学习者的紧张感。

《商务致胜 1》语法讲解安排为“语言点”解释，目的是为了扫清学习者的阅读障碍，针对原文中的句子加以英文翻译，然后辅以中英文释义，最后以常用的商务用语作为例子设置情境，引导学习者理解与运用该语言点。

《商务汉语综合教程》以“语法要点”展示语法内容，语法讲解为语法点项目英文翻译，加以简单释义，配以例句，以颜色区分，十分醒目。

5.1.2 教材点评

以《初级商务汉语精读》和《商务汉语综合教程》为例，前者在语法编写方面稍有欠缺，语法点数目比较多，课平均语法点数达 10.47 个，对学习者来说无疑是个不小的负担。另外，前者对语法点的解释追求面面俱到，语言未经很好的加工，趣味性不足；后者在语法点数目、讲解方面控制得较为得当。

5.2 中级

5.2.1 语法项目、讲解及表述方式

（1）语法项目

表 3–25 为中级商务汉语综合课教材语法数据统计表。统计表显示，中级阶段的商务汉语综合课教材语法点数目并不一致，《经贸汉语中级教程》《中级商务汉语综合教程（生活篇）》的语法项目总数最多，分别为 157 个和 204 个，这是因为不同的教材编写者对语法项目的界定、内容的划分、语法点的合并与拆分等问题存在较大的差异。而且新世纪商务（经贸）汉语系列教程并没有初级教程，直接以《经贸汉语中级教程》起步，这就使得编者考虑将初级阶段的部分语法点融入中级教程之中，因此也在一定程度上造成了《经贸汉语中级教程》语法数目大大超过含有初级阶段的系列教材这种情况，如《中级速成商

务汉语》《商务汉语综合教程3》和《商务致胜2》《商务致胜3》的语法数目分别仅为18个、53个、35个、37个。另外,《中级商务汉语综合教程（生活篇）》主要解决外国客商日常生活问题，将一个语法点拆分成许多小部分进行讲解与练习，这必然造成语法数量的增加。

在语法项目内容上，以《经贸汉语中级教程》和《商务致胜2》《商务致胜3》为例，《经贸汉语中级教程》的语法内容除少量诸如“无……可……”“不但……反而……”“不是……就是……”等固定语法结构的设置外，其他大部分为“令”“嫌”“繁华”“一味”等词语意思与用法的展示，极为零散、琐碎而又无法统一编号归于一个大的语法点之下，造成了语法项目数量上的大幅增加。《商务致胜》则将部分词语归到“重点词语”板块，只选择少量重要、常用的词如“有幸”“还”“下功夫”“按照”等进行详细的语法阐释，此外多为“动词+进来/进去”“再……不过了”“形容词+一点儿”等固定语法结构的讲解。

另外，语法点数目与教材课文的体裁和长度也有很大的关系。《经贸汉语中级教程》课文大部分为1500～2000字的议论文或说明文，而《商务致胜》课文多为150～600字的对话、案例与记叙文，这势必造成语法点数量上的不同。

因此，我们不能只看表面的数字差异，而应考量编者的编排与用意。

表3-25　中级商务汉语综合课教材（大综合）语法数据统计表（单位：个）

教材名称	语法项目总数	课/单元平均数	每课时平均数
经贸汉语	25	1.00	——
经贸汉语中级教程	157	10.47	——
商务汉语综合教程3	53	3.53	0.88
中级速成商务汉语	18	0.90	0.15～0.18
中级商务汉语综合教程（生活篇）	204	10.20	——
中级商务汉语综合教程（商务篇）	57	2.85	——
商务致胜2	35	3.50	0.44
商务致胜3	37	3.70	0.46

注:“——”表示未标明课时数。

（2）讲解及表述方式

中级阶段，语法表述方式多样而简洁，如翔实的中外文释义配以实用的例句、明了的公式，加以近义词辨析。如《商务汉语》的姊妹篇《经贸汉语》，语法点讲解方式为对某一重点句的注释，虽然语法讲解语言趋于传统，但旁征博引的近（反）义词对比和解释扩展，加上中英文对照的讲解，配以生动的电视片，对 90 年代具有一定汉语基础、希望在中国建立稳定市场和生产基地的外国客商来说是一部不可多得的视听教材。

《经贸汉语中级教程》注释为综合性的，语言点讲解包括词语用法讲解、近义词辨析、词汇知识、语法现象的介绍，讲解详细、具体，方式单一，以上内容对留学生来讲，是个不小的负担。

《中级商务汉语综合教程（生活篇）》和《中级商务汉语综合教程（商务篇）》语法讲述方式为“语句理解及练习”，是对课文中出现的常用结构的简单解释，配以实用的例句和及时的练习，对学习用正确的结构进行商务表达是很有利的，既能消除学习者的紧张感又能及时举一反三。

《中级速成商务汉语》语法点融于“练一练”中，并无讲解，只有简单例句，更淡化了语法讲解。不过，如能加以简单讲解，效果会更好。

《商务致胜 2》共 38 个重点词语，配以例子说明用法，但无讲解，语法点解释安排在“语言点”中。

《商务汉语综合教程》以“语法要点”展示语法，运用中文释义，配以例句，加之近（反）义词对比扩展进行语法表述，但语言较为枯燥、艰涩，学习者会有一定的畏难情绪。

5.2.2 教材点评

《中级商务汉语综合教程（生活篇）》语法点数目大大超过其他几部教材，不过在语法点讲解方面做到了“讲练结合”，将练习融入语法点讲解中，使学习者能够及时练习所学语法点，在练习中熟悉、巩固语法知识，进而学会运用。不过，如能在语法点数目上加以控制，则效果会更好。

5.3 高级

5.3.1 语法项目、讲解及表述方式

（1）语法项目

从表 3–26 可以看出，《经贸汉语高级教程》语法点数量最多，为 195 个，远远高于其他几部商务汉语综合课教材，与同系列中级教材相比，相差不大，这体现了不同系列间的区别与系列内部的衔接。

语法项目内容上，以《经贸汉语高级教程》和《商务致胜 4》《商务致胜 5》为例，《经贸汉语高级教程》语法数目是《商务致胜 4》《商务致胜 5》的 2.7 倍之多。经过《经贸

汉语中级教程》的学习，到了高级阶段，学习者对基本的语法结构已经掌握，因此，《经贸汉语高级教程》语法点设置为大量的商务词语、通用词语的用法讲解，如“策划”“宣称”“震荡”“潜藏”“热点”“通常”等，仅有少量固定语法结构，如“为……所”“由于……”“较为……”等，造成了语法总数的增加。《商务致胜》则不同，侧重于“在……方面”“动词＋于”“比如……什么的”等语法结构和固定搭配的讲解，词法方面的解释多选取通用色彩较浓的词并将其不同的词归并到几类常用的结构之下，这样就减少了教材的语法点总数。

另外 4 部高级商务汉语综合课教材的语法项目总数不是很一致，但相差不大，每课时平均语法点数目也十分接近，这既体现了不同系列教材之间的差异，也表明不同编者在每课语法点数量上的看法较为一致。

表 3-26　高级商务汉语综合课教材（大综合）语法点数量统计表（单位：个）

教材名称	语法项目总数	课 / 单元平均数	每课时平均数
经贸汉语高级教程	195	10.83	——
商务汉语综合教程 4	40	2.67	0.67
高级速成商务汉语	81	5.07	0.57 ～ 0.63
高级商务汉语综合教程	61	3.81	——
商务致胜 4	72	3.60	0.45
商务致胜 5			

注：“——”表示未标明课时数。

（2）讲解及表述方式

《经贸汉语高级教程》语法讲解安排在注释中，主要涉及词法和近义词辨析，并包括成语、惯用语、俗语的解释。语法讲解多从词源角度出发，未经加工，稍显枯燥。

《高级速成商务汉语》将语法安排在“句型”中讲解，针对原文中的关键句，运用公式，简单讲解固定结构，配以商务例子，且语法点后直接有对应的练习题巩固所学语法结构，这对商务汉语速成学习者来说是很好的安排方式。

《高级商务汉语综合教程》将语法讲解安排在“学一学”“你知道吗”两个板块中，并配有练习，带有一定趣味性，给学习者一种轻松感。

《商务汉语综合教程 4》“词语表”注重讲解词法，“语法要点”主要讲解句法，同时也简单介绍了修辞方面的知识，如“对偶修辞、类比修辞、排比句式”等，这对学生的成段表达能力提出了要求，是高级商务汉语学习必不可少的一环。

此外，除《高级商务汉语综合教程》的语法讲解是中外文注释之外，其他的高级教材都只有中文讲解，这能使学习者尽快习惯用汉语思考，减少对外文的依赖，提高汉语水平。同时又配有简单的例句、明了的公式，简而精地讲述语法点。

5.3.2 教材点评

《经贸汉语综合教程》语法点数量很大，讲解用语也未经加工，再加上内容丰富、翔实，所有这些给学习者造成了很大的挑战，学习者到了高级阶段面临着更为严峻的专业性的问题，若能在语法点数量上加以控制，在讲解用语上稍做加工，使其简明、扼要，则更符合学习者的心理。

小结

商务汉语教材在语法内容安排方面应注意语法在课文中的出现方式，确定语法教学中的重点与难点，对于汉语中特有的语法要重点讲解，尽量用公式或图表等来展示复杂的语法关系。将汉语与其他语言的语法做比较时，不需要将比较的过程展示给学习者，只需言简意赅地说清比较结果即可。其中应该注意的是，虽然各部教材编写目标不同，但各自的语法内容需要与教材编写的初衷相吻合，换言之，语法的知识点不需要面面俱到，但是要根据学习对象的不同做相应考虑和安排。

第六节　教材的修辞

自上世纪 80 年代以来，随着中国经济的迅速崛起，对外商务汉语教学也逐步发展起来。在此期间，不少专家学者对此进行了种种学术研讨和尝试，但至今商务汉语教学的研究仍不够充分，尤其是商务汉语的修辞教学。不仅这方面的相关论文和专著数量少、不系统，而且专题研讨也比较匮乏。

6.1　修辞总数

在修辞总数方面，最少的是《商务致胜 5》，只有 14 个；最多的是《经贸汉语高级教程》，有 212 个；其次是《商务汉语综合教程 4》，有 111 个。在所统计的 6 部教材中，只有《商务汉语综合教程 4》和《高级速成商务汉语》在语法要点中设计了修辞讲解。这种数量上的差异，主要与课文句式的选择、语体等方面的知识有关。

从总体上看，商务汉语教材中涉及的修辞与词汇、语法、文化等教学内容相比，数量较少，且尚未建立起统一的标准。例如，教材中修辞总数过少，会降低教材课文的趣味性和文学性，不利于学生全面把握汉语知识，也不利于教师潜移默化地帮助学生提高写作能力；但修辞总数过多，也会影响学生对教材的理解，加重学习负担，甚至丧失学习的热情。

早在 1987 年，吕必松先生就提出："修辞是对外汉语教学的内容之一。" 修辞是一种达意传情的手段，其目的是追求"意与言会，言遂意遣"。商务汉语教学是一门注重交际——特别是以跨文化交际为特殊目的的语言教学，适当加强语用知识在教学中的比重，尤其是修辞教学这一部分的比重，能使商务汉语的教学效果更上一层楼。

6.2　修辞的呈现

在所统计的 6 部教材中，修辞基本都出现在课文、副课文中；有 3 部教材的修辞还出现在了生词解释中，即《经贸汉语高级教程》《高级商务汉语综合教程》和《商务汉语综合教程 4》。其中，《商务汉语综合教程 4》的修辞不仅出现在课文和生词解释中，还出现在了语法要点中。6 部教材中修辞在各部分呈现的次数统计如表 3–27 所示。

表 3-27　高级商务汉语综合课教材（大综合）中修辞出现的位置及次数统计表

出现位置 / 出现次数 / 教材名称	课文	副课文	生词解释	语法要点	练习	注释
经贸汉语高级教程	96	51	45		59	26
商务汉语综合教程 4	68	51	46	4		
高级速成商务汉语	10	15		2	9	
高级商务汉语综合教程	12		5		16	
商务致胜 4	6	8		3	6	
商务致胜 5	9	2		1	2	

从修辞的呈现来看，6 部教材都涉及了修辞的使用，但是呈现的方式比较不固定，均没有专门讲述修辞的章节，大部分修辞出现在课文和阅读中，且缺少详细的解释和相应的练习。例如，《经贸汉语高级教程》在第 64 页的副课文中，运用了“公司在中国安营扎寨”这一修辞手法，但未对此进行解释；《商务致胜 4》在第 30 页的课文中，运用了“井喷”的比喻用法，也缺少相应的解释。再如，《商务汉语综合教程 4》在第 158 页的语法讲解中提到了对偶的修辞手法，指出对偶是一种辞格，常出现在字数相等，结构、词性大体相同，意思相关的结构中，并列举了课文中的例子，仅此而已，这样学生较难全面掌握。可见，教材中虽涉及部分辞格，但缺少解释或解释得比较简单，并未把修辞作为单独的板块列出，且尚未设计相关练习。因此，学生不仅不容易注意到教材中修辞的使用方法，而且掌握起来也比较困难。

6.3　辞格

辞格是修辞的主要内容，在所统计的 6 部教材中，共涉及 21 种辞格。辞格的选择范围是比较宽泛的，其中被选择最多的辞格有比喻、引用、设问等。有些辞格出现的次数较少，一般出现在 5 次以下，包括对偶、移就、仿词、移用等；有些辞格类型只出现过 1 次，如排比、叠字、类比等；还有的修辞在所统计的 6 部教材中都尚未出现，如顶针、反语等。据统计，6 部教材所涉及的辞格不仅类型有所差异，且每种辞格的使用频率也相差较大。6 部教材涉及的辞格类型及使用频率如表 3-28 所示。

表 3-28 商务汉语综合课教材（大综合）辞格类型及使用频率统计表（单位：次）

辞格	教材名称					
	经贸汉语高级教程	商务汉语综合教程 4	高级速成商务汉语	高级商务汉语综合教程	商务致胜 4	商务致胜 5
排比		1				
比喻	116	64	5	11	7	4
夸张	3	1			1	
借代	14	6	4	4		1
设问	10	8	7		2	9
对偶		4				
反问	3	5	1	6	6	
引用	12	8	3	4	4	
拟人	37	7	1	1		
拟物	5	1		2		
对比	2	3	3	1		
叠字	1					
对照			3		3	
层递	1					
移用	3					
仿词	2					
仿拟	2	1				
移就			2	1		
婉言			1			
反诘			2			
类比		1				
总数	211	108	32	30	23	14

可见，在商务汉语综合课系列教材中，辞格的选择还是有待规范的。对于初次接触修辞的学生，应该选择那些在汉语中比较普遍被运用的、比较好理解的辞格，这样才能达到学以致用的目的。否则，那些难以理解的辞格不仅很难被学生接受，还会成为学习的负担，使学生丧失学习的兴趣。通过这 6 部教材的统计分析，不难发现，修辞进入商务汉语

教材的定位并不十分明确。这个问题导致的直接结果就是教材中讲解修辞的部分较少，辞格的选择无章可循，讲解的方式比较混乱。

修辞与一个民族的文化传统密切相关，包括由种种因素形成的民族心理特征、思维习惯、哲学观点、审美观点，以及反映这些特征、习惯和观点的各种文化成就。商务汉语作为一种跨文化交际的载体，必然渗透了大量的中华文化因素和文化知识。例如“对偶、比喻、双关”等修辞手法，体现了中华民族以对称和谐为美以及含蓄蕴藉等的审美观。如果不给学生解释一些必要的修辞，不仅不利于语言学习，甚至可能会导致商务谈判的失败。

6.4 其他方面

除辞格以外，修辞还包括句式的选择、语体等方面的知识，这些内容在所统计的6部教材中都没有具体的讲解。就语体风格而言，商务汉语的特点是庄重、委婉、文雅，经常会使用带有书面语体性质的词汇，如敬辞、婉辞、谦辞，以及某些文言词汇，如“接风、洗尘、饯行”等。这些词汇在日常生活中使用得不多，但在商务活动中使用得较为频繁，而且规格越高的商务活动使用得越频繁。因此，商务汉语教材建设也应当对这方面进行深入研讨，逐步完善商务汉语的修辞教学体系。

小结

通过对6部商务汉语综合课系列教材修辞项点的分析，不难发现，商务汉语修辞教学显然发展得还不够成熟。在所统计的6部教材中，各部教材都涉及了修辞，但在修辞总数、呈现次数和方式、辞格以及其他相关知识等几方面，设置得参差不齐，没有建立起完善的体系和统一的标准。

从商务汉语的教材建设方面看，我们可以适当加大修辞教学在商务汉语教材中的比重，在此前提下精益求精，根据教学对象的特点和实际需求，妥善处理各类修辞出现的位置和详略情况，讲解和练习相结合，使修辞真正落实到商务汉语的教学和实践中，让学生从实际需求出发，学习和掌握好修辞的相关知识。

第七节 教材的文化

商务汉语教材所传授的不仅是商务交际中需要的语言知识，还有语言所负载的文化。学习者学习和运用商务汉语的过程，也是跨文化交际的过程。中国人特有的思维方式和商务理念、商务伦理、商务心理等文化因素都在潜移默化地影响着学习者的表达和行为方式。同时，中国特有的规章制度、法律法规以及影响民族心理、民族性格的文化因素也是商务汉语教材不可或缺的重要内容之一。

7.1 初级

初级阶段是学习者学习商务汉语的基础阶段，因此在这一阶段的商务汉语文化就显得尤为重要。如何帮助商务汉语学习者更好、更快地使用汉语进行相关的商务交际，是初级商务汉语综合课教材需要考虑的重点。

7.1.1 文化内容的选择及特点

（1）文化内容的选择

商务汉语教材与通用汉语教材相比不仅要涉及广泛意义上的文化，还要突出其专业性，突出其专业领域内的文化，即商务文化。所谓商务文化，是指商务活动中产生的精神现象或文化现象，具体包括商务伦理道德文化、网络文化、广告文化、饮食文化、酒文化、茶文化、服饰文化、商务礼仪、建筑文化、旅游文化、影视文化、宗教文化、商务民俗、商业文化与文化商业化，等等。商务文化范围相当广泛，可供教材编写者选择的文化内容是非常丰富的。目前并没有一个统一而明确的文化大纲，规定哪些文化内容应当或适合被收入商务汉语课本，所以导致教材文化内容选择具有一定的随意性。

将文化尤其是商务文化引入到商务汉语教材中，有利于学习者在学习语言的同时，了解中国人的思维方式，了解中国人的商务理念、商务道德、商务心理，从而使他们在未来的商务交往中言语及行为正确而得体，减少不必要的交际障碍，更好地开展商务活动。因此，选入教材的文化点最好是那些比较具有中国特色的，尤其是体现中国人的思维方式、商务理念的以及商务交往中应加以注意的方面。

（2）文化内容的特点

其一，难度系数的控制。商务汉语教材的学习者一般是有一定汉语基础的学习者。不过近年来，由于多种原因，许多学习者在没有任何汉语基础的情况下，从零起点便开始学习商务汉语。因此，对于选入教材的文化知识，要考虑到与学习者的语言水平相适应，对于初级者来说，应将重要的文化点以简洁明了、通俗易懂的语言进行展示，也就是说教材课后的文化阐释要用学习者可以理解的输入方式，不可晦涩难懂，否则，对于商务汉语学习者来说，非但起不到正面的学习效果，反而有可能会使学习者对中国文化产生质疑，这对于教材编写者来说是一个不小的挑战。

其二，文化因素具有普及性。商务汉语综合课作为一门具有特定用途的教学课程，其教学内容的选取是由教学目标以及学习者的学习需求决定的。国家汉办课题“全球商务汉语推广现状和需求情况宏观调研”调查表明，对于在华企业一般外籍员工而言，最为必要的培训项目是基本汉语技能和与工作相关的日常会话，因为多数商务活动都是用英文进行的，只有在与其他员工交谈或进行必要的社会经济活动时（如去银行、订机票等）才需要用汉语交流。而对于学习经贸类专业的留学生，也就是潜在的商务活动人群而言，初级商务汉语综合课教材不但涵盖了他们所需要掌握的日常生活用语，同时也较好地衔接了他们的专业课内容，基本满足了学习者的这两种需求。目前，《初级商务汉语精读》《初级速成商务汉语》《初级商务汉语综合教程》等初级教材，都将日常交际文化编入课本，体现了对日常交际文化的强调与重视。

其三，文化因素具有交际性。商务汉语较之通用汉语的区别之一是其专用性，因此在教材编写中，必须将语言交际技能的训练与商务专业知识的讲授结合起来，要注重理论性，更要关注实用性。商务汉语综合课的大部分教材在文化方面都力求做到结合留学生的生活实际，突出了生活中的经济因素，将课文内容尽量情境化，为学习者营造了真实的交际环境，很好地强调了交际策略和交际技能的训练。

其四，文化因素具有破冰性。众所周知，当今社会，生活在“地球村”中的人们，时间与空间已不再是造成交际障碍的主要因素，而与此同时，文化冲突与文化误解却逐渐成为影响人们尤其是商务人士从事商务交往的最大障碍。由此及彼，具体到中国，则表现在外国商务人士对中国文化，尤其是对中国商务文化的了解及熟识程度，将直接影响到双方商务交流的进程与成效。因此，初级教材中的文化内容在体现商务这一特征的同时又要与语言教学相辅相成，具有破冰性。

7.1.2 文化内容的编排

不同的呈现方式适用于不同的语言学习者以及不同的教学目标。也就是说，不同的教学对象、教学目标决定了不同的呈现方式，不能绝对地量化定性，而是要量体裁衣。大综合系列初级教材对文化内容的编排大致可分为以下三种模式：

（1）设立专门板块。这种方式强调了文化在教材中的重要性，有助于教材使用者对所要掌握的文化知识形成一个清晰的认识。在对文化内容产生系统性感知的基础上，通过文化知识的介绍，学习者可以更好地进行交际。采取这种编排方式的教材有《初级速成商务汉语》等。与其他大部分教材不同，该教材单独设立一个板块——“文化点击”，对文化进行简单介绍，字数和难度都力求控制在学习者可以接受的范围之内。它提醒商务汉语学习者，文化对其学习与未来工作具有重要作用。

（2）注释的方式。这种方式不设固定的板块对文化点进行专门的解释说明，只以注释的方式对出现的文化点进行讲解。虽然这样做具有一定的随意性，但其灵活性也使文化知识的教授过程更加自然流畅。采取该种编排方式的教材有《经贸汉语》等。

（3）文化融入课文与练习中。这种方式被教材编写者广泛采用，其原因有二：第一，学习者对中国文化感兴趣且需要了解中国文化，尤其是中国的商务文化，以达到顺畅交际、进行商务活动的目的；第二，这种方式可以使学习者在潜移默化中学习并掌握中国文化，避免刻意地教授与学习，从而使得整个学习过程更为自然、流畅、和谐。将文化知识融入到课文和练习之中能大大提高学习者的兴趣，提高其学习热情。采用该编排方式的教材有《初级商务汉语精读》《商务致胜》等。

大综合系列初级商务汉语综合课教材的文化内容大多融合于课文、练习或注释之中，很少有教材专门单设板块进行文化介绍。这样的编排可能是考虑到初级学习者掌握的知识有限，对于专设的板块可能会有畏难心理。

7.2　中级

中级商务汉语综合课教材中的文化起着承上启下的过渡作用，是表现商务汉语综合课教材编写层次性、梯度性的一个重要环节。中级商务汉语综合课教材文化项点内容如表3–29所示。

表3–29　中级商务汉语综合课教材（大综合）文化项点表

交际文化		管理文化						交易文化		政策文化				商务写作	其他	
				战略管理												
日常交际	社交文化	人力资源管理	组织管理	企业文化	企业结构	战略规划	跨国经营	洽谈文化	交涉文化	国家政策与发展战略	法律法规	经济管理体制	时政要闻		成语、惯用语、流行语、入世（加入WTO）流行词汇	常识文化

中级商务汉语综合课教材所涉及的文化知识广泛而丰富，如《经贸汉语中级教程》共

分 15 课，按照话题分 6 个单元。每个单元包括 2 ～ 3 课，题材广泛、风格多样。每课后面的“概念链接”专门就课文中所涉及的深层次概念进行注释，帮助学生拓宽视野，使学生在学习语言的同时，能对新世纪特别是加入世贸组织后的中国社会经济生活有较为全面和深入的了解，从而为专业课学习搭建了一个相对宽泛的语言和社会背景知识平台。

7.2.1 文化内容的选择及特点

（1）文化内容的选择

中级商务汉语综合课教材内容大体可以分为六大部分，即交际文化、管理文化、交易文化、政策文化、商务写作与其他。这里仅以两部教材为例加以说明。《经贸汉语中级教程》共 15 课，按照话题分为 6 个单元，分别是“储蓄与消费”“会展业”“营销策略”“活力城市”“朝阳产业”“经济与社会发展”。《中级速成商务汉语》包括生活类与商务类两方面的任务。教材内容基本覆盖与商务汉语活动有关的生活、社交类任务和商务活动中的常用业务类任务。教材所选内容均是生活和商务工作中常见的交际任务。上册选取的多是生活类任务，例如接电话、预订宾馆、商场购物、银行业务、购买车票等；下册基本以商务类任务为主，例如参观工厂、公司会议、介绍产品、询价报价、签订合同等。

（2）文化内容的特点

中级商务汉语综合课教材的文化特点，以《经贸汉语中级教程》《中级速成商务汉语》《商务致胜 2》和《中级商务汉语综合教程（生活篇）》为例加以说明。

首先，文化内容的介绍呈系统性，课文各部分对文化内容的介绍，如流水线般展现并层层递进式发展。如《经贸汉语中级教程》导言部分介绍课文的主要内容及其相关背景知识，引出话题。如第一课的导言是：“中国人现在挣多少钱？这些钱如何支配？是存银行还是买东西？不同年龄、不同层次的人选择什么样的消费方式？不同的消费方式体现了怎样的消费心理？”消费是中国社会发展的一个最好的说明。主课文是一个经济话题，副课文是对其内容的补充扩展，挖掘深层次的根由。主课文语料几乎全部经过大幅度加工改写，并设置了“概念链接”以拓宽学生的视野，增加了学习的广度与深度。再如，《商务致胜 2》主课文为对话体，会话均为商务情境会话，副课文为叙述体，增加了对企业的介绍。

其次，对文化内容的难度都做了恰当的处理，使得文化的教学与学生的语言水平相适应，语言与文化可以很好地协调发展。难易度控制合理最为突出的表现在于对字数的控制。如《中级速成商务汉语 1》和《中级速成商务汉语 2》，每课课文基本上由两篇对话和一篇短文组成，篇幅都不长。再如《商务致胜 2》，每篇课文字数为 350 字左右。

再次，文化内容具有交际性。这种交际性既表现在文化内容的呈现方式上，同时也表现在功能的交际性上，即文化的功用是服务于语言交际的，文化的介绍是为减少交际障碍而设定的。这里仅以《中级商务汉语综合教程（生活篇）》为例。该部教材是为有一定汉语基础并希望在中国从事商务活动的学习者编写的。学习者通过对该教材的学习，可以对商务活动者在日常生活中的交际语言有一个基本的了解，为以后在中国从事日常商务工作打下基础。该教材的编写思路是以外国公司派往中国从事商务活动的职员的日常生活为主线，模拟外方职员在中国工作时可能会出现的社会交往体验，提高学习者在中国与商界人士沟通交流的能力。

《中级商务汉语综合教程（生活篇）》交际性特点表现在三方面。第一，两册书共 20 课，安排了 40 段情境会话，均是围绕外方职员在中国可能遇到的生活场景设计的，基本上涉及了外方职员必须要解决的各种问题。通过这些情境会话的学习，能够增长学习者在中国生活时所需的日常交际知识，提高口头表达能力。第二，每课安排了与该课主题有关的阅读篇，对中国的日常生活知识、文化特点以及社会交往中应注意的问题等，做了必要的介绍，以使学习者在学习这些知识后，能对中国有更深入的了解，提高其与中国人交往的能力。第三，在注重情境会话的同时，每课都安排了交际功能的内容，包括日常寒暄、介绍与自我介绍、询问、欢迎、求助、邀请、建议、祝贺、解释、警告、呼救、称赞、嘱咐、争辩等，以及与业务往来有关的产品介绍和推销广告等。

7.2.2 文化内容的编排

中级商务汉语综合课教材对文化内容的编排大致可分为三种模式。既有通过注释对课文涉及的文化点进行进一步阐释的编排方式，也有将文化知识融入到课文和练习之中的编排方式。这里值得一提的是一种较为新颖的编排方式，即采用导言的方式引出文化内容。采用该种方式引出文化内容的教材主要是《经贸汉语中级教程》《中级商务汉语综合教程（生活篇）》，即在课文的开篇前或以启发引导的方式，或以介绍课文背景的方式，导入与课文相关的文化内容。采用该种方式介绍文化知识，可以在学习者没有正式学习课文之前引起其兴趣，调动其主观能动性，使其处于一种积极的思维状态，为下面的课文学习做好铺垫。

7.3　高级

高级商务汉语综合课教材在整个商务汉语教材中起着举足轻重的作用，在广度和深度上将商务汉语教材推向了一个新的顶点。高级商务汉语综合课教材的文化项点内容如表 3–30 所示。

表 3-30　高级商务汉语综合课教材（大综合）文化项点表

日常文化		管理文化						交易文化		政策文化				商务写作	电子商务	其他
生活文化	社交文化	人力资源管理	组织行为管理	战略管理				洽谈文化	交涉文化	国家政策与发展战略	法律法规	经济管理体制	时政要闻			
				企业文化	企业结构	战略规划	跨国经营									

7.3.1 文化内容的选择

高级商务汉语综合课教材的文化选择题材广泛，内容多样。既有传统文化知识，也有交际文化，最为突出的是对商务文化的介绍，主要包括管理文化、交易文化与政策文化三点。

7.3.2 文化内容的特点

首先，结构清晰，难易度呈梯级分布，循序渐进。以《经贸汉语高级教程》第 11 课、第 12 课为例，两篇课文虽然都介绍营销文化，但内容的难易度却是有差异的。第 11 课以药店的经营方式为主要内容，粗略浅显地介绍了营销文化；而第 12 课则以经典营销案例为例，详细而深入地介绍营销文化中的技巧与特点。这样的编排方式符合层次性与梯级分布的要求。

其次，高级商务汉语综合课教材中的文化项点都编排在主课文之后，多数位于副课文中。这种方式符合学习的一般规律，即首先在主课文中了解是什么，然后在副课文中加深对这一问题的看法与理解，最后实现对该话题全面而深入的认识。

再次，高级商务汉语综合课教材的文化着眼点不同于初级商务汉语综合课教材，初级商务汉语综合课教材的着眼点主要是交际文化，而中高级的着眼点是商务文化，这是出于对学习"循序渐进"原则的考虑。打个比方，我们要进入会议室开会，首先是进入会议室，其次是准备与会议相关的议题。而交际文化就是开门的钥匙，商务文化就是进入会议室后的议题。中高级商务汉语综合课教材的文化内容虽然各有侧重，但归根到底，其文化焦点都是商务文化。

小结

本节主要分析了初、中、高级商务汉语综合课教材中的文化内容的选择及特点，以及文化内容系统性编排的重要意义。初、中、高各阶段教材在文化内容编排上应遵循的指导思想是以功能为纲，语法结构伏于暗线，文化因素渗透其中。教材编写者应充分重视初、中、高级教材的科学衔接，重视文化因素比重的合理提升和文化因素导入的自然顺畅，为学习者充分吸收文化知识提供一个良好的载体。

第八节　教材的练习

大综合系列与汉语综合课教学一样也可分为初级、中级和高级三个阶段，通过这三个教学阶段，学习者可以从掌握普通汉语言知识、言语技能和商务汉语专用词汇、话语技能进而了解商务文化和专业知识，最后具备商务实践能力。在学习过程中，练习发挥着不可替代的作用，适量的练习可以不断强化知识点、内化语言知识，从而有效提高学习者应用语言知识进行商务交际的能力。

8.1　初级

8.1.1 初级商务汉语综合课教材练习简述

（1）《商务汉语》

国家对外汉语教学领导小组规划教材包括《商务汉语》和《经贸汉语》两部，都是应中央电视台的邀请编写的，是中央电视台播出的同名电视教学片的配套教材，因此故事性很强。《商务汉语》是教授外国客商初涉中国市场所必需的初级教材，练习系统性较强，练习编排都属于集中型，题目要求均配有英文翻译。

（2）《初级商务汉语精读》

新世纪商务（经贸）汉语系列包括 4 部:《初级商务汉语精读》《经贸汉语中级教程》《经贸汉语高级教程 1》和《经贸汉语高级教程 2》。《初级商务汉语精读》包括 3 个单元，每个单元包括 5 篇课文和 1 个单元综合练习。在练习的编排上属于集中型，但习题的位置有 2 个（课后练习和单元综合练习）。

（3）《初级速成商务汉语》

速成系列商务汉语教程共 6 册，初级教材分 1、2 两册，以商务活动中简单的生活类任务为主要内容，重在提高学习者从事与商务活动有关的社会活动的能力。练习部分的编排均属于分散型，题目只有中文要求，题型富有变化。

（4）《商务汉语综合教程》

《商务汉语综合教程》共 4 册，是为来华留学生编写的一套系列教材。第一、二册为初级商务汉语综合教程，教学内容以基本语法现象、常用词汇和日常商务活动为主，教学目标以提高学生日常商务交际能力为主，每课练习数量和题型都比较固定。练习编排属于集中型，分为课堂练习、练习与作业和辅助阅读三部分；题目要求只有中文，没有英文翻译。

（5）《商务致胜》

该系列教材面向海内外学习者，供进行培训的外国学生及企业界人士学习商务汉语使用。教材共分 5 册，每册 5 个单元，每单元 2 课，第一部主要适用于有半年（340 学时）汉语学习经历的学习者。该教材的练习编排属于分散型，题目要求有英文翻译，各课题量和题型较固定，练习位置分别为：主课文与主课文预习模块中的课前预习、语言模块中的即学即用、技能训练模块中的综合练习、副课文模块中的课后练习。

8.1.2 练习题量

（1）练习总量

练习总量是指教材中练习题量的总和，即练习页数在整本教材中所占的比例。美国心理学联结主义的建立者和教育心理学体系的创始人桑代克曾经提出三条著名的学习律，即准备律（Law of Readiness）、练习律（Law of Exercise）和效果律（Law of Effect）。练习律的实质就是强化刺激与反应的感应联结，反应在情境中用得越多，它与这个情境发生的联结越牢固。反之，长期不用这个反应，这种联结就趋于减弱。练习就是学习活动中的一种强化现象，强化得越多，学习的效果就会越好，因此我们认为足量的练习对于学生把汉语的规则与知识转化为汉语的表达技能起着关键性的作用。练习总量统计结果如图 3-2 所示。

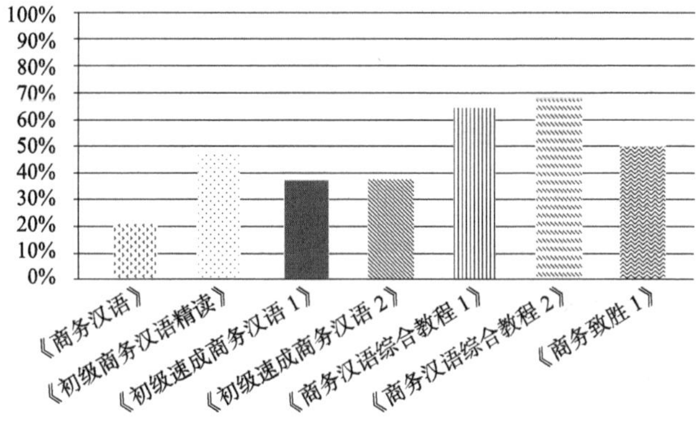

图 3-2　初级商务汉语综合课教材（大综合）练习总量百分比示意图

可以看到，教材之间的练习比例差距较大，在 20% ～ 68% 之间。初级商务汉语综合课教材中只有《商务汉语》（1995）的练习所占比例在 30% 以下，这部教材的出版时间比较早，可能受到当时教材编写思想的限制，练习比例较小。其他教材在练习比例上都有了大幅度的提高，个别教材的练习总量甚至接近 70%，可以看出教材编写者越来越重视练习在初级商务汉语教学阶段的作用，教材练习总量呈现了增长趋势。

（2）单课练习量

单课练习量指的是每课的练习部分包含的题目（以大题计算）数量。有些教材虽然题型总量比较多，但由于整部教材题型多变，实际上每课的题型并不多。单课练习量的统计可以在一定程度上反映出教材的练习是否丰富充足，教材是否具有系统性、规律性。初级商务汉语综合课教材单课练习量的统计结果如图 3–3 所示。

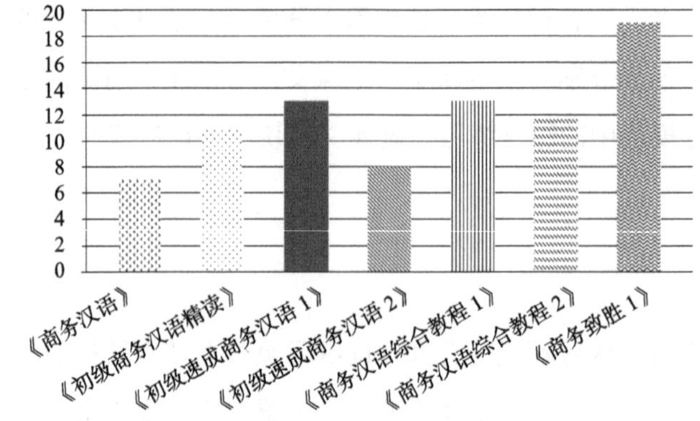

图 3–3　初级商务汉语综合课教材（大综合）单课练习量统计图（单位：题）

从图 3–3 可以看出，各教材单课练习题量为 7 ～ 19 题不等。单课练习题量最少的《商务汉语》出版时间较早，这一时期商务汉语教材发展尚未成熟，单课练习量较少而且题型较为单调，在一定程度上制约了学习者通过练习复习和巩固所学知识。21 世纪初以后的教材单课练习量出现大幅度提升，数量最多的《商务致胜 1》达到了 19 题，由此可见，商务汉语大综合教材单课练习的题量不断增加，题型越来越丰富。

8.1.3 技能型练习

语言教材中的练习可以分为两类：一类是与语法、词汇等语言要素的模仿、记忆、运用等有关的练习形式，如，选词填空、替换、判断句子正误、改错、造句、改写句子、完成句子等，我们称之为“要素型练习”；另一类是训练听、说、读、写各项技能的练习，如，问答、完成会话、情境对话、阅读理解、自由表达、写作等，我们称之为“技能型练习”。要素型练习的存在说明教材编写对语言要素的重视，技能型练习则说明人们正在努力把语言交际技能的培养纳入课堂教学的范围。商务汉语教学的特点在教材中的体现就是技能型练习的大量出现，要素型练习和技能型练习的比重随着课程的深入和汉语水平的提高而变化。

7 部初级商务汉语综合课教材都不同程度地设计编排了语言技能练习，这符合商务汉语综合课的课程性质，但各时期教材技能练习的设计编排还是各有特点。出版时间较早的《商务汉语》《初级商务汉语精读》和《商务汉语综合教程》以说话技能和阅读技能的训练为主，而近几年出版的《初级速成商务汉语》和《商务致胜》以听力技能和说话技能的训练为主。随着时间的推进，初级阶段商务汉语综合课教材的技能训练重点由说话和阅读转变为听力和说话。教材技能型练习统计如图 3-4 所示。

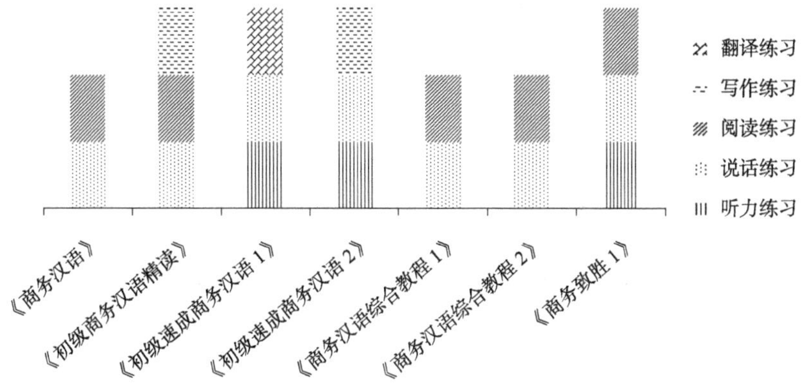

图 3-4　初级商务汉语综合课教材（大综合）技能型练习统计图

不同教学阶段的技能训练在做到齐头并进的同时应该有所侧重，初级阶段的学习者汉语水平较低，因此技能练习的训练应重点解决学习者的基本交际需要，即听力技能和说话技能的训练。

8.1.4 教材点评

（1）《商务汉语》

该教材每一课的练习题型基本固定，特别关注语音、词汇和口语的练习，语法练习非常少。练习部分采用了发散思维和本体思维相辅助的题型设计方式。在词汇与句型练习部分中，词汇替换和组词成句练习就是利用了本体思维方式，以巩固课文所学内容、知识点为主，紧紧依托课文，加强基础知识能力；组词搭配注音和完成对话练习则要求学生针对自己的理解，在所学基础上综合自身能力，完成答题，运用了比较明显的发散思维。在口语练习部分，复述练习是一种实践类练习，既与课文所学密切相关，又超越了所学的主题，有针对性地练习口语表达。

（2）《初级商务汉语精读》

该书围绕金源善、杰克和林大山的留学生活动展开，贴近留学生的真实生活，满足了学习者的实际需求。该教材每课习题数量和题型都比较固定，特别注重语法练习中的句子结构练习和说话练习中的成段表达。

（3）《初级速成商务汉语》

该教材练习使用了大量的图片、图表，练习形式丰富多样，并突出听说技能训练。该教材上部以日常生活为主，包含“认一认、说一说、学一学、练一练、听一听”等几大板块，每一板块后都编排了相应的练习；下部以基本的商务活动为主，以表达功能为纲，如描述、说明、道谢、致歉、祝贺等，因此根据所学内容，每课结构各不相同，练习的设置也根据表达功能的差异而有所不同。值得说明的是，该教材练习趣味性十足，除了配有丰富的图片外还设计了一些游戏题目，使学习者在做游戏的过程中掌握所学内容。例如："小游戏：猜猜是什么。一个人描述产品，大家猜产品名称，先猜对者胜出；一个人说出产品名称，大家来描述，描述得最接近者胜出。"

（4）《商务汉语综合教程》

这部教材的练习分为课堂练习、练习与作业和辅助阅读三部分。课堂练习包括对话、填空、完成句子、同义词连线和回答问题，这部分的填空和完成句子都是课文内容的重现，不需要学习者运用自己的语言能力完成；练习与作业部分包括造句、同义词替代、用下列词语填空和写出相应的词语（即给出意思写词语，配有例子以便参照）等，这一部分的习题是课堂练习的进一步加深和扩展；辅助阅读部分即阅读练习，练习形式基本为回答问题，这一部分利用丰富的阅读练习扩展学习者的商务知识。

（5）《商务致胜》

该套教材的第一册主要适用于有半年（340 学时）汉语学习经历者，因此课前预习部分的练习都是针对课文内容的理解性练习；"即学即用"部分的练习主要是语法练习，例如完成句子和完成对话；"综合练习"部分的技能练习基本是考察学习者复合语言技能的练习，例如听力练习中包括根据听力情境进行会话和讨论。另外，技能练习中还包含一定的商务文化内容，如中式宴席的座次礼仪、上菜顺序和接电话的礼仪等。副课文的练习部分有讨论练习，还有一些趣味性较强的练习，例如："有人可以用四根筷子在不折断的情况下拼出'田'这个字，你知道是怎么做的吗？请试一试。"

8.2 中级

商务汉语教学是让学习者可以从掌握普通的汉语言知识、言语技能和商务汉语专用词汇、话语技能进而了解商务文化和专业知识，最后达到具备商务实践的能力。中级阶段的教学在完成这一教学目标中起到了承上启下的作用，这一阶段有效的练习可以帮助学习者内化所学语言知识，提升商务交际能力。

8.2.1 中级商务汉语综合课教材练习简述

（1）《经贸汉语》

《经贸汉语》是为外国客商在中国进一步拓宽业务而设计的，是《商务汉语》的姊妹篇。该系列教材在练习方面系统性较强，练习编排都属于集中型，题目要求均配有英文翻译。

（2）《经贸汉语中级教程》

《经贸汉语中级教程》共15课，按话题分为6个单元，每单元包括2～3课，每课由导言、生词、课文、注释、练习、副课文和概念链接7个部分组成。练习编排属于集中型，每课习题数量和题型的固定性不强。

（3）《商务汉语综合教程》

《商务汉语综合教程》第三册为中级商务汉语教程，教学内容以商务汉语语法特点、常用商务汉语词汇和专项商务活动为主，教学目标是提高学生商务汉语听说和读写能力，每课练习数量和题型固定性较弱。练习编排属于集中型，分为课堂练习、练习与作业和辅助阅读三部分；题目要求只有中文，没有英文翻译。

（4）《商务致胜》

此系列教材的第二册主要适用于有一年（680学时）汉语学习经历的学习者，第三册主要适用于有一年半（1020学时）汉语学习经历者，练习内容在前两册的基础上有所增加。教材的练习编排属于分散型，题目要求有英文翻译，各课题量和题型较固定，练习位置分别为：主课文与主课文预习模块中的课前预习、语言模块中的即学即用、技能训练模块中的综合练习、副课文模块中的课后练习。

（5）《中级商务汉语综合教程（生活篇、商务篇）》

《中级商务汉语综合教程》共4册，包括生活类和商务类各2册，练习部分的编排均属于分散型，题目只有中文指令，题型富有变化。教材内容基本覆盖与商务汉语活动有关的生活、社交类任务和商务活动中的常用业务类任务。生活篇分1、2两册，每册10课，练习的位置是课前热身部分、会话篇语法点讲解之后、阅读篇阅读材料之后和综合练习部分。

（6）《中级速成商务汉语》

《中级速成商务汉语》分1、2两册，教材基本覆盖了与商务汉语活动有关的生活、社交类任务和商务活动中的常用业务类任务。两册教材均以功能项目为纲，以任务型教学理论为指导，是一部任务型口语教材，旨在加强学生的口头表达和口语交际能力。练习部分的编排均属于分散型，题目只有中文要求。

8.2.2 练习题量

（1）练习总量

中级商务汉语综合课教材练习总量统计结果如图3–5所示。

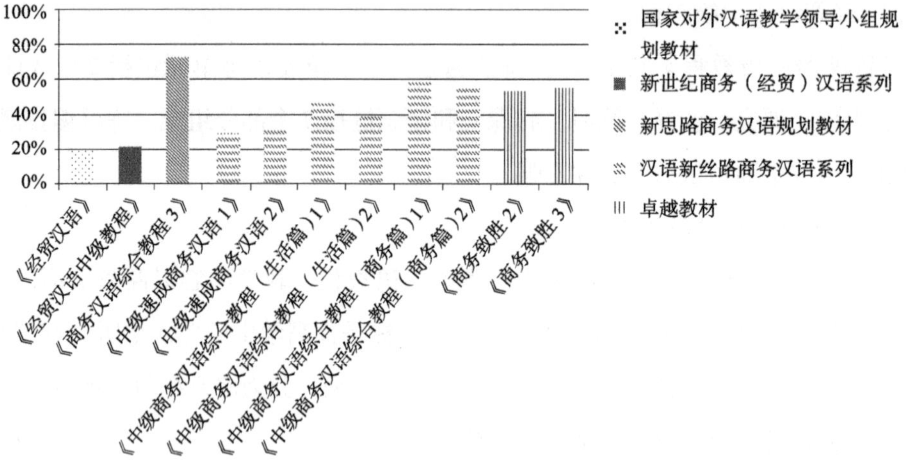

图 3–5　中级商务汉语综合课教材（大综合）练习总量百分比示意图

通过图 3–5 可以看出，中级商务汉语综合课教材的练习比例在 19% ～ 72% 之间，大部分教材练习所占比例均超过 30%，甚至有 5 部教材的练习所占比例超过整部教材的一半，只有《经贸汉语》和《经贸汉语中级教程》两部教材的练习所占比例在 30% 以下，这两部教材的出版时间都比较早，练习比例较小。与小综合教材相比，大综合教材练习总量的比重差距较大。近几年出版的中级商务汉语综合课教材在练习比例上有了大幅度的提高，可以看出教材编写者越来越重视练习的作用。由此可见，随着商务汉语教材的发展，中级商务汉语综合课系列教材的练习总量整体呈现了增长趋势。

（2）单课练习量

中级商务汉语综合课教材单课练习量的统计结果如图 3–6 所示。

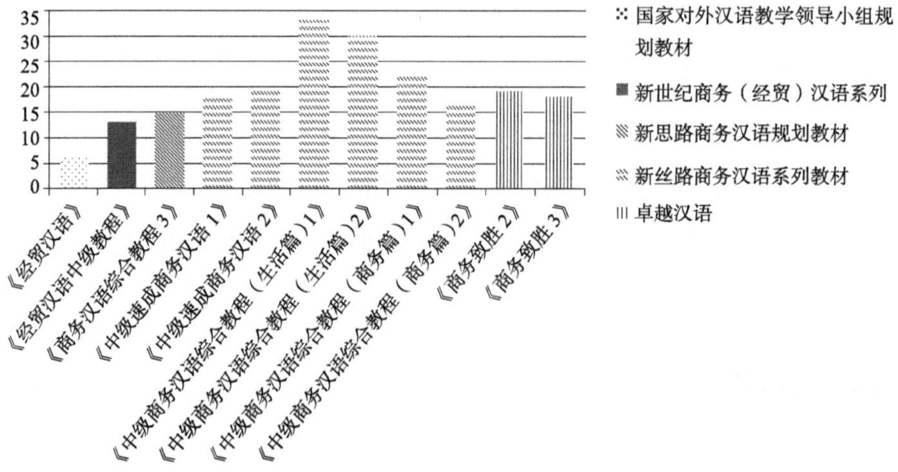

图 3–6　中级商务汉语综合课教材（大综合）单课练习量统计图（单位：题）

由图 3–6 可以看出，中级商务汉语综合课教材单课练习量差距较大，最少的《经贸汉语》6 题，最多的《中级商务汉语综合教程（生活篇）1》达到 33 题。根据教材的出版时间顺序和单课练习量的数据我们可以看出：中级商务汉语综合课教材单课练习量呈现逐渐增加趋势，达到 20 题左右。与小综合教材相比，中级商务汉语综合课教材的单课练习量增长幅度较大，这一特点在新丝路商务汉语系列教材中得到充分的体现。

商务汉语教学属于特殊用途汉语教学，不仅要教授商务汉语知识，更重要的是锻炼学习者的实际应用商务汉语知识进行交际的能力。新丝路商务汉语系列教材的练习设计不仅包含基本的语言要素和语言技能训练，还针对不同商务活动设计了丰富的任务型练习。由于每课所介绍的商务活动不同，练习任务的形式和数量也不同，所以造成了该系列教材单课练习量较多且不固定。具体效果的好坏还有待教师和学习者在实际教学活动中检验。

8.2.3 技能型练习

在中级商务汉语综合课教材练习项点表的基础上可总结出中级商务汉语综合课教材技能型练习统计图，如图 3–7 所示。

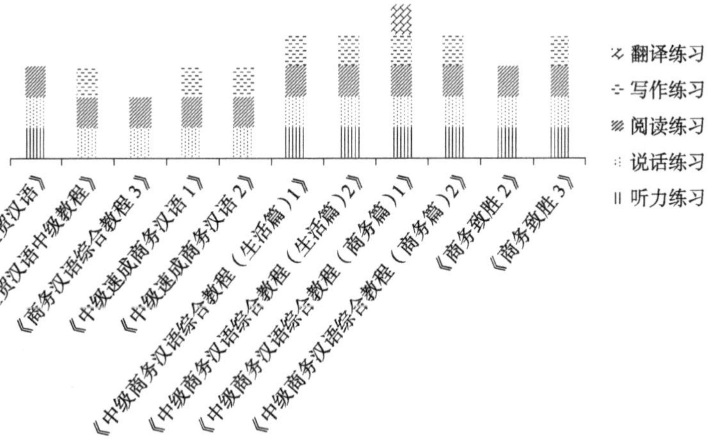

图 3–7　中级商务汉语综合课教材（大综合）技能型练习统计图

通过图 3–7 可以看出，出版时间较早的中级商务汉语综合课教材技能练习的训练重点是说话练习和阅读练习，近几年出版的中级商务汉语综合课教材技能练习的训练重点加入了听力练习和写作练习，这说明在中级阶段教材编写者更加注重学习者综合语言技能的训练。与小综合中级商务汉语综合课教材相比，大综合教材的技能训练更加全面，例如《中级商务汉语综合教程（商务篇）1》的技能型练习包含了听、说、读、写、译五项言语技能。

8.2.4 教材点评

（1）《经贸汉语》

该教材每一课的题型基本固定，在练习部分特别关注语音、词汇和口语的练习，但关于语法的练习非常少。练习部分采用了发散思维和本体思维相辅助的题型设计方式。口语和听力练习部分，根据课文录音内容回答问题、辨别对错，有明显的课文针对性，是对课文的一种重现，能加深学习者的记忆；而根据听力录音进行课外内容复述，则对学习者提出了很高的要求。复述练习是一种实践类练习，既与所学课文密切相关，又超越了所学的内容，有针对性地练习了口语表达。

在习题顺序的设置上，该教材练习编写遵循了由简入繁、从浅到深的顺序。如大部分练习的顺序是：词语替换、组词后注明拼音、完成对话、组合词成为句子、造句。听力与口语练习部分，也首先从辨别课文内容入手，然后依据课文内容复述与回答问题，最后才是根据课外提供的内容进行英译汉和复述练习。在同一类型题之间采用的也是层层递进的方式，要求逐渐提高，逻辑分析能力一点点加强，例如每一课的组词造句题都设在造句题之前。

（2）《经贸汉语中级教程》

该书在练习部分突出了经贸汉语句式的应用训练，部分习题参照并借鉴了 HSK 的题型，实现了与 HSK 的衔接。为了适合中高层次语言教学的特点，还加强了段落与篇章的阅读训练，从第十课开始加入了写作练习。

（3）《商务汉语综合教程》

该系列第三册课堂练习增加了选择题、选词填空、句子连线、根据所给条件完成句子、改写句子、为画线词语选择合适的解释等题型，这部分的选词填空和完成句子不再是简单的重复课文，而是需要学习者发挥自己的语言能力去完成。选择题出现了多项选择形式，增加了习题难度。作业与练习部分增加了选词填空、把括号中的词语放入正确的位置、用给定词语改写一段话、复述课文、读一读、想一想、说一说、聊一聊、练一练等，复述练习基本都提供提示，“练一练”部分出现了写作练习（写电子邮件）。辅助阅读练习仍是该教材的训练重点，题型也增加了单项选择及多项选择，加强了对学习者阅读能力的训练。

（4）《商务致胜》

该套教材第二册的练习形式与特点基本与第一册保持一致，第三册的练习内容在前两册的基础上有所增加，出现了看图说话这一新题型。写作练习分为商务应用文写作和针对某一问题写感想两种，商务应用文写作包括写求租启事、介绍信、感谢信和邀请函等，这种写作题型附有例文以供模仿，针对某一问题写感想则没有例文。

（5）《中级商务汉语综合教程（生活篇、商务篇）》

生活篇练习的位置是课前热身部分、会话篇语法点讲解之后、阅读篇阅读材料之后和综合练习部分。课前热身部分主要通过设置情境问题的方式引导学习者思考并进入课文主题。例如，“你现在在机场，遇到了迎接你的人，这时你应该说些什么？”“在中国，人们初次见面的时候常说些什么？”，等等。会话篇语法点讲解之后的练习很有特点，即习题紧随各语法点的讲解设置，语法点的讲解和针对该语法点的练习穿插编排；另外，针对语法点的练习不局限于“完成句子”等语言要素练习，有的还设计为技能练习。例如，在讲解完“首先，……，其次，……”这一语法点后，教材设计了“用上‘首先，……，其次，……’选择下面的题目做成段表述”的练习。综合练习中还出现了引导学习者进行词语归类的练习形式，写作练习分为模拟写作和写作两部分，并适当提供例文。词语辨析类练习采用了完形填空这一新题型，还有关于成语、俗语和古诗句的朗读理解练习，形式非常新颖。任务类练习的设计贴近生活，例如“制订假期计划、调查商品价格、去饭馆点菜、填写包裹单并给朋友邮寄小礼物”等。

商务篇练习的位置是课前准备部分、语句理解及练习、对话理解及练习和综合练习部分。课前准备通常以让学习者浏览相关网站和问问题的形式引导学习者进入课文主题。例如，“请浏览一下招聘网站：www.myjob.com.cn”“想一想，作为招聘方需要做哪些工作？”，等等。综合练习中的阅读练习出现“阅读 A、B、C、D 四段文字材料，然后判断哪个问题与哪段材料有关系”和“看图填空、图形与词语连线”等新题型。写作练习也以完成任务的形式出现，并列出具体内容和语体方面的要求。例如，“你所在的公司想购买一台传真机，请给某公司写一封电子邮件询问价格。内容包括：①说明购买意向；②询问价格；③要求对方尽快答复。要求：正式语体，不少于 100 字”。下册中还出现看图分析数据进行写作的练习。该教材的练习部分还配有丰富的图片，形象生动，趣味十足。

（6）《中级速成商务汉语》

该教材是一部任务型口语教材，旨在加强学生的口头表达和口语交际能力，所以练习部分的设计紧紧围绕这一目的展开。练习中的“练一练”从课文中提炼出多个重点项目，逐个进行强化练习，每一个项目下面除了课文中的例句之外还给出了多种表达方式，帮助学生扩展学习内容，练习在不同情况下使用不同的表达方式完成某一具体任务。练习中的“试一试”部分则在“练一练”的基础上，要求学生把所学的各个重点项目综合起来完成一个完整的交际任务。此外，该教材还针对商务汉语考试（BCT）的口语测试设计了限定时间和表达内容的个人陈述，一方面帮助考生适应、准备商务汉语考试，另一方面强化学习者的口语表达能力。

8.3 高级

高级阶段商务汉语教学重点在于训练学习者综合运用所学汉语知识从事商务活动的能力，练习部分的重点也随之由语言要素练习转为语言技能练习。商务活动范围广、形式丰富，因此高级阶段的练习范围更加全面，题型丰富多变。

8.3.1 高级商务汉语综合课教材练习简述

（1）《经贸汉语高级教程》

《经贸汉语高级教程》分 1、2 两册，各 18 课，每课均由导言、生词、课文、注释、练习、副课文 6 个部分组成，其练习编排属于集中型。

（2）《商务汉语综合教程》

《商务汉语综合教程 4》为高级综合商务汉语教程，其主要教学内容为复杂的语法现象和较大篇幅的经济类、管理类普及性学术文章，教学目标是提高学生的书写、翻译能力和阅读相关领域专业文章的能力，每课练习数量和题型均较为固定。练习编排属于集中型，分为课堂练习、练习与作业和辅助阅读三部分，题目要求只有中文，没有英文翻译。

（3）《商务致胜》

该系列教材的第四册主要适用于有两年（1360 学时）汉语学习经历的学习者，第五册主要适用于有两年半（1700 学时）汉语学习经历的学习者。该书的练习主要包括四部分：主课文与主课文预习模块中的课前预习、语言模块中的即学即用、技能训练模块中的综合练习、副课文模块中的课后练习。书中的题目要求都附有英文翻译，且各课题量和题型的固定性很强。

（4）《高级商务汉语综合教程》

此教材分 1、2 两册，它选取了真实的商务语料，着意进行听、说、读、写的集中教学。练习部分的编排属于分散型，题目只有中文要求，题型富有变化。练习主要包括"练一练、听一听、读一读"和"答一答"等，"练一练"中相当一部分是任务型练习，"听一听"即为听力技能练习，"读一读"和"答一答"都属于阅读技能训练。

（5）《高级速成商务汉语》

速成系列商务汉语教程，高级教材分 1、2 两册，同样注重听、说、读、写的集中教学，练习的位置在"听一听、读一读、说一说、写一写"部分后和"综合运用"部分，"综合运用"部分是综合性的任务练习，需要学习者在课外综合运用所学的语言技能去完成一项与商务有关的任务，例如："你作为一家公司的总经理，在分公司开业的庆典酒会上发表一个讲话，主要内容是简单介绍公司成立经过、鼓励员工们团结协作、展望公司未来发展的前景。"

8.3.2 练习数量

（1）练习总量

高级商务汉语综合课教材练习总量统计结果如图 3-8 所示。

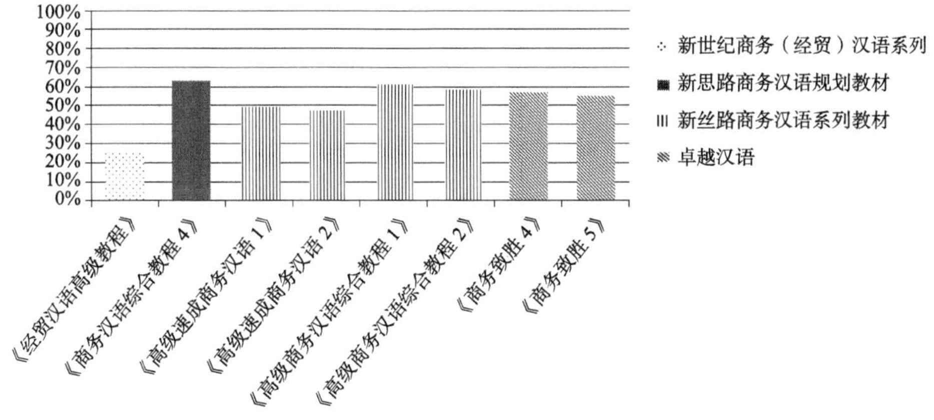

图 3-8　高级商务汉语综合课教材（大综合）练习总量百分比示意图

通过图 3-8 可以看出，除了出版时间较早的《经贸汉语高级教程》外，大综合系列高级教材的练习总量均在 55% 左右，与小综合练习总量 30% ～ 50% 相比（详见小综合相关部分）增幅较大。由此可见，随着教材的发展，高级商务汉语综合课系列教材的练习总量整体出现了大幅度增长，达到了整部教材的一半以上。可以说，新时期的高级商务汉语综合课教材在一定程度上可以称作商务汉语习题集。

（2）单课练习量

高级商务汉语综合课教材单课练习量的统计结果如图 3-9 所示。

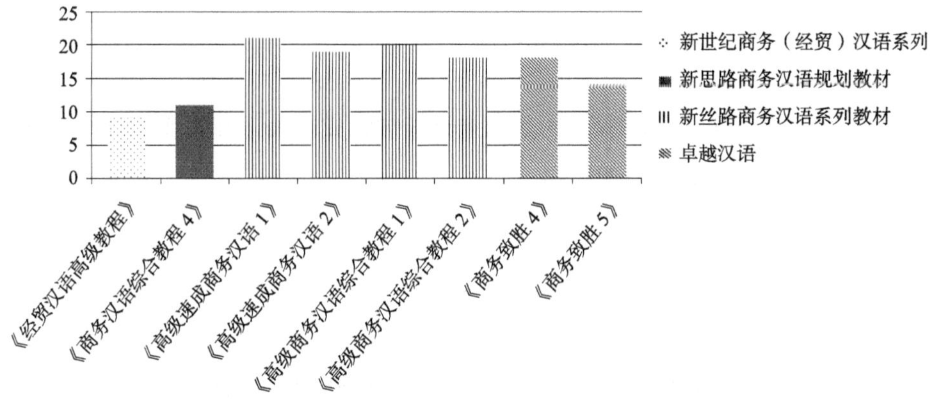

图 3-9　高级商务汉语综合课教材（大综合）单课练习量统计图（单位：题）

由表 3-9 可以看出，只有出版时间最早的《经贸汉语高级教程》单课练习量为 9 题，其他教材则均超过 10 题，最多的《高级速成商务汉语》高达 21 题。联系教材的出版年代和单课练习量，可以看出高级商务汉语综合课教材（大综合）的单课练习量呈现逐渐增加的趋势。

8.3.3 技能型练习

高级商务汉语综合课教材技能型练习统计结果如图 3-10 所示。

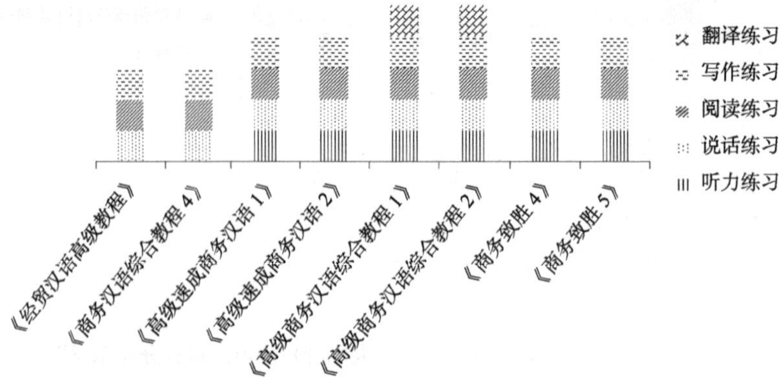

图 3-10 高级商务汉语综合课教材（大综合）技能型练习统计图

通过图 3-10 可以看出，在技能型练习方面，高级商务汉语综合课教材在中级阶段的基础上加强了说话、阅读和写作练习。值得注意的是，小综合高级阶段教材并不注重听力技能的训练，而近几年出版的大综合高级阶段教材又开始注重训练学习者的听力技能，并且加入翻译技能训练。由此可见，随着时间的推移，商务汉语综合课教材的技能练习将越来越系统、全面。

8.3.4 教材点评

（1）《经贸汉语高级教程》

该教材在《经贸汉语中级教程》的基础上继续加强成段表达和写作的训练，并且为学习者指定了词语，加强了对练习的控制。

（2）《商务汉语综合教程》

该系列教材遵循教学规律，循序渐进，按梯次综合训练学生的听、说、读、写、译等语言技能。其中第四册的课堂练习部分的“填空”是对课文的重现，“作业与练习”部分加入了解释商务专业词语和阅读短文并谈论自己看法的新题型，更加注重训练学习者确立和表达个人观点的能力。另外，写作练习的数量也有所增加，基本每一课都有，练习的内容也不只是商务应用文的写作，更多的是用给定的词语完成一篇短文或选择题目写调研简报和论述等，辅助阅读部分的比重相较同系列其他教材有所减少。

（3）《商务致胜》

在练习的形式与特点上，该系列教材的第四册基本与第三册保持一致，只是写作练习部分增加了图表分析类题目，并附有例文。而第五册为了考察学习者综合运用语言技能的能力，在前四册的基础上加入了完形填空练习；而且写作练习不再提供例文，因为通过前几册的训练学习者已经达到一定水平，可以独立完成写作练习。此外，听力技能的训练也从简单的记录信息过渡到对听力内容的理解。该系列教材的最大特点是借鉴了专门用途语言教学中颇受欢迎的案例教学模式，因此练习内容多为商务事件案例。

（4）《高级速成商务汉语》《高级商务汉语综合教程》

该套教程是一套特点鲜明的全新商务汉语系列教材，它是在第二语言教材编写理论指导下完成的。《高级商务汉语综合教程》练习内容采用串珠式设计编排在课文之后，既是课文知识的延伸和呼应，又是课文内容的补充和巩固，对学习者很有帮助。写作练习有语体方面的要求，体现了商务汉语语体较正式的特点。此外还设计了大量的任务型练习，且趣味性较强。《高级速成商务汉语》着意进行听、说、读、写的集中教学，使学习者通过学习可以比较自由、从容地运用汉语从事商务工作。

小结

大综合系列教材出版时间略晚于小综合系列教材，期间，有关商务汉语课程的各方面研究有了一定发展，因此教材的练习形式和内容受通用汉语综合课教材的影响越来越小。练习内容上，技能型练习的内容越来越丰富，任务型练习和案例型练习的出现使商务汉语综合课教材的练习具有独特性和实用性；练习编排形式上，新型商务汉语综合课教材较多采用了分散型的练习编排方式；大综合系列教材练习在趣味性方面也有所进步，部分教材充分利用了图片和多媒体等手段设置游戏练习，这符合新时期汉语教材的发展方向。

第四章　小综合系列教材分析与评估

商务汉语小综合系列教材以2005年张黎主编的一套教材为始点，但这套教材只有初级部分。随后出版的同类教材在层阶上进行了扩展：《赢在中国》包括初级和中级部分，《商务汉语》和《实用商务汉语课本》两套教材则涵盖了初级、中级和高级部分。就整体设计框架而言，《实用商务汉语课本》比较合理，是一套优秀的商务汉语综合课系列教材。

本章对小综合系列教材进行了全面的描述和分析，包括构成教材的八个方面：编排、选篇、语音、词汇、语法、修辞、文化、练习，据此制定了小综合系列教材各项点分析表，然后在此基础上对小综合系列的初级、中级和高级教材进行了项点分析和评估，给出了一份预测性的评估结果。本章对评估过程不做详述，评估标准详见有关评估表。

阅读者可以根据本章内容做出自己的评判，如果想得到一个较为理想的评估结果，可以将本章中的某部教材用于实际教学，从而会得到一个客观性评价。

本章内容与《表册》第三章相关项点表及第四章相关评估表对照。

表 4-1　初级商务汉语综合课系列教材（小综合）简表

编号	教材名称	出版时间	编者 / 主编	出版社
1	商务汉语入门（基本礼仪篇）	2005	张黎	北京大学出版社
	商务汉语入门（日常交际篇）			
	商务汉语提高（应酬篇、办公篇、业务篇）			
2	经理人汉语（语音篇）	2005	张晓慧	外语教学与研究出版社
	经理人汉语（生活篇）	2009		
	经理人汉语（商务篇）	2005		
3	商务汉语（初级）	2007	大众中文网教材编委会	湖南科学技术出版社
4	实用商务汉语课本（初级篇）	2007	王又民 倪明亮	商务印书馆
5	通用商务汉语	2010	季瑾	对外经济贸易大学出版社
6	赢在中国（语音汉字篇）	2010	季瑾	北京语言大学出版社
	赢在中国（基础篇）	2010		
	赢在中国（提高篇）	2011		

表 4-2　中级商务汉语综合课系列教材（小综合）简表

编号	教材名称	出版时间	编者 / 主编	出版社
1	商务汉语（中级）	2007	大众中文网教材编委会	湖南科学技术出版社
2	实用商务汉语课本（准中级篇）	2007	王又民 倪明亮	商务印书馆
	实用商务汉语课本（中级篇）			
3	赢在中国（成功篇）	2011	季瑾	北京语言大学出版社

表 4-3　高级商务汉语综合课系列教材（小综合）简表

编号	教材名称	出版时间	编者 / 主编	出版社
1	商务汉语（高级）	2007	大众中文网教材编委会	湖南科学技术出版社
2	实用商务汉语课本（准高级篇）	2007	王又民 倪明亮	商务印书馆
	实用商务汉语课本（高级篇）			

第一节　教材的编排

教材的编排体例，包括教材的各个构成部分，以及这些构成部分之间的组合与呈现顺序。对6套商务汉语综合课系列教材进行横向与纵向的分析，可以发现各教材在编排体例方面既有共性又有差异。

1.1　共性

1.1.1 以功能为主线

“以功能为纲”是6套教材最显著的共同点。商务汉语综合课的教学目的有别于通用汉语综合课，一般的汉语教学在于培养学生使用汉语的综合能力，商务汉语教学的重心则在于培养从事商务活动的人员的汉语技能，对教材的专业性与实用性要求更高，因此编写者将功能作为教材编排的重要标准。

6套教材的课程设置皆以功能为纲，每篇课文都有一个主题、一个情境，课文体现的交际目的与功能十分明确，一课结束后学习者应该掌握一项交际功能。6套教材在课文前都设有提要或导入部分，介绍该课的学习目标和要点，一方面帮助学生提取了该课程的主要内容，另一方面清楚地展示了课程的实际功用。课文的体裁以会话为主，辅以插图和相应的语境说明，突出展现了特定语境下的交际过程，如接待客户、经贸洽谈等商务活动。词汇和语法的讲解安排在课文后，多采用释例的方法，讲解较为简洁，可见语法系统知识并非商务汉语教材的侧重点。教材的名称，如“基本礼仪篇”“日常交际篇”“应酬篇、办公篇、业务篇”等，根据功能进行分类，方便学习者按不同层次的需求来选择教材。

1.1.2 重视技能训练

商务汉语综合课教材重视语言技能的培养，尤其是“听说”两项技能。交际性是教材编写的一项重要原则，尤其对商务汉语教材更为重要。商务活动离不开交际，交际的顺利达成要求学习者掌握相应的语言技能。早期的商务汉语教材最关注口语，沿袭了前人的传统，现在的商务汉语综合课教材多数以“听说”为主，“读写”为辅。

6套教材的课文都以人物间的对话为主，展现的是特定情境下的口语交际。部分教材在中、高级阶段加入少量语篇，或增设副课文和阅读文章，但基本上仍坚持以口语训练为主体，听力和阅读训练多安排在练习阶段。综合性较强的，如《经理人汉语（商务篇）》，将每单元分为“听力理解、口语表达、阅读理解”三部分，分别针对三项技能进行集中的学习与训练。再如《通用商务汉语》，每单元的练习部分都包含了口语、阅读、写作和任务型练习，练习类型综合多样，且练习训练的语言技能类型十分明确。

1.1.3 针对性较强

由于商务汉语综合课教材的专业性特点，其使用对象和教学目的比较特殊，教材在编排上体现出较强的针对性。

第一，课文选材专注于商务内容，尽可能地包含商务活动的各个方面。部分教材加入日常生活内容、语音汉字知识，为零起点或初级水平的学习者提供帮助，但商务活动内容仍是整套教材所围绕的中心，是学习者关注的重点。课文体裁不只是单纯的对话或语篇，还加入了商务活动所涉及的一些特殊书面材料，如合同、协议、简历等。第二，生词表均单独列出专有名词，突出反映了教材部分词汇的专业性。第三，除了普通的知识巩固类练习外，教材还特别重视应用型、任务型练习。在练习上加强操作与实践，有助于学习者尽快将所学知识与技能运用于日常生活和专业事务中。第四，文化部分引入相关的商务、经贸知识，并侧重介绍交际文化，而不是泛泛地谈论中国文化，说明编者充分考虑到了教材使用者的特定需求。

1.1.4 一致性与循序渐进性

从整体上看，每套系列教材内部的编排体例皆保持着一定程度上的一致。6 套教材均采用“课文—生词—语法—练习—文化”的编排顺序，体例尽可能保持不变，给人以完整、系统的印象。即使需要变动，也只是在局部做改变。例如《实用商务汉语课本》系列教材，从初级到高级严格按照“主课文、生词、语法、词语释例、经贸知识、练习、副课文、生词”的项点主干进行编排，只在局部上有一两处变动。

教材的循序渐进性，主要体现在各部教材形成了一个难度阶梯，内容与难度相互衔接。“循序渐进、由易到难”在编排上主要体现为生词逐渐增多、课文长度逐渐增加以及课文体裁逐渐得到扩展。教材内部编排项点的增减改换，也反映出了不同学习阶段的不同侧重点。如前文所述，《实用商务汉语课本》在保持体例主干不变的基础上，初、中级设“功能项目”板块，对课文涉及的功能进行介绍和解释；高级设置“文化”和“语段表达技能讲解”板块，以拓展学习者的知识面，提高学习者的语段表达能力。此外，该教材课文功能点的设置遵循了“由易到难、从生活到商务”的原则。初级教材以商贸活动前期的一般社交活动为主要内容，如迎客、晚宴、讨价还价、参观企业等；准中级、中级以进出口贸易活动为主要内容，如购销、包装、保险、索赔等；准高级、高级以宏观商贸问题为主要内容，如投资、股票、环保产业、知识产权等。

1.2 差异

1.2.1 适用对象的不同

教材的编排设计必须考虑学习者的情况，包括学习者的汉语水平、国籍、年龄、专业、学习环境与学时等诸多因素。针对的对象不同，教材的编排体例也会受到影响从而产生差异。《经理人汉语》和《赢在中国》系列教材是为欧盟各国的商务人士编写的，学习者具有一定的商务经验和商务知识，但汉语水平几乎为零。两套教材都将语音部分单独提取出来，《赢在中国》还在语音篇后加上汉字篇，合为一部，零基础的汉语学习者可以先学习语音汉字，再进入语法阶段。在语法阶段，两套教材都增加了日常生活内容，满足学习者对日常交际的需要。与之不同的是《实用商务汉语课本》和《通用商务汉语》。《实用商务汉语课本》规定学习者应具有初级的汉语基础，掌握 600 ～ 800 个常用词和最基本的语法点。《通用商务汉语》要求适用对象汉语水平在 HSK 三级以上。这两套教材都舍弃了语音汉字以及日常用语的内容，直接进入较为专业的商务汉语的学习阶段。

1.2.2 板块设置的繁与简

6 套教材的编排体例均采用了“课文—生词—语法—练习”的基本模式，这是对外汉语教材长期发展总结出的科学顺序，为大多数综合课教材所采用。商务汉语综合课教材也参考了通用汉语教材的体例，但教材的板块设计更加灵活。从编排项点组合方式的角度来看，这 6 套教材可以分为两类：直线型与组合型。《实用商务汉语课本》《商务汉语入门》《商务汉语提高》《商务汉语》系列教材的编排属于直线型，即教材不分单元，一课为一个整体，每课各板块按先后顺序只出现一次。《经理人汉语》《赢在中国》和《通用商务汉语》系列教材采用的是稍微复杂的组合型编排，即教材分单元，一单元为一个整体；部分板块组合成一个小模块，小模块重复出现，并可能镶嵌在其他零散的板块中。

以《商务汉语提高（应酬篇、办公篇、业务篇）》和《经理人汉语（商务篇）》为例，两者的编排模式如图 4–1 所示。

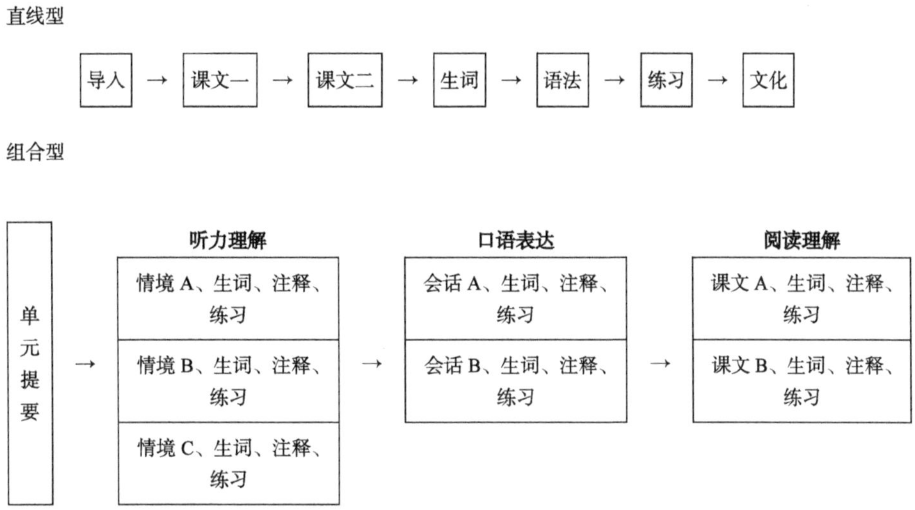

图 4-1　两类商务汉语综合课教材（小综合）编排体例对比图

1.2.3 参考大纲的有无

长期以来，受到一些客观因素的影响，商务汉语教材编写一直无大纲可循。一方面，国内缺少专门为商务汉语编纂的教学大纲；另一方面，普通的汉语大纲能否适用于商务汉语仍需检验。2006 年 8 月修订的《商务汉语考试大纲》和 2012 年 4 月颁布的《经贸汉语本科教学词汇大纲》是国内现有的两部与商务汉语相关的大纲，由于制定的时间较晚，还未能全面被借用到商务汉语教材的编写中来。6 套教材中，只有《实用商务汉语课本》明确说明参考了《汉语水平词汇与汉字等级大纲》和《高等学校外国留学生汉语教学大纲》;《经理人汉语（生活篇）》则说“词语选择时尽量选用 HSK 常用词语，注意甲级词和乙级词的比重”。因此，宽泛来讲，有两套教材参考了大纲。

借助大纲编写教材可以控制词汇量、词语等级、语法点，从而实现对教材难度的监控，使教材编排更具科学性和系统性。但商务汉语教材编写者必须面对这样一些问题：学习者应掌握多少商务词汇？这些词汇的难度如何排列？商务的内容包括哪些？……这些问题显然超出了通用汉语大纲的范围，需要一个专业大纲来进行指导。此外，编写者还必须考虑教材的针对性：学习者的学习目的是在于通过考试还是在于日常生活或工作上的应用？学习者是接受全日制教育的学生还是参加短期培训的商务人士？……各教材针对对象不同，使用合适的大纲进行指导才能使教材编写更科学、更有效。目前恐怕很难找到一个大纲能对所有的商务汉语教材进行统一指导。因此，商务汉语教材的编写是否参照大纲、参照哪部大纲，可谓“见仁见智”了。

1.3 教材点评

《经理人汉语》和《赢在中国》系列教材是为中国—欧盟青年经理培训项目专门编写的两套比较“特殊”的商务汉语综合课教材。二者皆适用于零基础的汉语学习者，入门的语音知识作为重点内容独立设为一部；不同难度等级的各部教材按照功能分类，由生活到商务；课程设置重视语言技能的综合培养，听说训练在教材中所占比重较大。此外，《赢在中国》还加入了“汉字篇”，以减轻识记汉字给非汉字文化圈背景的学习者带来的负担。

小结

6 套教材在编排上都遵循了针对性、实用性、系统性与循序渐进性的原则，以功能为主线，充分考虑了商务汉语的特性以及学习者的需求。每部教材由于适用对象的不同，具有其自身的特色。编排体例的科学性、大纲的参照等问题，仍有待后人研究与检验。

第二节　教材的选篇

商务汉语综合类教材是与商务汉语综合课配套使用的教材，商务汉语综合课课程主要围绕语言基本要素与相关文化内容进行听、说、读、写的综合训练，根据这一融合性的特点所设计的教材主要分为大综合系列教材和小综合系列教材。其中，小综合系列教材的课程设置的主要目的是培养学生的商务汉语交际能力，因而在课文选篇方面首先要注意的是课文选篇的交际性和综合性。

课文的交际性主要是指教材课文的设置主要以培养学生实现商务交际为目标。具体而言，是通过商务汉语课程的学习，满足学生进行日常生活与工作交际的需求，能够顺利完成具体的商务活动及相关社交礼仪活动。为实现教材的交际性，小综合系列教材的课文选篇不应再根据经济类报刊的原文进行改变，而应选取针对学习者在商务活动中所需的实际语料为课文主要内容，并设置具体的商务活动场景，以此强调教材集专业背景知识、工作技能以及语言学习为一体。

同时，还要注重课文内容的综合性。根据小综合系列教材注重交际性且没有与之配套的技能类教材的特点，在教材的选篇上更应注重课文内容的综合性。具体表现为商务话题和情境设置的全面多样，围绕相关话题设置相关的背景知识、语言表达知识和相关文化知识，并注重对具体商务话题中应知应会的商务常识的普及等方面。

此外，与大综合系列教材的课文选篇相同，小综合系列教材在课文选篇方面仍要遵循实用性、趣味性、典型性、开放性等原则。

2.1　初级

2.1.1 课文特点

（1）课文话题

与大综合商务汉语系列教材相同，小综合系列教材的课文主题也分为日常交际类、组织管理类、交易洽谈类和政策法规类，在这四大类课文主题下同样设置了若干具体的课文话题来展现不同交际主题。为方便观察和统计，我们暂且将除日常交际类的三大类课文主题归为商务交际类。

在所统计的 10 部小综合系列教材中，日常交际类主题主要以打招呼、介绍自己和家庭、购物、表达时间等话题为主。商务交际类涉及的话题较多，主要包括求职、培训、交际、办公、会议、公司类型、公司组织结构、企业管理与文化、询价与谈判、签合同、营销和广告、交货与付款、商业纠纷、知识产权、销售和服务等基本的商务信息交流洽谈技能，以及经济特区和开发区、环保与建设等其他相关业务活动。10 部小综合教材的课文话题统计如表 4–4 所示。

表 4–4　初级商务汉语教材（小综合）课文话题统计简表

教材名称	课文话题
商务汉语入门（基本礼仪篇）	问候、表达感谢、自我介绍、欢迎、介绍他人、做客、征询意见、表达歉意、拒绝、谦让、赞赏和夸奖、告别、离别祝福、寒暄、参加酒会、庆祝节日
商务汉语入门（日常交际篇）	打电话、打车、问路、语言障碍、表达时间、洽谈价格、点菜、银行业务、租房、打扫卫生、理发、办理签证手续、信件往来和货物收发、请求帮助、约见他人、预订机票、休闲娱乐
商务汉语提高（应酬篇、办公篇、业务篇）	邀请他人参加活动、宴请、赠送礼物、买单、处理文件、约见他人、布置工作、安排日程、召开会议、介绍企业、介绍和推销产品、征求意见、产品的市场表现、报价、交货、支付方式、表达意见、商务决议、公司信誉
经理人汉语（生活篇）	打招呼、介绍自己、彼此认识、寒暄、介绍家庭、电话号码的表述、指称事物、介绍自己的工作和学习单位、叙述自己的工作性质及学习内容、时间表达、作息时间与日程安排、购物、点菜、描述天气、兴趣爱好、出行计划、对未来工作与生活的打算、问路、工作环境、打电话、网络、预订宾馆、银行存款和取款、预订机票
经理人汉语（商务篇）	求职和应聘、录用和培训、办公环境、博览会、交易会和研讨会、会议与参观、介绍公司类型、公司组织结构、询价和谈判、交货与付款、签订合同、商业纠纷、营销和广告、销售与服务、企业管理与文化、经济特区与开发区、环保与建设、知识产权、证券市场、可持续发展
商务汉语（初级）	兑换美元、预订房间、乘公交车、乘出租车、吃北京烤鸭、讨价还价、逛街货比三家、买便宜货、微笑服务
实用商务汉语课本（初级篇）	迎接来客、参加晚宴、办理银行业务、谈论时装表演、讨价还价、谈消费、参观企业、广告的作用、谈交往习惯、报关
通用商务汉语	参观公司、商务谈判、支付方式、索赔、面试、招聘与应聘、公司管理、企业文化、招标、商务代理、市场调研、商务营销
赢在中国（基础篇）	打招呼、介绍自己、谈论工作、表达时间、购物、机场送别、请客吃饭、打电话、谈论天气、运动和爱好、看病、租房、办理银行业务、网上购物、预订宾馆
赢在中国（提高篇）	参观工厂、商务谈判、支付方式、索赔、合同、招聘、个人简历

根据上文分析，我们可以将课文主题分为日常交际类和商务交际类。由表 4–4 可以看出，就具体话题而言，在所统计的 10 部教材中,《赢在中国（基础篇）》《经理人汉语（生活篇）》以及《商务汉语入门》的日常生活类话题较丰富全面，能满足当今学习者的日常生活交际。

由表 4–4 可以看出，涉及商务交际类主题的教材主要有《商务汉语提高》《商务汉语（初级）》《通用商务汉语》《实用商务汉语课本（初级）》《经理人汉语（商务篇）》《赢在中国（提高篇）》，其中以《经理人汉语（商务篇）》的商务话题最为典型丰富，整部教材分上、下两册，共 20 个话题，不仅选取了商务人员在日常工作中最可能遇到的 12 个交际场景，提供商务环境、口头与书面表达方式，而且安排了 3 个营销和管理方面的商务活动分析，在教材最后 4 个单元还向学习者介绍了 5 个当代中国经济社会的热点问题。教材涉及的商务话题都围绕基本的商务活动进行，符合初级阶段学生的学习水平，我们认为，这种话题设置与结构安排值得肯定。

（2）课文情境与体裁

所统计的 10 部教材的课文全部为对话体，且为帮助学习者更容易理解课文内容，同时使教材更具有趣味性，编者往往会设置具体的课文情境，如在课文开头设置相关图片和文字说明，或者以固定人物为线索，设置不同场景。在所统计的 10 部教材中，课文情境主要包括大学教室、家中、运动场、餐厅、邮局、机场、水果店、商场、服装店、咖啡厅、书店、宿舍、食堂、旅行社、医院、酒吧、茶楼等学习生活场景，以及公司、办公室、高尔夫球场、银行、会议室、贵宾室、国际饭店、服装生产线等商务活动场景。尽管教材在场景的选择上多选取较常出现的生活类或商务洽谈、业务类情境，但在情境设置上有其不同特点，各部教材的情境设置方式如表 4–5 所示。

表 4–5　初级商务汉语教材（小综合）课文情境设置方式简表

教材名称	情境设置方式		
	通过图片和文字提醒	设置固定角色	通过场景设置角色
商务汉语入门（基本礼仪篇）	+	+	
商务汉语入门（日常交际篇）	+	+	
商务汉语提高（应酬篇、办公篇、业务篇）	+	+	
经理人汉语（生活篇）	+		+
经理人汉语（商务篇）	+		+
商务汉语（初级）	+	+	

续表

教材名称	情境设置方式		
	通过图片和文字提醒	设置固定角色	通过场景设置角色
实用商务汉语课本（初级篇）	+	+	
通用商务汉语	+	+	
赢在中国（基础篇）	+	+	
赢在中国（提高篇）	+	+	

由表 4–5 可以看出，所统计的小综合系列教材的课文多设置了明确的情境，且用相关图片和文字进行说明。如《通用商务汉语》在每篇课文前面都有相应的情境介绍，在《参观工厂》一课中，课文对话围绕参观天津喜津公司展开，课文开头首先对喜津服装有限公司进行了简要介绍，并通过“公司的接待人员将他们带到会议室，总经理刘战已经在会议室等候”这一具体场景提示引出课文内容。且该部教材的课文情境还具有一定的连续性，如承接上述参观艾玛公司一文，该课的课文二设置了“喜津服装公司刘总经理、销售部赵经理陪同马莉和小张参观了服装生产车间”这一场景，这种设置方式不仅使课文内容连贯，而且给学习者提供了较真实的语境和语料。

此外，为方便课文情境的设置，大部分教材设定了固定人物角色。如《通用商务汉语》中的马莉、比尔、赵红、齐远、王伟，《赢在中国》中的卡尔、康爱丽、李明明、张远。通过固定人物来设置课文情境可以使整部教材的课文如叙述性的故事展开，不仅方便学习者理解课文内容，也能加强课文情境的真实性，尤其当这些固定的角色配上连贯的课文情境，更能使学生融在其中。与之不同，《经理人汉语》的课文没有设定固定人物，而是根据不同的课文内容设定不同角色。该部教材的课文内容前后跨度较大，引入案例教学，把一些典型的案例作为培训的语料和信息，既可以调动学习者已有的商务知识和经验，发现问题，提出解决方案，同时，还可以通过案例学习完善自己的解决方案。我们认为，这种案例式教学的模式较难与固定人物相贯通，可能存在课文内容与固定人物身份前后矛盾的情况，因而尚未以固定人物贯穿。

（3）课文语言

小综合系列教材的课文多为对话体，但语体不同。根据美国语言学家 Martin Joos 提出的“五只钟理论”，将本土主流英语分为 5 级，即冷冻体、正式体、商洽体、随意体、亲切体。参照这一思路，曾毅平（2009）在《语体理论在对外汉语教学中的应用》一文中，把汉语语体分为五级，即俚俗体、一般随意体、中性体、一般正式体、庄严体。由俚俗到庄严是语体风格按正式程度从低到高变化的连续体，这五个等级是从语体风格的典型性出发，便于学习者掌握课文的语言风格所做的划分。社交场合有正式和随意之分，在正式场合用俚俗语言，或在随意场合用过于正式的语言，都是很不得体的，有的甚至危及社交的基本礼貌，恶化人际关系。所以从得体地使用汉语的角度出发，我们认为，学习者首先要对语言单位的正式程度有一定的了解。

据此，我们对 10 部小综合系列教材课文选篇的整体语体风格特点进行了统计分析，如表 4–6 所示。

表 4–6　初级商务汉语教材（小综合）课文语体特点统计简表

教材名称	课文语体				
	俚俗体	一般随意体	中性体	一般正式体	庄严体
商务汉语入门（基本礼仪篇）				+	
商务汉语入门（日常交际篇）		+			
商务汉语提高（应酬篇、办公篇、业务篇）				+	
经理人汉语（生活篇）		+			
经理人汉语（商务篇）					+
实用商务汉语课本（初级）				+	
商务汉语（初级）			+		
通用商务汉语		+			
赢在中国（基础篇）		+			
赢在中国（提高篇）				+	

由表 4–6 可以看出，所统计的 10 部小综合系列教材课文的语体风格不拘一格，作为网络教材使用的《商务汉语》的课文语言语体风格差异较大，既包括日常生活交际中使用的语言，又有少量的俚俗语言，这主要与该部教材依托于大众中文网平台，低起点、大容量的编写特点有关，我们暂且将其语体归为中性体。

其余各部教材的语体风格比较明显，以一般随意体和一般正式体居多。这主要与教材的课文选篇多选取日常生活及商务活动的交际话题密切相关。在所统计的大部分教材中，都存在某些课文涉及的语句与教材整体的语体风格相差较大的现象，如《通用商务汉语》的课文语体为一般随意体，但其中也有一般正式体。第三单元《招标》一课中，其情境为朋友请客吃饭，但其中既有“签倒是签了”这种较随意的语句，也有“从这几方面来调研”等较正式的语句。这种编排风格既与教材突出训练某一方面的交际技能的特点有关，也与小综合系列教材课文内容的综合性有关。在此我们所统计的是教材课文选篇的整体语体风格，而不就单篇课文独特的语体风格展开分析。

2.1.2 教材点评

《经理人汉语》系列教材的编写是欧盟—中国青年经理培训项目的一项重要研究成果，分生活篇和商务篇，各 2 册。教材中丰富且真实的商务场景、富有挑战性的对话和课文，对今后将在中国从事商务活动的人士具有很强的实用性和针对性。

《经理人汉语（生活篇）》在上、下册共 20 个单元中，选取了最具交际价值的日常生活类话题，同时加进了一些公司和办公室等商务工作场景，以及相当数量的商务词汇，使学习者从初级阶段开始就逐渐接触商务汉语的相关语言知识和词语，尽早融入商务汉语学习中，满足基本商务交际的需求。每单元最后都附“学做中国通”这一模块，其话题从“大锅饭和铁饭碗”到“中国的食文化”“颜色词的文化含义”等，既补充了主课文内容，又扩展了学生视野。

《经理人汉语（商务篇）》的编排体例与《经理人汉语（生活篇）》相同，在上、下两册共 20 个单元中，以 12 个交际场景、3 个商务活动分析和 5 个经济热点问题为主题，分别从听力、口语、阅读三方面展开。教材引进案例式学习，通过经典案例的分析，引导学习者自主学习，培养学习者用汉语发现问题、分析问题和解决问题的能力。在完成一系列交际任务的过程中，促进学生商务汉语交际能力的不断提高。此外，教材还设置了商务实践单元，对课文涉及的商务专业知识进行补充和深化，在课文内容编排、话题选择、商务知识编排等方面都颇具特色，值得肯定。

2.2 中级

2.2.1 课文特点

（1）课文话题

4 部中级商务汉语教材的课文话题以商务交际主题为主，具体课文话题统计如表 4–7 所示。

表 4–7 中级商务汉语教材（小综合）课文话题统计简表

教材名称	课文话题
商务汉语（中级）	见面问候、出席晚宴、住宾馆、参观工厂、看样、参加舞会、报关手续、银行业务、邮局业务、商检、订货洽谈、生意成交、签订合同、用餐、包装与运输、租船订舱

续表

教材名称	课文话题
实用商务汉语课本（准中级篇）	购销意向、报盘与还盘、折扣与佣金、支付方式、包装、交货、谈保险、签订合同、信用管理、售后管理
实用商务汉语课本（中级篇）	商品检查、索赔、不可抗拒、仲裁、和解、协商代理、推销、追账、网上购物、参展
赢在中国（成功篇）	招标投标、独家代理、市场调研、促销活动、外商投资、海外投资、商标法和知识产权、新贸易保护主义

由表 4–7 可以看出，《商务汉语（中级）》的课文除涉及商务交际外，还有少数的日常生活类交际活动，这与课文的设计理念密切相关。整部教材以“布朗”这一人物在中国的一系列活动为线索，设计了完整的故事情节，从初到中国与某公司经理“见面问候”，到“出席晚宴”，再到“订货洽谈”“报关手续”等系列商务活动。教材所涉及的话题既能满足学习者的日常生活所需，又能满足商务旅行的需要。

《赢在中国（成功篇）》与《实用商务汉语课本（准中级篇）》和《实用商务汉语课本（中级篇）》的课文话题则全部为商务交际类。其中，《赢在中国（成功篇）》以卡尔、康爱丽、李明明、张远为课文主要人物角色，整部教材以其参与的各类商务活动为主线，展示真实的社会生活及商务活动场景。话题广泛，意在提高学习者的实际商务交际能力。《实用商务汉语课本（准中级篇）》和《实用商务汉语课本（中级篇）》的主课文以访谈式对话体为主，以提高学习者的沟通和表达能力，丰富商贸活动中的言语交际需求，为高级阶段的学习做准备；副课文则多为叙述体，为学习者讨论本课话题提供素材和范本，同时也帮助学习者熟悉商务书面语体的多种形式，了解和掌握商贸文书、商贸情况说明和相关介绍的表达方式。

（2）课文情境与体裁

通过以上几个章节对课文选篇的分析，我们可以看出，课文情境与课文体裁密切相关，对话体课文多涉及明确的情境。《商务汉语（中级）》和《赢在中国（成功篇）》的课文多以对话为主，《实用商务汉语课本（准中级篇）》和《实用商务汉语课本（中级篇）》兼有对话和短文，主课文为对话，副课文为短文。可见在中级阶段，对话这种形式仍然占据着很大一部分，课文情境比较明确，但情境的设置方式不同。各部教材的情境设置如表 4–8 所示。

表 4–8　中级商务汉语教材（小综合）课文情境设置方式简表

教材名称	情境设置方式		
	通过图片和文字提醒	设置固定角色	通过场景设置角色
商务汉语（中级）	+	+	
实用商务汉语课本（准中级篇）			+
实用商务汉语课本（中级篇）			+
赢在中国（成功篇）	+	+	

由表 4–8 可以看出,《商务汉语（中级）》与《赢在中国（成功篇）》在课文情境设置方面较为明确。两部教材均以固定人物及其商务活动为线索贯穿始终，主要涉及公司、工厂、展会、办公室、会议室、餐厅、宾馆等商务活动场所，且课文开头有明确提示。可见，中级商务汉语教材根据语言具有交际情景和交际功能属性的原理，多为学习者提供真实且丰富的交际场景，紧密结合语言学习和企业管理、商务洽谈的相关知识，以期全面提高学习者的语言运用能力。

《实用商务汉语课本（准中级篇）》和《实用商务汉语课本（中级篇）》的情境设置不够明确，多体现在课文中。课文未出现固定的人物，而是根据课文内容设定 A、B 两种角色。这种设计方式虽不能体现课文情境，但从整套教材的课文结构来看，有一定的科学性，既承接了该套教材初级阶段日常经济类活动，同时又为其高级阶段的宏观商贸问题的学习打下基础，从而引导学生循序渐进地学习，逐步向高级阶段书面语体的课文过渡。这种总揽全局的设计理念值得肯定。

（3）课文语言

课文语言首先应具有真实性和实用性，尤其到了中级阶段，随着学习者水平的提高，对交际需求的增强，课文语言应力求避免“教科书语言”，提供贴近真实的交际环境，利用语境对语言的制约作用，使语言教学尽量接近真实交际，要让学生体会到不同交际对象在不同交际场合说不同的话时会对人际关系产生怎样的影响。

在课文语言方面，教材编写者常常要考虑到学习者的实际需求和教材的整体风格。与初级阶段教材相同，所统计的 4 套中级商务汉语系列教材的课文虽都以对话为主，但语体风格差别较大。各部教材课文选篇整体的语体风格统计如表 4–9 所示。

表 4-9　中级商务汉语教材（小综合）课文语体特点统计简表

教材名称	课文语体				
	俚俗体	一般随意体	中性体	一般正式体	庄严体
商务汉语（中级）		+			
实用商务汉语课本（准中级篇）				+	
实用商务汉语课本（中级篇）					+
赢在中国（成功篇）		+			

由表 4-9 可以看出，《商务汉语（中级）》与《赢在中国（成功篇）》课文的语言风格简明通俗，口语色彩比较明显，课文整体语体风格为一般随意体。与之不同，《实用商务汉语课本（准中级篇）》和《实用商务汉语课本（中级篇）》课文的语言风格则比较严肃，课文整体语体风格为一般正式体。

作为网络教材使用的《商务汉语（中级）》与其配套的初级教材的课文语体相承接，语言通俗简明，句子短小，多为 15 个字以内。除使用专业词句外，课文编写以满足学生的日常生活与商务交际需求、培养学习者的语言交际技能为重点，因而口语色彩比较浓厚，如第一课《初次见面》中的“请多多关照”，第二课《在晚宴上》中的“这菜还合你们的胃口吗”等。同样，《赢在中国（成功篇）》的课文语言多以轻松活泼的形式出现，如“一千八百八，空调送到家”“请你出出点子”“没事没事，就当体验生活了”，不仅塑造了活泼可爱的人物形象，还可以让学习者眼前一亮，引发学习兴趣。

与之不同，《实用商务汉语课本（准中级篇）》和《实用商务汉语课本（中级篇）》这两部教材承接初级篇的商贸活动前期的一般社交活动，逐步进入一系列商贸专业活动，以不断满足学习者日益增长的交际需求。这种编排方式不仅符合学习难度递增的原则，以及学习者对学习内容的广度和深度进一步增长的需求，同时在课文语体的风格上，也更庄严、正式。尤其是中级篇的课文语言，更加注重汉语学习与商务活动紧密联系，虽仍以对话体课文为主，但其对话多为商务洽谈或谈判，也更凸显了其课文语言庄重、正式的语体风格。

（4）课文与文化

与大综合系列教材相同，小综合系列教材在中、高级阶段的课文选篇中同样渗透了相关文化知识，主要包括日常生活交际知识与商务活动交际知识两类。其中，《实用商务汉语课本（准中级篇）》和《实用商务汉语课本（中级篇）》侧重商务文化知识，《赢在中国（成功篇）》兼顾日常生活交际文化知识和商务文化知识，《商务汉语（中级）》侧重交际文化知识，主要包括商务业务交际项目，还涉及少部分的日常生活交际项目，如自我介绍、共进晚餐时的礼仪等。

我们认为，适量介绍课文相关文化知识，不仅符合商务汉语实用性的基本要求，而且有助于激发学习者的学习兴趣，但数量不宜过多，否则就会舍本逐末。

2.2.2 教材点评

《实用商务汉语课本》是一套以商贸知识为主要内容的汉语教材，是为商务汉语课程教学编写的教材，也可以作为实用商务汉语的自学教材。该系列教材的准中级篇和中级篇为中级阶段商务汉语学习者所使用，共 2 册，每册 10 课。每课设有一篇主课文和一篇副课文，主课文为本课话题的主导和核心，是话题知识、功能语法点和词语展示的平台；副课文是对主课文话题的补充，帮助理解主课文话题。准中级篇主要以进出口贸易的相关活动为主要内容，如购销意念、报盘还盘、内外包装、折扣佣金等；中级篇也以进出口贸易的相关活动为主要内容，如商品检验、索赔、仲裁、和解等。

此外，教材的编排体例既突出了口语交际，又注重书面表达。主课文以对话为主，帮助学习者学习沟通和表达，适应商贸活动中的言语需求，完成基本的交际任务；副课文以短文为主，使学习者熟悉书面语体的各种形式，了解各类商贸文书的体例及表达，不断满足学习者的交际需求。无论是课文内容还是编排体例，都独树一帜。

2.3 高级

2.3.1 课文特点

（1）课文话题

与大综合系列教材相同，高级阶段的小综合商务汉语系列教材更应突出其作为专门用途语言的基本特点，从学习者的实际需求出发合理选择课文内容，以此增强学习者的学习动机和学习兴趣。在高级阶段的学习中，学习者在初、中级阶段学习内容的基础上，已经能够顺利完成基本的日常交际和基本的商务交际活动，并对更高层次的商务交际活动提出要求，因而这一阶段的课文话题应重点以商务交际类为主。

据统计，3 部小综合商务汉语系列教材的课文均围绕商贸活动进行，具体话题统计如表 4–10 所示。

表 4-10　高级商务汉语教材（小综合）话题统计简表

教材名称	课文话题
商务汉语（高级）	招商引资会、考察开发区、申请专利、投资决策、讲座调研计划、市场定位、合作伙伴、建立合作关系、招聘职员、职员培训、技术设计、生产管理、质量管理、成本与利润、产品与价格
实用商务汉语课本（准高级篇）	建设银行引进战略投资、中小股民是追求卓越的股民、联想收购IBM、PC 的解读、关于期市的问题、朗科内存盘在美国获专利授权、中韩经贸关系不走“对立路”、金融街领跑生产性服务业、进出口超千亿美元引发的战略思考、国际工程承包市场的发展趋势
实用商务汉语课本（高级篇）	“假日经济”走向、京城环保产业的亮点、信息产业对经济发展的作用、抢注商标的风波、当代中国的保险市场、有失公平的裁决、中国农业产业化发展的特点及问题、如何在华设立外资企业、商务信函、补偿贸易返销合同

由表 4-10 可以看出，3 部教材在课文话题的选取上有其不同特点。《商务汉语（高级）》涉及具体的商务话题，如招商、招聘、培训、管理等；《实用商务汉语课本（准高级篇）》和《实用商务汉语课本（高级篇）》的课文话题则以宏观商贸问题及商贸文书为主，如信息产业、知识产权、“假日经济”、环保产业等。两部教材的课文话题各有侧重，但都是对其系列教材课文话题的传承。特别是《实用商务汉语课本》，全套教材按照一般经济活动、商贸基础性及专业性活动以及商贸专题、宏观商贸问题的顺序进行编排，其话题设置由微观到宏观，由易到难，循序渐进地引导学习者逐步提高商务活动所需的交际能力。

此外，与《商务汉语（高级）》不同，《实用商务汉语课本》的准高级篇与高级篇与其初、中级教材的编排体例一致，课文部分仍旧围绕同一话题设置了主课文和副课文两部分，如准高级篇的第一课主课文为《建设银行引进战略投资》，其后围绕这一话题设有《国有商业银行的股份制改造》这一副课文。我们认为这种编排方式对完善课文话题、拓展学习视野有很大帮助。

（2）课文语言

3 部小综合教材课文的语言特点如表 4-11 所示。

表 4-11　高级商务汉语教材（小综合）课文语体特点统计简表

教材名称	课文语体				
	俚俗体	一般随意体	中性体	一般正式体	庄严体
商务汉语（高级）				+	
实用商务汉语课本（准高级篇）					+
实用商务汉语课本（高级篇）					+

由表 4-11 可以看出，在所统计的 3 部小综合系列教材中，课文的语言特点与中级系列教材保持一致。《商务汉语（高级）》的课文语言仍保持通俗简洁的风格，但因其课文话题更具专业性，因而其语体也更为正式，有些语句甚至可以归为庄严体，如第三课《申请专利》一则对话中，有这样的语句：

……

罗白：这项发明在你们国家取得了专利了吗？

彼特：是的，已经取得了我国专利。

罗白：按照国际惯例，你们可以委托中国的涉外专利代理机构来办理。如果您所在的国家取得的专利没有超过十二个月的话，在中国享有优先权。

……

罗白：享有这些专利的独占权。也就是说，未经您的同意，任何个人不能以生产经营为目的，使用您的专利技术。如果有人侵权，我国有法律能保护专利权人的利益。

……

从上述对话我们可以看出，《商务汉语（高级）》与该系列的初、中级配套教材相比，其语言特点在保持通俗简洁的前提下，更具商务汉语的专业性。

《实用商务汉语课本（准高级篇）》和《实用商务汉语课本（高级篇）》的课文语言与初、中级课文的语体风格保持一致，同时又更加庄重得体，这主要与课文话题及课文情境和体裁的设置密切相关。如前文所述，这两部教材的课文话题多围绕宏观的商贸问题进行，同时，两部教材的课文多为人物访谈式对话和议论、说明等正式文体，这就形成了课文语体风格的庄重性和严谨性。

（3）课文情境与体裁

如前文所述，课文情境与课文体裁密切相关，情境使课文内容更具真实性。对话体课文大多设置了明确的情境，如公司、办公室、展厅、商店、生产线等商务活动场所，短文则多不设置明确情境。3 部教材的课文情境设置方式如表 4-12 所示。

表 4-12　高级商务汉语教材（小综合）课文情境设置方式简表

教材名称	情境设置方式		
	通过图片和文字提醒	设置固定角色	通过场景设置角色
商务汉语（高级）	+	+	
实用商务汉语课本（准高级篇）			+
实用商务汉语课本（高级篇）	–	–	–

由表4–12可以看出，在所统计的3部小综合系列教材中,《商务汉语（高级）》和《实用商务汉语课本（准高级篇）》在课文体裁方面均设有对话，但差别较大。其中,《商务汉语（高级）》仍是围绕“布朗”这一人物设计系列的商务活动，课文全部选用对话体。与之不同,《实用商务汉语课本（准高级篇）》的课文既有对话又有短文，主课文多为对话体，副课文为短文。其对话多为访谈类，如《财经》杂志采访中国建设银行行长、《新闻周刊》采访郎咸平等。两部教材的对话形式丰富多样，包括面对面交谈、电话交谈等多种形式,《商务汉语（高级）》还配有形象的插图。我们认为，对话不仅能体现一定的商务场景和商务文化，还能培养学习者综合运用语言的能力，因而对话体不仅是初、中级教材应选用的体裁，高级阶段教材也应当参考借鉴。

此外,《实用商务汉语课本（准高级篇）》和《实用商务汉语课本（高级篇）》的课文还包括短文体，其中高级篇的全部课文均为短文，不涉及对话，因而没有明确的情境。这两部教材的课文短文主要以说明文、议论文、记叙文三种体裁，以及一定的商务公文为主，如高级篇的第 9、10 两课，涉及商务信函和补偿贸易返销合同等相关商务公文的阅读和书写。短文的内容短小精悍，主要从中国社会现状和传统的风俗文化的角度向学习者渗透大量中华文化背景知识，让学习者领略中华文化的魅力所在，感悟不同文化之间的差异，这对异国文化之间的交际也能起到很多帮助。

我们认为，说明文、议论文、记叙文等文体一般为长篇成段的文字，对语言要素和语言技能的训练要求进一步加强。高级阶段学习者与初、中级阶段的学习者不同，不仅需要完成基本的生活与商务交际，还需要掌握成段表达的能力，这也是符合高级阶段商务汉语大纲要求和学习者实际需求的。

（4）课文与文化

高级阶段小综合系列教材的课文选篇，也涉及了相应的文化知识，与中级阶段教材相同，主要包括日常生活交际知识与商务活动交际知识两类。其中,《实用商务汉语课本（准高级篇）》和《实用商务汉语课本（高级篇）》仍旧侧重商务知识文化,《商务汉语（高级）》在延续中级阶段介绍基本的日常交际知识外，更加侧重商务交际文化知识的介绍。

2.3.2 教材点评

《实用商务汉语课本（准高级篇）》和《实用商务汉语课本（高级篇）》与该系列教材的初、中级配套教材相承接，主要为高级阶段商务汉语学习者所使用。与中级篇和准中级篇的编排体例一致，共 2 册，每册 10 课。每课设有一篇主课文和一篇副课文，主课文为本课话题的主导和核心，是话题知识、功能语法点和词语展示的平台；副课文是对主课文话题的补充，帮助理解主课文话题。教材内容广泛，其中准高级篇以宏观商贸问题为主要内容，如银行投资、股票市场、跨国收购、专利保护等；高级篇以宏观问题及商贸文书为主要内容，如“假日经济”、保险市场、商业文牍、合同范本等涉及了相关话题，围绕相关商贸专业活动进行设计和编排，由易到难，前后呼应。主、副课文均为书面语体，展现宏观的经贸话题，为学习者提供了拓展知识、扩大专业词汇量、深入思考和把握商贸宏观问题以及展开讨论的机会，帮助学习者在大量接触专业词语和高级阶段表达方式的基础上，进一步提高商务交际技能。

小结

本节对商务汉语小综合系列的初级、中级和高级教材的课文选篇进行了分析，主要从课文话题、情境、体裁、语言及课文功能和文化的角度进行重点分析。其中，初、中级系列教材的课文多为对话体课文，情境丰富明确，既涉及生活类话题，又包括商务活动话题，主要培养学习者商务活动中运用汉语进行基本交际的能力。高级阶段系列教材涉及丰富的商务话题和体裁，语言风格多为正式场合的商务洽谈，不仅能满足学习者的基本生活和商务交流，还能培养学习者的商务谈判和商务办文的读写能力。

第三节　教材的语音

3.1　共性

《经理人汉语》《赢在中国》《商务汉语入门》3部初级商务汉语教材虽然在编写上各具特色，但在语音项点的编排与讲解上仍然具有一些相同或相似之处。

3.1.1 项点的选择

对于汉语初学者来说，语音学习是十分必要和重要的。语音基础知识是教材编排时应该重点考虑的问题，语音项点的选择更是重中之重。在这方面，3部初级商务汉语教材都下了一番功夫，汉语语音中的声母、韵母、声调、声韵拼合、拼写规则、变调、轻声等基础知识，3部教材都在不同程度上有所涉及。

3.1.2 项点的讲解

语音项点的选择很重要，如何对其进行讲解更为重要。好的教材有必要根据学习者的认知规律由易到难进行讲解。在这方面，3部教材有一些共同之处。首先，为了让学习者能对汉语的语音知识有一个比较理性的认识，在讲解的开始阶段，就先将项点的基本概念呈现给学习者。其次，为了使学习者在熟悉概念的基础上更进一步地有效学习，3部教材都十分重视语音项点讲解的顺序编排。具体表现在：第一，声母、韵母与声调并不是三部分单独进行讲解，而是看作一个整体，按照拼合规律由易到难逐层深入；第二，语流音变，按照从三声变调到“一”“不”变调，再到轻声的顺序进行讲解。这样的编排遵循人的认知规律，可以更好地增强学习效果。

3.2 特性

表 4-13　3 部教材语音项点特性比较表（单位：个）

项点讲解 \ 教材名称		经理人汉语（语音篇）	赢在中国（语音汉字篇）	商务汉语入门（基本礼仪篇）
讲解方式	集中讲解	+	+	–
	分散讲解	–	–	+
数量	声母	22（包括“零声母”）	22（包括“零声母”）	21（无“零声母”）
	韵母	39	38（无 ê）	35（无 ê、er、-i[ɿ]、-i[ʅ]）
图表	声母	+	+	–
	儿化	+	+	–
发音方法	发音示意图	+	+	–
	汉外对比	+	–	–
拼写规则	完整呈现	+	–	+
	部分呈现	–	+	–
语流音变	“啊”的音变	–	–	+
	儿化	+	+	–
拼音方法		–	+	–
音位讲解		+	–	–
朗读技能		+	–	–

3.2.1 项点数量及讲解详略程度

《经理人汉语（语音篇）》用了一本书的容量来集中讲解语音知识，涉及的语音项点数量比较多，讲解亦十分详尽;《赢在中国（语音汉字篇）》涉及的语音项点数量与讲解的详略程度与《经理人汉语（语音篇）》大体相同，只是二者在语音项点的选择与讲解方式上各有侧重;《商务汉语入门（基本礼仪篇）》涉及的语音项点数量较其他两部教材略少，且项点分散在若干篇课文中，讲解亦相对简单。

3.2.2 项点讲解特色

《经理人汉语（语音篇）》的特色表现在以下三方面：（1）发音方法的讲解既有发音示意图的展示，还有汉外对比（汉语与印欧语系对比）；（2）书中涉及简单的音位讲解；（3）朗读技能中的重音、停顿及语调在书中也特设一个单元进行详细学习。

《赢在中国（语音汉字篇）》同《经理人汉语（语音篇）》一样，语音项点的讲解方式为集中讲解，项点亦较多。书中提到了拼音方法中的整体认读，其他两部教材均未提及。其次，发音示意图的呈现也非常完整，具体到每一个声母、韵母的发音，甚至连复韵母的发音方法也给出了详细展示。

《商务汉语入门（基本礼仪篇）》的特色在于拼写规则完整呈现，在语流音变的讲解中涉及了"啊"的音变，这是其他两部教材所没有的。另外，该教材将较难掌握的语音项点内容分散在各课课文内容后，有利于学习者分阶段吸收与消化。

3.3　教材的特色

纵观3部教材，可以看到它们在注重基础性的前提下，各有侧重，这也是商务汉语综合课教材的特色所在。《经理人汉语（语音篇）》重视语音知识呈现的完整性以及语音实践，给学习者提供了很大的学习空间，这有利于实现其教材编写的目的——把着眼点放在学生如何"学"上。《赢在中国（语音汉字篇）》是继《经理人汉语（语音篇）》后编写的，可以说是对前部教材的继承与改进，该教材以集中讲解为主，特别是有选择地对部分重要项点进行了详细讲解，基本上做到了详略得当。《商务汉语入门（基本礼仪篇）》语音项点不多，但其将语音项点的讲解与课文相结合的方法，有利于避免大篇幅只学习语音可能给学习者带来的枯燥感，同时也将汉语中的其他要素如汉字、词汇、句式等同语音整体教授给学生。

3.4　编排建议

3部教材在语音项点的选择及讲解方面存在一定的差异，主要体现在项点的数量多少不一，以及讲解详略程度不同。项点数量和讲解方式会影响学习者的学习：数量过多、讲解过详很可能会给学习者带来压力，从而使其产生厌烦情绪，失去学习的兴趣；而数量过少或讲解过略，则可能导致学习者对语音知识缺乏整体认识，基础不牢固，对以后的学习十分不利。所以，究竟应该给学习者讲授多少项点，讲解如何编排最合适，是教材编写者应该考虑的重要问题。3部教材各有侧重，不能用一条统一的标准来规定。但对于韵母的数量以及儿化的有无这样的问题，教材最好能有比较一致的定论，以减少学习者不必要的困惑。

小结

通过对3部教材语音项点的考察与分析，我们认为初级商务汉语综合课教材在语音方面应关注以下两点：(1)在项点的呈现方面，虽不必像通用汉语教材那样面面俱到，但对于基本的语音知识，如声母、韵母、声调、声韵拼合、拼写规则、变调、轻声、儿话等，还是有必要涉及，以便使学习者能对汉语的语音知识有一个全面的认识；(2)在项点的讲解方面，可在注重详略得当的同时，尝试将多种讲解方法综合加以运用，如图表法、汉外对比法、示意图法等，以便使学习者能准确地掌握汉语的语音，为日后的进一步学习打下基础。

第四节　教材的词汇

4.1　初级

词汇对于语言的重要性不言而喻，在商务汉语教材中，词汇在地位、作用上和通用汉语教材比有很大的不同。在对外汉语教学中，词汇教学一直备受重视，词汇的选编自然是衡量一部教材编写质量的重要标准。

4.1.1 词汇数据分析

（1）词汇数量整体分析

教材编写过程中，词汇量的控制是一个难题。词汇量太小，不能很好地满足学习者的需求。“调查统计表明，掌握的词汇量不够是影响学生掌握和运用各项技能的首要困难。”（高彦德，1993）如果词汇量偏大，学生常常会抱怨生词太多、记不住，从而产生焦虑感，影响教学效果。

《赢在中国（提高篇）》平均每单元生词量达到 91.22 个，《经理人汉语（商务篇）》也高达 88.25 个；而与其相配套的《赢在中国（基础篇）》和《经理人汉语（基础篇）》分别为 74.80 个和 64.40 个。《通用商务汉语》平均每单元生词量也高达 67.50 个，数量都很大。6 部教材中除《商务汉语入门》《商务汉语提高》以及《商务汉语（初级）》外都写明了每单元或每篇课文的课时数，其他教材词汇总数较多，但具体到每个课时的平均词汇量是可以预测的。经过粗略统计，相差不大，如表 4–14 所示。

表 4–14　初级商务汉语教材（小综合）词汇数据统计表 1（单位：个）

教材名称	词汇总量	课 / 单元平均数	每课时平均数
商务汉语入门	1302	——	——
商务汉语提高			
经理人汉语（生活篇）	1288	64.40	5.37 ～ 6.44
经理人汉语（商务篇）	1765	88.25	5.52 ～ 6.30
商务汉语（初级）	195	10.83	——
实用商务汉语课本（初级篇）	505	50.50	8.40
通用商务汉语	1215	67.50	4.10 ～ 5.47

续表

教材名称	词汇总量	课 / 单元平均数	每课时平均数
赢在中国（基础篇）	1122	74.80	6.23
赢在中国（提高篇）	821	91.22	9.12 ～ 11.40

注："——" 表示无此项内容。

从统计数据来看，这几部教材在词汇量控制上是不统一的。这里面的原因一是因为学界对初级阶段的定位还存在不同看法；二是由于教材本身针对对象、使用目的等存在差别，导致词汇量出现很大差别。更主要的原因也许在于商务汉语词汇大纲在教材编写之时还尚未制定，教材编写没有统一的标准，这也从侧面反映了出台商务汉语词汇大纲的必要性与迫切性。

（2）商务词汇数据分析

这一部分的商务汉语词汇分析同样参考具有专业性与权威性的《经贸汉语本科教学词汇大纲》，将各套商务汉语教材词汇与《经贸汉语本科教学词汇大纲》中的"总词语表"进行交集判断，得出重合于该大纲的词汇，我们称之为"商务词汇"，进而得出商务词汇与对应教材词汇总量的比值，也就是"商务词汇比率"。

表 4-15　初级商务汉语教材（小综合）商务词汇数据统计表 2（单位：个）

教材名称	词汇总量	商务词汇量	商务词汇比率（%）
商务汉语入门 商务汉语提高	1302	1103	84.71%
经理人汉语（生活篇）	1288	693	53.80%
经理人汉语（商务篇）	1765	937	53.08%
商务汉语（初级）	195	156	80.00%
实用商务汉语课本（初级篇）	505	255	50.49%
通用商务汉语	1215	784	64.52%
赢在中国（基础篇）	1122	721	64.26%
赢在中国（提高篇）	821	391	47.62%

由表 4-15 的数据可以看出，关于初级商务汉语教材，先从数量上来讲，《商务汉语入门》《商务汉语提高》这套教材商务词汇量最多，有 1103 个；《经理人汉语（生活篇）》《经理人汉语（商务篇）》《通用商务汉语》和《赢在中国（基础篇）》的商务词汇量在 700 ～ 950 个之间；《实用商务汉语课本（初级篇）》《商务汉语（初级）》《赢在中国（提高篇）》的商务汉语词汇量在 150 ～ 400 个之间。

再从比率上讲，首先，《商务汉语入门》《商务汉语提高》和《商务汉语（初级）》的商务词汇比率占词汇总量的比例较大，分别高达 84.71% 和 80.00%。其次，《经理人汉语（生活篇）》和《经理人汉语（商务篇）》两部教材商务汉语词汇所占比重比较均匀，分别为 53.8% 和 53.08%，可见编者当时在编排商务词汇时并没有将两者词汇比例差别区分开来。最后，《赢在中国（基础篇）》和《赢在中国（提高篇）》两者虽然是一套教材，但是基础篇在商务词汇设置方面比例更高，为 64.26%，提高篇商务汉语词汇的比率则相对较低，仅占 47.62%。这一点，笔者认为词汇安排还有待进一步的思考。

4.1.2 词汇索引及大纲

（1）词汇索引

6 套初级教材中，除大众中文网教材编委会的《商务汉语（初级）》无词汇索引外，其余的教材在最后都附有“总生词表”，且除《商务汉语入门》和《商务汉语提高》以外，其他教材在总生词表后都列出了“专有名词表”。不仅如此，《经理人汉语（生活篇）》和《经理人汉语（商务篇）》词汇索引甚至具体标注了出处——某课的某段对话，使学生在复习或预习时能很快回到课文或单元的主题中，引起学习者的联想，自然地寻找同类词语，连词成句、连句成段，无形之中既掌握了生词，又提高了表达能力。总的来说，比较详细的词汇索引能使人一目了然且便于回归对话或主题。

（2）词汇大纲

通过统计，只有两套教材提到大纲：《经理人汉语（生活篇）》在编写说明中提到“词语选择时尽量选用 HSK 常用词语，注意甲、乙级词的比重”；《实用商务汉语课本（初级篇）》明确提出等级词汇参考《汉语水平词汇与汉字等级大纲》和《高等学校外国留学生汉语言专业教学大纲》，其他教材均无涉及。

据统计，《汉语水平词汇与汉字等级大纲》与经济直接相关的专业词汇数量很少，主要是日常生活用词。初级教材主要是为以后中、高级阶段的学习打好语言与词汇基础，所以词汇编排暂时参考现有的词汇大纲是合理的。但到了中、高级阶段，如果仍没有专门的大纲来指导，很难编写出成熟的商务汉语教材，满足日益多样的商务汉语学习者的需求。《经贸汉语本科教学词汇大纲》的出版对规范教材中的选词用词有着重要的指导意义，使得商务汉语教材中的生词编排能够有“法”可依。

4.1.3 呈现情况及标注方式

6 套教材中，除《通用商务汉语》生词没有标词性以外，其他教材都标明了词性。《赢在中国》只用英文标注了词性，在编写说明之后设置了词类简称表。《商务汉语（初级）》也只用英文标注了词性，因为此书为网络教材，一切从简。此外，《经理人汉语》《实用商务汉语课本（初级篇）》只以中文标注词性，这对于有一定基础的商务汉语学习者来说是可以接受的。《商务汉语入门》和《商务汉语提高》使用中英文标注词性，原因在于这套教材针对的是汉语水平更低的使用者，中英文对照有助于理解。所有教材的词语都有英文释义，这对学习者来说方便而实用。

4.1.4 词汇种类

6 套教材几乎都将通用词汇和真正的商务词汇混合在一起呈现，并没有明确的分类，不大利于学生对特定词汇的认识与分辨。如《经理人汉语（商务篇）》上部第七单元生词和短语表中将“风险投资”“成长型企业”“贷款”等商务词汇与“堵车”“成功”这些通用词汇掺杂在一起。有些教材的词汇虽没明确分类呈现，但可以看出词语表中很多词无形之中是属于同一类的，都是以某一个商务专有词汇为主题的同类专业用语，如《实用商务汉语课本（初级篇）》第十课的词语基本上自成一类，均为报关类。

4.1.5 教材点评

《商务汉语入门》和《商务汉语提高》词汇总量合理，商务词汇比率较高，商务特色突出，生词标注方式全面、丰富，生词表使用中英文标注词性，英文释义，加以中英文对照。然而，整套教材生词内容的层级性不是很明显，从入门篇到提高篇，生词呈现方式均为“汉字 + 拼音 + 中文词性 + 英文释义 + 外文词性”，如能在入门篇 2、提高篇中加以汉语释义，则更有助于培养学习者的汉语思维能力。此外，若能对生词进行分类处理（按商务话题分类），则有助于学习者系统掌握某一领域的词语，也有助于成倍扩大生词量。

4.2 中级

本节主要对 4 套中级商务汉语系列教材的词汇项点内容进行分析，探讨中级商务汉语系列教材词汇这一语言要素安排的规律，以期为今后的教材编写提供借鉴。

4.2.1 词汇数量

（1）词汇数量整体分析

表 4-16　中级商务汉语教材（小综合）词汇数据统计表 1（单位：个）

教材名称	词汇总量	课 / 单元平均数	每课时平均数
商务汉语（中级）	283	16.65	16.65
实用商务汉语课本（准中级篇）	488	48.80	8.13
实用商务汉语课本（中级篇）	458	45.80	7.63
赢在中国（成功篇）	683	85.38	8.66 ～ 10.70

表 4-16 为小综合中级商务汉语综合课教材词汇数据统计表。从表中数据来看，这 4 套中级商务汉语教材在词汇量上仍不统一，而据相关学者研究，中级商务汉语教材仅商务领域词汇数量就应控制在 800 ～ 1000 词之间，而以上的数据显然不符合这个标准，这主要是因为教材在编写时缺乏统一的商务汉语词汇等级大纲，导致各教材编写者对中级的认识分散、模糊，从而各行其是。这一点从编写者们对教材使用者的界定就可以看出:《赢在中国》适用于中国—欧盟经理人交流培训项目以及其他零起点的商务汉语学习者;《实用商务汉语课本》的学习者应具有初级的汉语基础，掌握 600 ～ 800 个汉语常用词和最基本的语法点;《商务汉语》适用于零起点的经商人员自学。可见，这些教材对使用者界定不一，导致对教材词汇量的选取不一，但归根到底，是由于商务汉语教材编写时缺乏像《汉语水平词汇与汉字等级大纲》那样的统一标准做指导。

（2）商务词汇数据分析

表 4-17　中级商务汉语教材（小综合）商务词汇数据统计表 2（单位：个）

教材名称	词汇总量	商务词汇量	商务词汇比率（%）
商务汉语（中级）	283	241	85.15%
实用商务汉语课本（准中级篇）	488	239	48.97%
实用商务汉语课本（中级篇）	458	198	43.23%
赢在中国（成功篇）	683	391	57.24%

由表 4-17 的数据可以看出，从数量上讲,《赢在中国（成功篇）》的商务词汇量最高，高达 391 个，然后是《商务汉语（中级）》《实用商务汉语课本（准中级篇）》和《实用商务汉语课本（中级篇）》，在 190 ～ 250 个之间。《商务汉语（中级）》教材中商务词汇比率最高，达 85.15%。其次,《赢在中国（成功篇）》中商务词汇比率位居第二，为 57.24%。《实用商务汉语课本（准中级篇）》和《实用商务汉语课文（中级篇）》两者商务词汇所占比例不相上下，分别为 48.97% 和 43.23%。从这里可以看出编者当时在编写教材时将两者词汇量做了均匀设置。

4.2.2 词汇标注形式及词汇分类

（1）词汇标注形式

几套中级教材除依托于大众中文网的《商务汉语（中级）》以外都列有生词表，且都标注了拼音、词性、外文释义，不同的是《赢在中国（成功篇）》用英文标注词性，而《实用商务汉语课本》用中文标注词性。在中级阶段，词性用中文标注可促使学习者习惯汉语思维，熟悉汉语的词性表达。

（2）词汇分类

"商务汉语教材中的生词是由通用词语和商务领域词语共同构成的。"（辛平，2007）同初级商务汉语综合课教材一样，中级仍没有明确的词汇分类，商务词汇和通用词汇混在一个生词表中，这样不利于学习者对生词的学习。这也许是因为教材编写之时没有明确的商务汉语词汇等级大纲，《经贸汉语本科教学词汇大纲》的出版正好为以后的教材编写尤其是词汇部分的处理提供了理论支撑。

4.2.3 教材点评

《实用商务汉语课本》在词汇编写方面做得较好，词汇量控制得不错，商务词汇比率居中，呈现方式加以中文词性，除主课文的词语表之外，还在副课文中设补充词语，满足额外学习的要求。专有名词单列，也有利于学习者分清主次，降低焦虑感。不过，如能在生词分类方面进行更明确的尝试，则更有助于学习者对不同类别词语的系统学习。

4.3 高级

到了高级阶段，学习者的要求更为专业化，而此时的教材在词汇安排上也呈现出各种各样的变化。

4.3.1 词汇数量

（1）词汇数量整体分析

据统计，《实用商务汉语课本（准高级篇）》和《实用商务汉语课本（高级篇）》词汇量相差不大，分别为604个、610个，而网络教材《商务汉语（高级）》词汇总量为221个，但此数据为练习中以连线形式出现词语的数量，并无专列的词语表，虽然与《实用商务汉语课本》相差较大，但没有可比性。这既体现了《实用商务汉语课本（准高级篇）》和《实用商务汉语课本（高级篇）》的紧密衔接，又体现了教材使用对象、使用目的对词汇数量、编排的影响。

（2）商务词汇数据分析

表 4-18　高级商务汉语教材（小综合）商务词汇数据统计表（单位：个）

教材名称	词汇总量	商务词汇量	商务词汇比率（%）
商务汉语（高级）	221	168	76.01%
实用商务汉语课本（准高级篇）	604	251	41.55%
实用商务汉语课本（高级篇）	610	196	32.13%

由表 4-18 的数据可以看出，从数量上讲，《实用商务汉语课本（准高级篇）》的商务词汇量最高，有 251 个；《实用商务汉语课本（高级篇）》和《商务汉语（高级）》两部教材的词汇量不相上下，分别为 196 个和 168 个。

《商务汉语（高级）》在三部教材中商务词汇比率最高，达 76.01%，远远高出其他两部教材，可以看出这套书的编者在编写高级教材时，对商务汉语词汇进行了大量的设置。另外，《实用商务汉语课本（准高级篇）》和《实用商务汉语课本（高级篇）》的商务词汇比率不如《商务汉语（高级）》多，准高级篇相对来说比例较高，为 41.55%，高级篇所占比重低一些，为 32.13%。总的来看，高级教材商务词汇比率悬殊较大，今后高级商务汉语教材的编写在词汇量上是否需要统一还需进一步讨论。

4.3.2 词汇标注形式及词汇分类

（1）词汇标注形式

高级教材中，《实用商务汉语课本（准高级篇）》和《实用商务汉语课本（高级篇）》词汇标注方式相同，均为中文标注词性、拼音和外文释义。《商务汉语（高级）》词汇标注部分为拼音、外文释义，但没有词性标注。高级阶段用中文标注词性，可使学习者习惯中文词性表述方式，对其理解和掌握词法有一定的帮助。《商务汉语（高级）》中并未专列生词表，而是在课文之后的连线练习题中呈现生词，这种一切从简的标注方式也是可以理解的。

（2）词汇分类

商务汉语教材中的生词由通用词语和商务词语共同组成，而现有的《汉语水平词汇与汉字等级大纲》《高等学校外国留学生汉语言专业教学大纲》《商务汉语考试大纲》毕竟不是专业的商务汉语词汇大纲，因此这些大纲对商务汉语综合课教材，尤其是中、高级商务汉语综合课教材的词汇等级编排与分类就没有权威的指导意义，所以在此并不讨论通用词语和商务词语的分布问题。同初、中级一样，高级教材词汇没有明确的分类，其原因在于教材编写之时缺乏指导性的商务汉语词汇大纲。而《经贸汉语本科教学词汇大纲》将对以后的教材编写特别是词汇部分的编排有着重要的指导意义。

教材难度在高级阶段有明显加深，这体现在丙、丁级词汇数量增多和超纲词增加两个方面。随着教材中商务内容的增加，商务词语所占比例不断加大。由于在等级划分上缺乏标准，各级教材在收词数量、商务词语数量、词语难度等级方面较为杂乱无序。商务汉语教材的生词体系不能以《汉语水平词汇与汉字等级大纲》《高等学校外国留学生汉语言专业教学大纲》为依托，虽然商务汉语教材的词语等级和普通汉语教材词语等级相关，但两者发展向度不同，因此构建商务汉语词汇及教材等级标准势在必行。

4.3.3 教材点评

《商务汉语（高级）》没有专列词语表，仅在连线题中呈现生词，商务词汇所占比重较高。其一切从简的生词标注方式，对于网络教材来说也是可以理解的，不过若能在词汇总量上适当提高，词汇讲解上稍加深入，将有利于学习者在线上学习之后的线下复习与巩固。

小结

本节从以下几个方面对词汇项点进行了分析：词汇数据分析、索引、大纲、呈现情况、标注方式、种类等，同时对初、中、高级的几部教材进行了点评。其中的亮点在于商务词汇数据分析，指出了每部教材商务词汇比率。希望未来的教材编者，继续从学习者角度出发，在生词编写方面，注意商务词汇和一般词汇的比重与分类。另外，若能在教材的最后设置生词总表，并附有商务词汇表，则更加合适。

第五节　教材的语法

5.1　初级

商务汉语综合课教材中出现的语法有专门的系统，教材语法编排侧重于常出现的经济活动中的语法现象。

5.1.1 语法项目、讲解及表述方式

（1）语法项目

小综合系列初级商务汉语综合课教材在语法点设置上有些许不同。以课 / 单元平均语法点数目为例，最少的是依托于大众中文网的《商务汉语（初级）》，为 1.00 个；最多的是《赢在中国（基础篇）》，为 16.67 个，以及《经理人汉语（商务篇）》，为 12.80 个；居中的是《通用商务汉语》和《实用商务汉语课本（初级篇）》；较少的是《经理人汉语（生活篇）》和《商务汉语入门》《商务汉语提高》。总数虽相差甚多，但按照教材标注的课时数来计算，平均每课时大致的语法点数还是可以预测的。如《赢在中国（基础篇）》平均每课时语法点数为 1.39 个；《经理人汉语（商务篇）》为 0.9 个。以上统计数据如表 4–19 所示。

表 4–19　初级商务汉语教材（小综合）语法数据统计表（单位：个）

教材名称	语法项目总数	课 / 单元平均语法点数	课时平均语法点数
商务汉语入门	105	2.63	——
商务汉语提高			
经理人汉语（生活篇）	45	2.25	0.19 ～ 0.23
经理人汉语（商务篇）	256	12.80	0.80 ～ 0.91
商务汉语（初级）	18	1.00	——
实用商务汉语课本（初级篇）	53	5.30	0.88
通用商务汉语	108	6.00	0.36 ～ 0.49
赢在中国（基础篇）	250	16.67	1.39
赢在中国（提高篇）	81	9.00	0.90 ～ 1.13

注：“——”表示无此项内容。

语法项目内容上，以《赢在中国（基础篇）》为例进行说明。该教材共分三册，大多数语法点在一册教材中出现后在后续的教材中会有体现。如介词在“V. + 在 + 处所”的用法在第二单元（基础篇 1）课文三中已经出现，但在第六单元（基础篇 2）课文二中复习、补充并引申“在”的此种用法。在统计过程中我们将这种现象按照两个语法点来计算。而存在这种现象的语法点有很多，如“副词‘差不多’”“如果……就……”“比字句”“语气助词‘嘛’”等，这使得《赢在中国》语法点数量多于其他教材。而且该套教材以单元为单位，每单元三篇课文，每篇课文后设置语法点。因此《赢在中国（基础篇）》单元平均语法点数自然大于其他以课为单位的教材。

总之，各类教材适用对象、编写目的等的不同造成了语法点总数及课 / 单元语法数的差异，而每课时平均语法数的可预测性又表明编者在每课时语法点的安排方面的共识。

（2）讲解及表述方式

在《经理人汉语（生活篇）》中，语法点讲解是相当详细而传统的。该教材语法内容庞杂，虽有“注意”一栏辅助解释并扩展对应语法点的用法，还有中英文释例帮助理解，但繁缛的语法讲解很可能会使水平不高的初学者手足无措。

《经理人汉语（商务篇）》以“词语、句型例解”加上“近义词、句型辨析”来讲解语法，详细而具体，量又大，与通用汉语教材的讲解大同小异。

《商务汉语入门》《商务汉语提高》的语法以“语言点链接”展示，数目少，讲解方式比较单一，程度上也很浅显，只讲了课文中所涉及的具体词语的意思和用法，并仅就其意义、词类和词性的内容进行解说。不过，作为一本综合类的商务汉语教材，已经基本能够满足学习者的需要。

《实用商务汉语课本（初级篇）》以“语法举要”和“词语聚焦”展示语法内容，将句法、词法分开，有利于学生的分类认识，再加以中外文对照讲解，使学习者易于掌握。

《赢在中国》《通用商务汉语》不单设语法模块，而是将语法点全部安排在注释中讲解，大量运用表格、公式来展现系统的语法结构，内容虽多却不显凌乱，讲解详细却不艰涩，简单明了而又不是点到为止。此外，《通用商务汉语》注释讲解为中英文对照，更方便了学生的使用。

《商务汉语（初级）》中的“词句注释”在讲解时点到为止，都为常识性的解释，纯语法的解释几乎没有。

商务汉语综合课教材对语法点的解释方法需要探讨，既要讲解明晰又要注意不能面面俱到而无重点，需要突出商务汉语教材的特色，例句应尽量选用商务事件，并采用公式表明复杂的语法关系。

5.1.2 语法点提示

除《商务汉语入门》《商务汉语提高》《商务汉语（初级）》《通用商务汉语》这几套教材没有语法点提示以外，其他几套教材都有语法点提示。值得一提的是《实用商务汉语课本（初级篇）》，目录中既有语法点提示，也有功能项目提示，这是其他教材所没有的。另外，《赢在中国》的目录中、单元前都出现了本单元的主要语法点，以注释显示。有了语法点提示，可以使学习者一目了然，便于其复习和掌握整体的内容结构。

5.1.3 教材点评

《经理人汉语》较其他几套教材，语法数目大得多，且语法点讲解详细而传统，内容庞杂，虽有“注意”一栏辅助解释语法点，但对一个初学者来说压力还是很大的。不过，《经理人汉语》是为“中国—欧盟青年经理培训项目”而编的教材，学员是来自欧盟各国的青年商务人士，目的性较强，这样高强度的“集训型”教材反而有其自身的优势，如果可以坚持学完，学习者的汉语能力和商务能力都会有非常大的提升。

5.2　中级

5.2.1 语法项目、讲解及表述方式

（1）语法项目

表 4-20 为中级商务汉语综合课教材语法数据统计表，总体上中级商务汉语综合课教材语法点总数在 54 ～ 68 个之间，每课平均语法点数在 5.40 ～ 7.38 个之间，相差不大。这表明编者在中级阶段语法点数据编排上趋于一致。

表 4-20　中级商务汉语教材（小综合）语法数据统计表（单位：个）

教材名称	语法项目总数	课 / 单元平均数	每课时平均数
商务汉语（中级）	——	——	——
实用商务汉语课本（准中级篇）	54	5.40	0.90
实用商务汉语课本（中级篇）	68	6.80	1.13
赢在中国（成功篇）	59	7.38	0.74 ～ 0.92

注：“——”表示无此项内容。

然而具体来看，《实用商务汉语课本》中级阶段分准中级篇和中级篇，《赢在中国（成功篇）》只有一部，语法总数上分别为 122 个（54+68）、59 个，数据差异明显。这一方

面与教材编写者对中级阶段的界定有关，另一方面也与教材各目的特点密不可分。在语法项目内容上就表现为相关性。首先，《赢在中国》分基础篇、提高篇、成功篇，分属初级、中级阶段；而《实用商务汉语课本》初级阶段仅初级篇一部，中级阶段的这两部教材包含的语法点自然多于初级阶段已经囊括大部语法内容、中级阶段仅有一部的《赢在中国（成功篇）》。其次，语法内容上，《实用商务汉语课本》所包含的语法点较为基础、系统、详细，而《赢在中国（成功篇）》作为该系列教材的最后一部，语法点多是前阶段教材语法点的复习、拔高与引申。如介词“由”“按”、副词“怪不得”“倒是”、动词“算”的用法讲解都是前阶段教材出现的语法点的螺旋式上升。以“复句”这一语法点的设置为例，《赢在中国（成功篇）》仅设置了“既……，也……”引导的并列复句、“不仅……，还……”“不光……，还……”引导的递进复句的介绍。而《实用商务汉语课本》依课文内容较为系统地讲解了因果复句、递进复句（单个关联词、多个关联词）、目的复句（为了……、……以便）、并列复句、无条件复句（无论……，都……）、转折复句、假设复句，等等，这样必然导致语法点数目的不同。

（2）讲解及表述方式

中级商务汉语综合课教材的语法讲解方式主要为直接式语法讲解、注释讲解、词汇讲解。《赢在中国（成功篇）》将语法点全部安排在注释中讲解；《实用商务汉语课本》的准中级篇、中级篇以“语法举要”“词语聚焦”两大板块呈现语法点，且以词语解释呈现的语法点为大多数；词汇在中级商务汉语综合课教材中越来越受到重视，词法是教材语法部分的重中之重。与配套的初级商务汉语综合课教材相比，语法数目趋于减少，但相差不大。《商务汉语（中级）》甚至没有列语法点，课文之后直接是练习题，这与其网络学习教材的特性有很大关系。

中级商务汉语综合课教材，语法表述方式简化，除《商务汉语（中级）》无语法点外，《实用商务汉语课本》的准中级篇、中级篇以及《赢在中国》的成功篇语法项目表述方式均为中外文释义配以简单的例句、明了的公式。

5.2.2 教材点评

《实用商务汉语课本》在语法编写方面，语法数目较为合理，并以“语法举要”“词语聚焦”两大板块呈现语法点，将句法、词法分类，讲解语言简单，方式多样，有助于学习者轻松、有条理地掌握语法知识。

5.3 高级

到了高级阶段，学习者已经掌握了不少语法知识，高级商务汉语综合课教材在语法要素的安排上呈现出新的特点。

5.3.1 语法项目、讲解及表述方式

（1）语法项目

《实用商务汉语课本》的准高级篇、高级篇语法点总数相差较大，分别为52个、34个，这是因为高级篇去掉了“语法举要”板块，将语法点都以词汇解释的方式呈现，这体现了循序渐进的原则。与配套的中级商务汉语综合课教材相比，语法点数目总体上趋于减少，课平均语法点最多的为中级阶段的6.80个，最低的为高级阶段的3.40个，相差较大，体现了这套教材的层次性。

语法项目内容上，《实用商务汉语课本（准高级篇）》以课文中的句子为例，将“多重复句”分18种情况进行了详细的展示与分析，如“解说复句＋并列复句”“因果复句＋并列复句”“假设复句＋转折复句”“转折复句＋让步复句＋并列复句”等，并提炼出固定的关联词结构以供学习者使用，如“因果复句＋递进复句”构成的多重复句中归纳出“由于……，（因此）要想……，（而且）其中……”这一关联结构。《实用商务汉语课本（高级篇）》语法结构已经基本学习完毕，语法知识集中在常用词语、成语、俗语的使用上，如“适值”“应运而生”“偿还”“处罚”“一窝蜂”“大势所趋”“简而言之”等。而“焦点式、总分式、转移式、排比、顶真”等语法表达规则与方法的介绍也是该教材的一大特色。

（2）讲解及表述方式

高级商务汉语综合课教材中的语法讲解还是以词汇的讲解方式为主，从《实用商务汉语课本》准高级篇的“语法举要”“词语聚焦”到高级篇的“词语聚焦”，完全可以看出高级阶段词法在语法中的重要性。而《商务汉语（高级篇）》为大众中文网在线课程配套系列教材，除课文外直接就是练习，没有单列语法。

《实用商务汉语课本》的准高级篇、高级篇语法讲解没有外文释义，只有中文讲解，这对学习者提出了更高的要求，能使其尽快习惯用汉语来思维，减少对外文的依赖，提高汉语水平。同时配有简单的例句、明了的公式，简而精地讲述语法点。

5.3.2 教材点评

《商务汉语（高级）》未单列语法，这是由于本教材是电视教学片的辅助教材，知识的讲解均为网络资源；《实用商务汉语课本》的准高级篇、高级篇将语法点分散处理，分别设“语法举要”“词语聚焦”和“词语聚焦”加以呈现，在语法点讲解方面，采取中文讲

解配以简单例句的方式，简明扼要；而且与初级篇和中级篇相比，增加了“成段表达”板块，体现了编者对高级阶段的学习者在商务汉语成文表达能力方面的重视。

小结

从语法项目数据统计、语法项目表述及讲解方式这两大方面对6套初、中、高级教材的语法项点的分析中，可以发现不同系列教材间语法内容的差异性与同一系列教材间语法安排的相关性。此外，系列教材间语法数据的变化、语法表述及讲解方式的不同也体现出阶段性特点，符合学习者循序渐进、逐步深入的学习要求。

第六节　教材的修辞

传统的修辞指的是对语言的修饰和调整，即对语言进行综合的艺术加工。修辞是语言使用的重要内容之一，也是对外汉语教学的内容之一，商务汉语教学与教材一样不可能不涉及修辞内容。但由于客观因素限制，至今很少有教材能够把修辞作为重点进行编排。对此，近年来不少研究者呼吁提高修辞在汉语教学中的地位。相应地，如何在教材中安排修辞是值得我们重视与研究的一个问题。高级商务汉语教材编写应考虑修辞的引入、辞格的选择及呈现方式等几方面的问题。

6.1　修辞总数

在修辞总数方面，《商务汉语（高级）》有 60 个，《实用商务汉语课本（准高级篇）》有 45 个，《实用汉语商务课本（高级篇）》有 15 个。与词汇、语法等语言知识内容相比，修辞内容所占的比例明显较少。总数虽然不多，但修辞内容几乎每课都会出现，分布较为平均，且贯穿教材始终。可见，修辞是语言活动中尤为重要的、不可或缺的内容，在商务汉语教材中也不可避免地包含了许多修辞内容。

6.2　修辞的呈现

统计的 3 部教材都没有把修辞作为单独的板块列出，而是将其安插在课文或课后练习的语句中。

《商务汉语（高级）》的修辞内容大多出现在课文中，课文的句子有对应的英文释义，除此之外没有其他注释。学习者固然可以通过外文释义理解一部分的修辞，如较简单的比喻“信息就是金钱”“机器上的螺丝钉”等，但部分修辞涉及了文化因素或较高级的语言知识，对学习者有一定难度，如“欠东风”的引用。《实用商务汉语课本》的修辞也基本上出现在课文以及课后练习的阅读材料中，教材没有设计专门的板块介绍修辞知识，但在课文后的“词语聚焦”，即词汇和语言点注释中，对少量修辞现象做了说明解释并进行了一定的扩展。如第十课的“词语聚焦”解释了“砸到……手里”这一比喻手法，引出“砸锅、砸了”的说法，且给出了几个例句让学习者体会修辞使用的情境。

总的来看，修辞是高级水平的汉语学习者一定会接触到的内容，高级商务汉语综合课的课文不可避免地要出现修辞手段的应用。3 部教材都重视了修辞内容的引入，但仅将其作为一种附属的语言知识，要求学习者能够理解，听阅不产生障碍即可，不要求学习者系统地学习修辞的种类和原理，也不需要学习者集中训练、掌握修辞手段的运用方法。

表 4-21　高级商务汉语教材（小综合）中修辞出现的位置及次数统计表

出现位置 / 出现次数 / 教材名称	课文	生词解释	练习	文化点介绍
商务汉语（高级）	10	——	15	——
实用商务汉语课本（准高级篇）	20	0	25	0
实用商务汉语课本（高级篇）	34	0	26	0

注：“——”为教材中没有出现的部分。

6.3　辞格

3 部教材涉及的辞格种类主要有比喻、比拟、设问、引用、仿词、类比、对偶等，其中出现频率最高的是比喻，包括明喻、暗喻和借喻。比喻不单是日常生活中使用得较多的修辞表达方式，也是商务汉语教学内容中常见的修辞手法。教材中出现的比喻有的在思维上具有普遍共通性，不同文化背景的学习者都可以理解，比如“信息就是金钱”“打造家电小王国”“上演着人生悲喜剧”等；有的比喻包含了中华文化、民族心理等深层因素，对于不同文化背景的学习者而言理解起来可能有一定的难度，如“铁饭碗”“金角、银边、草肚皮”“长龙”“斗败的公鸡”等。从语言教学的角度来考虑，修辞手段的运用能够增强语言表达的效果，掌握必要的修辞知识有助于学习者理解所接收到的信息。许多修辞手段不仅是语言艺术，更是日常言语交际中的习惯，学习者若不了解汉语的修辞就难免在交际过程中遇到输入障碍。

教材在引入修辞时，不仅要考虑哪些辞格是交际活动中出现频率较高的，还要考虑哪些辞格有助于提高学习者的输入和输出。值得一提的是，《实用商务汉语课本》在课文中多次出现了“设问”的修辞手法，这对于学习者增加汉语表达方式、灵活选用句式以及增强言语表达效果都有一定的帮助。还有一些辞格在商务汉语综合课教材中也是较为重要的，譬如排比能够使谈话内容和语势增强，对比能够增加对话的条理性等，这些修辞手法的使用往往能在商务交际中起到锦上添花的效果，因此高级商务汉语综合课教材可考虑丰富不同辞格的选用。

表 4-22　商务汉语教材（小综合）辞格类型及使用频率统计表（单位：次）

教材名称	辞格的使用次数											
	比喻	拟人	拟物	排比	夸张	对偶	设问	反问	移用	类比	仿词	引用
商务汉语（高级）	5	3	1			1		1				4
实用商务汉语课本（准高级篇）	21	9	2	1	1		8	1	1			3
实用商务汉语课本（高级篇）	31	15	1	1							3	9

6.4　其他方面

广义的修辞包括消极修辞和积极修辞，本节的研究仅涉及积极修辞。

小结

本节统计的3部高级商务汉语综合课教材中，全部出现了修辞的运用，修辞总数相对不多，分布较为平均，涉及的辞格主要集中于常用的、容易理解的类型。3部教材都没有对修辞做系统的解释和训练，仅将其作为词汇知识的一部分，较为零碎地给出。可见，目前即使是高级商务汉语，也很难实现系统的、集中的修辞教学。

第七节　教材的文化

7.1　初级

7.1.1 文化内容

6套系列教材的文化内容大致可分为交际文化和商务文化两大类。其中交际文化分为日常交际和商务交际两大部分；商务文化分为商务物质文化、商务制度文化、商务行为文化、商务精神文化以及备注知识五大部分。商务物质文化包括建筑、服装、商品、技术设备、广告、物质生活条件六个方面；商务制度文化包括经营机构制度、管理政策法令、规章制度以及商业公共关系四个方面；商务行为文化包括思维模式、情感模式、行为模式三个方面；商务精神文化包括商务理念、商业伦理、商务心理三个方面；备注知识分为商务知识和常识知识两个方面。

表4-23　初级商务汉语教材（小综合）文化项点表

教材名称	交际文化	商务文化			
		商务物质文化	商务制度文化	商务行为文化	商务精神文化
商务汉语入门（基本礼仪篇）	+	-	+	-	+
商务汉语入门（日常交际篇）	+	+	+	-	-
商务汉语提高（应酬篇、办公篇、业务篇）	+	-	+	-	+
经理人汉语（生活篇）	+	+	-	+	-
经理人汉语（商务篇）	+	+	+	+	+
商务汉语（初级）	+	+	-	-	+
实用商务汉语课本（初级篇）	+	+	+	-	-
赢在中国（基础篇）	+	-	+	-	-
赢在中国（提高篇）	+	-	-	-	+
总次数	9	5	6	2	5

如表4–23所示：9部教材都涉及了“交际文化”这一项点，其他的几个文化项点，都只在部分教材中有所涉及，这是由交际文化的重要性所决定的。与知识类文化不同，交际文化是指不同文化背景的人们进行交际时，直接影响信息准确传递的语言以及非语言文化因素。知识类文化则指不同文化背景的人在交际时，不直接影响信息准确传递的语言以及非语言的文化因素。所以相对于商务文化，交际文化作为影响交际顺畅进行的直接因素，更应成为教学中的重点，在教材编写中也应着重体现出来。在商务汉语教学的课堂上介绍中国文化，其最终的目的还是为了让学习者更好地进行交际，进而为商务活动的顺利进行减少不必要的阻力，所以各部教材对交际文化的重视也是理所应当的。

7.1.2 内容的编排与呈现方式

（1）编排类型

设立专门板块。采取该编排方式的教材有《商务汉语入门（基本礼仪篇）》《商务汉语入门（日常交际篇）》《经理人汉语》《商务汉语（初级）》以及《实用商务汉语课本（初级篇）》5部。

《经理人汉语》始终采用单独设立一个板块“学做中国通”的形式来介绍中国文化。只有在需求分析的基础之上，选取最有价值的功能题目，才能使培训富有成效。所以该教材以功能为纲，让学习者接触相关的话题及交际文化知识，在此基础之上兼顾语言的结构特点，以便教授与学习。

注释的方式。这种方式具有一定的灵活性。9部教材中采用这种方式的有《经理人汉语》《商务汉语（初级）》《赢在中国（基础篇）》和《赢在中国（提高篇）》4部。

《赢在中国》将课文中涉及的文化点编排在课后注释中。该教材的主要特点是实用，因此不单设文化板块，而是将其安排在课文的注释中，相对弱化文化的讲解。

文化融入课文和练习中。这种方式为教材编写者所广泛采用。9部教材中采用该方式的是《经理人汉语（商务篇）》。初级阶段的学习者所学知识有限，课文中不易融入文化因素，随着学习者水平的提高，将文化知识融入到课文之中会更有利于学生的理解。

（2）呈现方式

表 4-24 初级商务汉语教材（小综合）文化呈现方式表

教材名称	呈现位置	有无英文翻译	编排方式
商务汉语入门（基本礼仪篇）	课后“文化点击”	+	汉语介绍—英文翻译
商务汉语入门（日常交际篇）	课后“文化点击”	+	汉语介绍—英文翻译
商务汉语提高（应酬篇、办公篇、业务篇）	课后“文化点击”	+	课文前有导学，课后有“文化点击”，且点击部分首先是汉语介绍，然后是英文翻译
经理人汉语（生活篇）	课后“学做中国通”	+	汉语介绍—英文翻译
经理人汉语（商务篇）	课文练习和课后注释	+	汉语介绍—英文翻译
商务汉语（初级）	课后注释	+	汉语介绍—英文翻译
实用商务汉语课本（初级篇）	课后“经贸知识链接”	+韩语翻译	汉语介绍—韩语翻译
赢在中国（基础篇）	课后注释	+	汉语介绍—英文翻译
赢在中国（提高篇）	课后注释	+	汉语介绍—英文翻译

如表 4-24 所示，上述教材文化项点的编排都与课文内容有直接关联，且具有普遍性。有的教材如《赢在中国》《商务汉语》等，文化点主要集中在课后注释中，并没有过多地介绍，其作用在于为课文理解扫除障碍。纵观各部教材，其对文化内容的介绍均语句简洁，生动形象，配以相应的英文注释或韩语注释，有利于学习者的学习与理解。特别值得一提的是《商务汉语》，其课文前的导学部分，为满足学习者的学习需求而设计，容易引发学习者的学习热情，激发其学习兴趣。

7.2 中级

教材编写从结构为纲到结构、功能相结合，再发展至现在的结构、功能与文化相结合，可以说这 60 年的教材编写原则愈发成熟，尤其是“结构、功能与文化相结合”的教材编写理念的提出，更是对教材编写工作具有里程碑式的意义。文化因素系统、完整、循序渐进地编排到教材中的必要性和重要性不言而喻。

在此，应该特别注意初级、中级和高级阶段的连续性，体现在汉语综合课教材编写上即为以下三点：第一，初级阶段教材文化因素的编写应注意对影响语言交际的文化障碍的排除；第二，中级阶段以功能为纲，语法结构伏于暗线，文化因素渗透其中；第三，高级阶段以文化内容为主线，语法结构为暗线，将功能贯穿始终，特别要重视文化的交际功能。（李巍，2008）这种学界的基本共识对商务汉语教材的编写也同样适用。初级商务汉语教材一般是以商贸活动前期一般社交活动为主要内容，如接送客人、晚宴、谈时装表演、讨价还价、谈消费、参观企业、谈广告、谈交往、谈习惯、报关等；中级商务汉语教材以进出口贸易相关的活动为主要内容；高级商务汉语教材以宏观商贸问题及商贸文书为主要内容。因此，对于文化因素的处理，中级商务汉语教材既有别于初级和高级商务汉语教材又起着承上启下的作用。

7.2.1 导入方式

以文化点为课文话题。以文化点为话题是一种十分可行的文化导入方式。编者应首先了解学习者感兴趣的话题或者实用性话题，然后再将文化内容与这些话题相结合。如《商务汉语（初级）》涉及了与中国商务交往的各个环节，包括初次见面的介绍、与众人谈生意等，这些都是商务汉语学习者较为感兴趣的话题。

文化项目存在于语境之中。某些词、句构成一个语境时，其内涵超过了词、句的语义之和。（王萍，2009）如《实用商务汉语课本（中级篇）》第一课《商品检验》中有这样一句话："双方应该约定商品检验机构，对此贵方是怎样考虑的？"对于外国学习者来说，如果不知道中国的商检机构是什么及其性质与职能，就无法准确理解该语句的意思，更无从谈及自己的想法与下一步的决策，从而严重阻碍商务活动的顺利进行。

文化项目与图表文书相结合。如《赢在中国》的第一课《我们中标了》，如果学习者不了解中国中标的流程，那么整篇课文理解起来就会有一些困难。而课文后的附录插入了公开招标流程图并配有英文注释，十分清晰明了，使外国学习者对中国的商业文化有更为精准的了解与掌握。

7.2.2 文化内容及特点

（1）进出口贸易活动受到广泛重视。中级商务汉语教材的文化点主要集中于商务文化，特别是商务文化中的贸易与营销，涉及的主要内容有购销意向、报盘还盘、折扣佣金、内外包装、交货、保险、签订合同、信用管理及售后服务、商品检验、索赔、不可抗力、仲裁、和解、代理协商、推销、追账、网上购物和参展等。试析其原因，初级商务汉语教材所介绍的文化内容主要以商贸活动前期的一般活动为主，按照循序渐进的发展原则，中级商务汉语教材的主要文化内容便是进出口贸易。

（2）知识文化以渗透式方式进入课文或作为课文主题。中级商务汉语教材课文后面补充说明性的文化内容资料开始慢慢减少，取而代之的是深化文化印象或是说明文化主题的阅读短文。尤其是《实用商务汉语课本》有主课文和副课文，而且又辅之以"经贸知识链接"。副课文和"经贸知识链接"都有大部分的内容隐含地介绍中国文化知识，并且主要是与该课课文所包含的中国文化因素相联系，以补充说明或扩展同类文化知识。下面就以《实用商务汉语课本》为例展示其相关性。

表 4-25　《实用商务汉语课本》中主课文、副课文与“经贸知识链接”表

教材名称	课文序号	主课文	副课文	经贸知识链接
实用商务汉语课本（准中级篇）	1	购销意向	和您做生意，我可以放心	询价、到岸价、离岸价
	2	报盘与还盘	这个价格太高了	报盘、还盘
	3	折扣与佣金	制服佣金的时间	折扣、佣金
	4	支付方式	国家贸易中的欠款纠纷	支付方式、溢短装
	5	谈包装	包装问题引发的纠纷	货物的包装、运输标志
	6	交货	错误交货责任由谁承担	国际贸易中的运输
	7	谈保险	单方填写的运输保险合同有效吗	保险、仓至仓条款
	8	签订合同	合同中的品质条款	签订合同、合同的履行
	9	信用管理	国际贸易中的诈骗行为	信用、信用风险、信用管理
	10	售后服务	一个工厂的产品服务	三包
实用商务汉语课本（中级篇）	1	商品检验	进出口检验的方法	中国的商检机构
	2	索赔	一起索赔案	贸易合同中的索赔条款
	3	不可抗力	不可抗力事件的认定处理	不可抗力免责的规定
	4	仲裁	仲裁与仲裁机构	仲裁
	5	和解	两大品牌之争与和解	商标的作用
	6	协商代理	做成功的品牌服装代理	独家代理
	7	推销	推销员的谈话技巧	打折
	8	追账	为什么要委托专业的机构追账	商务追账流程
	9	网上购物	网络推广给公司带来了什么	电子商务
	10	参展	展览会对经济的作用	中国进出口商品交易会

由表 4-25 可以看出，副课文以及“经贸知识链接”部分对文化因素的阐释与扩展都是以主课文为基础的，并与其有很大的相关度。这些内容和主课文相辅相成，共同完成商务汉语课本中文化因素的介绍。

7.2.3 初、中级商务汉语教材文化因素的异同点

初、中级商务汉语教材文化因素的不同点。初级商务汉语教材编入文化因素的目的主要是排除交际障碍，所涉及的背景环境是日常一般经济活动，因此大部分的文化因素集中于交际文化；中级商务汉语阶段的文化内容则是为提高学习者的商业素养服务，因此谈及的文化内容主要是商贸基础、专业性活动以及商贸专题。总体来说，与初级商务汉语教材蜻蜓点水式的文化内容介绍相比，中级商务汉语教材文化因素的比重及难度都有了一定程度的提升，商务文化更为细化和丰富。这是由中级商务汉语教材在文化方面所承担的任务和学生汉语水平提高所决定的。

初级商务汉语教材的场景和交际情境多围绕学习者的日常生活及简单的商务交际设置，让学习者通过会话自然沉浸在文化的氛围之中。如对个人的尊称为“您”，对公司、集体组织的尊称为“贵”（贵公司、贵校等）。到了中、高级阶段，课文开始涉及较深层次的文化内容，更加细化与深入，交际场景也由生活对话过渡到了较为具体的商贸业务。

初、中级商务汉语教材文化因素的相同点。课文部分所包含的文化因素都以会话的方式呈现，这一点与通用汉语教材有所不同。通用汉语教材的初级部分是采用会话体，而到了中级阶段，对话形式的课文开始减少，取而代之的是描述性、记叙性短文，表达方式也由口语对话转为记叙、描写、说明等书面语体。而初、中级商务汉语教材的主课文主要是会话体。试析其原因，商务汉语较通用汉语来说，更加专业化，因此难度也较大，而会话体可以适度地降低由于其专业性而造成的难度，提供背景提示与引导，更有利于学习者对文化知识的学习与掌握。

选取文化因素的原则基本上都遵循了实用原则、适时原则、包容原则、对比原则以及符合主流文化的原则。文化项点都是根据学生汉语水平的逐步提高而逐渐提升难度，所选取的都是中国文化的精华，以及学习者较为迫切需要了解与掌握的文化知识。

文化因素的介绍方式有不少共性。初、中级商务汉语教材在介绍文化因素时，很多都采取了编排在课后的形式，利用专门的板块进行补充性说明或相应性扩展，只是初级教材课后的文化介绍有一大部分来自副课文。

进入中级阶段以后，系统完整的文化知识的学习将有力地促进商务汉语学习者的商务交际能力、应变能力以及从事商务活动的能力的提升。在高层次的语言能力培养中，文化的作用举足轻重。可以说文化知识系统化地摄入，可以使商务汉语学习者对中国的商务活动及商务背景产生更为清晰明了的系统化认识，进而为日后从事商务活动奠定稳固的基石。

随着商务汉语学习者汉语水平的提高及对商务知识了解的增多，集中强化的文化尤其是商务文化的学习是十分必要的。原有的商务汉语知识是入门，是基础，是敲门砖，而要从事商务活动，那些文化知识是远远不够的，因此有必要拓宽商贸文化的介绍面以保证商

务活动的顺利进行。这有利于商务汉语学习者掌握纯正而地道的商务汉语，将正确的商务汉语知识和精深的商务文化知识较好地结合在一起，从而为高级阶段的汉语学习打下坚实的基础，做到游刃有余。

7.3 高级

高级商务汉语教材是商务汉语教学过程的升华，它对商务汉语知识系统的成型起着至关重要的作用。高级商务汉语教材的重点不同于初、中级，初、中级商务汉语教材的重点分别是日常经济活动和商贸基础、商贸专题，高级商务汉语教材则更多地把注意力放在宏观的商贸介绍上。由微观到宏观，高度升华概括，实现从量变到质变的转化，使汉语学习者对商务汉语形成全新而全面的认识。

7.3.1 文化内容及特点

（1）涉及范围遍及商务文化各个方面。从表层文化到深层文化，从交际文化到知识文化再到商务文化，特别是商务文化中的经济金融、商务惯例、法律、招标中标以及商务写作与会谈等，这些都是在初、中级商务汉语基础上的扩展和提升，有助于学习者掌握从容自由地进行商务活动的技能。高级商务汉语教材中有一部分文化知识是常识文化，而在初级商务汉语文化项点的备注中也有常识文化，虽然都有“常识”二字，但二者的广度和深度却有着显著的不同。

中国省级行政区简表
China's Administrative Divisions at Provincial Level

省级行政单位 Administrative Divisions at Provincial Level	省级行政中心 Provincial or Municipal Centres	简称 Abbreviation
北京市 Beijing Municipality	北京 Beijing	京 Jīng
上海市 Shanghai Municipality	上海 Shanghai	沪 Hù
天津市 Tianjin Municipality	天津 Tianjin	津 Jīn
重庆市 Chongqing Municipality	重庆 Chongqing	渝 Yú
河北省 Hebei Province	石家庄 Shijiazhuang	冀 Jì
山西省 Shanxi Province	太原 Taiyuan	晋 Jìn
辽宁省 Liaoning Province	沈阳 Shenyang	辽 Liáo
吉林省 Jilin Province	长春 Changchun	吉 Jí
黑龙江省 Heilongjiang Province	哈尔滨 Harbin	黑 Hēi
江苏省 Jiangsu Province	南京 Nanjing	苏 Sū
浙江省 Zhejiang Province	杭州 Hangzhou	浙 Zhè
安徽省 Anhui Province	合肥 Hefei	皖 Wǎn

图 4-2 《商务汉语入门（日常交际篇）》常识文化“中国省级行政区简表”部分展示图

文化点滴 문화 배경지식

中国的部分行政区划单位

省是中国的行政区划单位，由国务院直接管辖。中国现有23个省。

自治区是在少数民族聚居地方实行民族区域自治而建立的相当于省的行政区域。中国现有5个自治区：内蒙古自治区、新疆维吾尔自治区、广西壮族自治区、宁夏回族自治区、西藏自治区。

图 4–3　《实用商务汉语课本（高级篇）》常识文化“中国的部分行政区划单位”部分展示图

对比图 4–2 和图 4–3，我们可以看出，同为对中国行政区划单位的介绍，但二者的深度有明显的差异，在介绍角度上也存在差别，最明显的一点体现在难易程度上。初级商务汉语课本介绍常识文化时还附有拼音与相应的外文注释，而高级商务汉语课本则完全采用中文形式，对学习者要求更高。

（2）商务文化中的常识文化包罗万象。教材涉及了上海、香港、铁饭碗、中国古代的四项科技发明、北京、中国各省级行政区和特别行政区的简称、和谐社会、中国是发展中国家、中国的科研体制和科研机构、城里人和乡下人、环保纪念日、中国传统家具装饰题材的含义以及中国部分行政区划单位，覆盖了政治、经济、科技、地理等各个方面。此外，《实用商务汉语课本》的准高级篇和高级篇课后的副课文都有对相应商务文化和知识的扩展，而且与主课文关系紧密。如《实用商务汉语课本（准高级篇）》第一课的主课文是《建设银行引进战略投资》，副课文是《中国的银行及其他金融机构》，这样的安排可以帮助学习者深化对同一商务话题的理解。

（3）范围拓宽，深度加深。到了高级阶段，语言所负载的文化内容必然随着学习的进展而加深加宽，这时应该增加商务活动背后的深层次价值观念以及宏观商贸问题，因为这个阶段需要的不仅是对一个现象的叙述，更重要的是分析商务现象背后的原因和本质。如《实用商务汉语课本（准高级篇）》第三课《联想收购 IBM PC 的另类解读》，由一个经济案例看到了背后的经济实质——“外资‘洗钱’资本市场”；第四课《老宋的期市故事》，由一个故事引发的是对“港资期货的内地冲动”的思考；《实用商务汉语课本（高级篇）》第二课《京城环保产业的亮点》，上升到“修正环保产业认识”，这些背后的思考在副课文中有着更为翔实的解读。全套教材自始至终贯穿着一条“文化现象—文化内涵—文化理解”的完整“文化链”。

7.3.2 呈现方式

不同文化的呈现方式具有趋同特点，主要以直述式为主。

（1）对商务文化的直述式呈现。直述式呈现是指用专门、直接的方式对特定的商务文化知识进行介绍、阐释。这一特定的文化是指与商务直接相关的文化，如《实用商务汉语课本（准高级篇）》第五课的“经贸知识链接”就介绍了与该课主课文有直接关联的中国知识产权问题;《实用商务汉语课本（准高级篇）》第十课的“文化点滴”介绍了与主课文联系密切的中国科研体制和结构;《实用商务汉语课本（高级篇）》第十课的“文化点滴”则介绍了中国商品检验公司。

（2）对商务文化的附带式呈现。附带式呈现，意思是文本内容并非专门对特定文化知识进行介绍和阐释，而是在文本叙述中附带提及具有文化特点的相关内容。（李鸿亮、杨晓玉，2011）如《实用商务汉语课本（准高级篇）》第一课的副课文《中国的银行及其他金融机构》，介绍了中国的银行及其作用职能。

（3）对常识文化的直述式呈现。指的是在高级商务汉语教材中新增加了一个“文化点滴”部分，专门对特定中国常识文化进行介绍展示，而且这些常识性的中华文化都与商务有着间接的关系。如《实用商务汉语课本（高级篇）》第一课的“文化点滴”就介绍了与商务文化有间接关系的“城里人和乡下人”，以此说明假日经济需要多元化；再如《实用商务汉语课本（高级篇）》第六课的“文化点滴”介绍了中国传统家具装饰题材的含义，虽然是常识性的中华文化，却与商务有着千丝万缕的联系，因为只有了解中国传统家具装饰的含义，才能设计出符合中国消费者需求的家具，从而在营销上取得成功。

7.3.3 编排特点

首先，文化层次上，初级商务汉语教材涉及的文化内容大都是商贸活动前期的一般性社交活动，中级商务汉语教材所讲授的主要是基础性或专业性的商贸活动，高级商务汉语教材的文化内容主要涉及宏观商贸问题，如银行投资、股票市场、跨国收购、期市贸易、专利保护、市场竞争、金融服务、进出口战略、工程承包、投标竞标、农业产业，等等。综上可见，教材内容所涉及的文化由浅入深地向前推进，遵循着由易而难的教学原则。

其次，文化编写目的上，高级商务汉语教材的目标是培养商务汉语学习者在中外经济交流与合作背景下的跨文化交际能力，包括商务礼俗、惯例和中国文化背景知识。因此，在高级商务汉语教材中，除了商务文化的介绍外，又单独设立“文化点滴”板块来介绍中国的文化背景知识。

最后，文化解说上，高级商务汉语教材对于文化的解读在内容、层次和解说形式上都不同于初、中级教材。这里仅以《实用商务汉语课本》为例，其初级篇、中级篇、准中级篇关于文化的解读都是以中韩双语的形式呈现，到了准高级篇与高级篇，解说语言过渡到了全中文形式。

小结

本节通过对小综合系列教材的文化因素的整理与分析，发现文化因素对商务汉语学习有着举足轻重的作用。初、中、高级三个阶段有各自的文化内容与特点，初级的特点在于内容编排与呈现，中级的特点在于文化导入的三种方式，高级的特点在于文化呈现方式的趋同。另外，本节还对初、中级商务汉语教材文化因素的异同点进行了分析，指出了各自的特点所在。

第八节　教材的练习

8.1　初级

8.1.1 初级商务汉语教材练习简述

（1）《商务汉语入门》《商务汉语提高》

《商务汉语入门》《商务汉语提高》系列教材共有3部:《商务汉语入门（基本礼仪篇）》《商务汉语入门（日常交际篇）》《商务汉语提高（应酬篇、办公篇、业务篇）》。3部教材既是水平由低到高的系列，同时也体现了对商务汉语交际功能的不同需求类型，具有相对的独立性。该系列教材配有多媒体资料，各配有一张多媒体光盘。练习部分主要进行语音、词汇和会话训练，以加强学习者对所学内容的理解和熟练掌握。练习的题目要求均配有英文翻译，习题内容也都标注了拼音，以便学习者理解题目要求和内容。教材的练习在编排上属于集中型，即练习题目集中编排在课后。

《商务汉语入门（基本礼仪篇）》针对初学者，训练必要的商务与日常礼节性交际语言技能。《商务汉语入门（日常交际篇）》针对初学者，训练实用基本生活交际语言技能。《商务汉语提高（应酬篇、办公篇、业务篇）》针对已经掌握一点简单汉语的学习者，训练基本商务信息交流技能。

（2）《经理人汉语》

《经理人汉语》系列教材由欧盟委员会资助开发、北京外国语大学国际交流学院组织教师编写，旨在帮助来华进行商务活动的外籍人士熟练掌握汉语技能及商务文化，是中国—欧盟青年经理培训项目的指定教材。该系列教材由生活篇、商务篇和语音篇三部组成，除语音篇（基础阶段辅助教材）以外，其余两部都是集听、说、读、写为一体的综合商务汉语教材。

语音篇1部，为基础阶段辅助教材，可与生活篇配合使用。全书分三个单元：第一单元进行汉语语音基本要素声母、韵母和声调的训练；第二单元以声调连读和轻声儿化练习为重点；第三单元为朗读基本技能的学习和训练。第一、二单元的练习内容均附有英文提示，第三单元的练习部分加注了汉语拼音，便于学习者自学。

生活篇分为上、下两部，共20课，每课主要包括：热身、对话、课文、语法、练习、补充生词以及“学做中国通”。该书的练习编排属于分散型，即练习穿插在课文之中，热身练习的主要形式为听力练习，为引入课程主题提供了语境。练习的类型有三大类：口语表达练习、书面练习、听力练习。除此之外，每一课前后又分别设计了“热身”和“预习”。书面练习中的语法练习为学习者提供了例子以供模仿，口语表达练习中的成段表达也有提示。

商务篇分为上、下两部，共20个单元。在练习的编排上也属于分散性，练习题目要求只有中文，没有英文翻译。

（3）《商务汉语（初级）》

《商务汉语》系列教材由大众中文网教材编委会编写，分初级、中级和高级3部，采用了低起点、大容量、高密度、分阶段而又大步推进的强化训练教学法。该系列教材依托于大众中文网平台，教材结合网络进行课程教学。在练习的编排上，均属于集中型。练习题目要求均配有英文翻译，便于学习者理解。

《商务汉语（初级）》共18课，练习部分设计编排了两个入门篇测试题，题目包括字词读写、词语运用、句子表达、听力辨识和阅读理解。入门篇测试题的习题类型均为选择题，并附有答题计分卡和答案。

（4）《实用商务汉语课本（初级篇）》

《实用商务汉语课本》系列教材是为经贸汉语课程教学编写的，也可作为实用商务汉语的自学教材。该系列教材分为初级篇、准中级篇、中级篇、准高级篇、高级篇5部，在练习的编排设计上属于集中型。初级篇以商贸活动前期一般社交活动为主要内容，如迎接来客、晚宴等。

（5）《通用商务汉语》

《通用商务汉语》系列教材共3部，每部6个单元并附有配套的光盘。该系列教材采用场景式的编排，既便于多媒体商务汉语教学使用，也可以为依附于网络平台的远程商务汉语教学服务。练习部分包括语言结构功能训练和商务内容训练。语言结构功能训练是为学习者熟悉、掌握教材中的汉语词汇和句型而设计的，适度而止，学习者会用即可；商务内容训练部分从听、说、读、写四个方面全方位地训练学习者的商务汉语交际能力，包括分角色朗读课文、阅读理解、角色扮演、完成任务等商务交际和任务训练。该系列教材练习部分在编排上均属于集中型，题目要求有英文翻译。

（6）《赢在中国》

《赢在中国》商务汉语系列教程包括基础篇、提高篇、成功篇三个阶段。除成功篇以外，其他阶段均属于初级阶段教材，其中基础篇分为3部，并配有语音汉字篇，强化语音和汉字的教学，适用于中国—欧盟经理人交流培训项目以及其他零起点的商务汉语学习者。该系列教材采用双色印刷并附赠录音光盘。练习在编排上属于集中型，练习的题目要求和任务内容都配有英文翻译，便于学习者理解。

语音汉字篇 1 部，分为“语音篇”和“汉字篇”两部分。“语音篇”共 8 课，每一课的练习都有相应的针对当课声母和韵母的绕口令和古诗朗读，此外还有个别拼音游戏。“汉字篇”除“引论”外共 8 课，每一课的课后习题都是从该系列教材基础篇的 1 ～ 8 单元选取与当课部件和偏旁相关的汉字让学习者认写，每字认写 6 遍并提供了田字格和笔顺示例。

基础篇的练习包括机械操练、结构功能训练和商务交际训练三部分。第一部教材的练习以语言要素练习为主，其他两部教材的练习则偏重技能练习。“完成任务”练习分为课上完成和课后完成两种，第一部的技能练习仅限于读对话，内容偏重日常生活（如购物）；第二部开始出现复述练习、阅读理解和看图回答问题，图片形象生动，任务中出现了讨论和个人观点表述题；第三部的阅读训练中开始出现思考、表达和辩论等考察复合言语技能的习题，任务中出现了商务应用文写作（如写求租广告）。

提高篇 1 部，9 个单元。练习部分与基础篇相似，但在其基础上加大了阅读练习、写作练习和任务的比重。

8.1.2 练习题量

（1）练习总量

练习所占比例的大小可以说明教材编写者是否认识到了练习在商务汉语教材中的重要性。小综合系列初级商务汉语教材练习总量统计结果如图 4–4 所示。

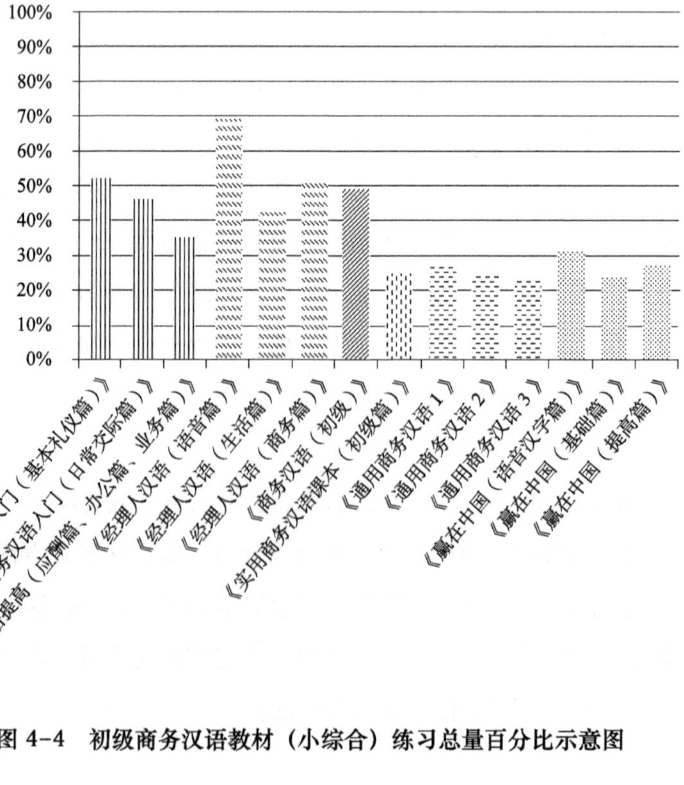

图 4–4　初级商务汉语教材（小综合）练习总量百分比示意图

通过图 4–4 可以看出，各教材在练习总量上有较大差距，练习总量最小的仅占 24%，最多高达 69%。练习总量较多的教材有三套:《经理人汉语》系列、《商务汉语入门》《商务汉语提高》系列和《商务汉语（初级）》，这三套教材的练习总量比重均接近 50%。《实用商务汉语课本（初级篇）》《通用商务汉语》系列和《赢在中国》系列的练习总量比重均为 30% 左右。根据教材的出版时间顺序和练习总量的数据我们可以看出：2007 年之前的几套初级商务汉语教材练习总量都在 40% 以上，可以说练习题量十分充足，从 2007 年开始，练习总量明显减少，初级商务汉语教材的练习总量呈现递减趋势。

（2）单课练习量

单课练习量指的是每课的练习部分包含的题目（以大题计算）数量。单课练习是否足够、每课练习题数量是否固定可以体现出教材是否具有系统性、规律性。

初级商务汉语教材单课练习题量从 5 ～ 41 题不等。《经理人汉语》系列、《赢在中国》系列和《通用商务汉语》系列的单课练习量都在 10 题以上，《商务汉语入门》《商务汉语提高》系列、《商务汉语（初级）》和《实用商务汉语课本（初级篇）》的单课练习量均不足 10 题。根据教材的出版时间顺序和单课练习量的数据可以看出：初级商务汉语教材单课练习题量的发展呈现增长趋势，题目数量逐渐稳定在 10 ～ 20 题之间。小综合系列初级商务汉语教材单课练习量的统计结果如图 4–5 所示。

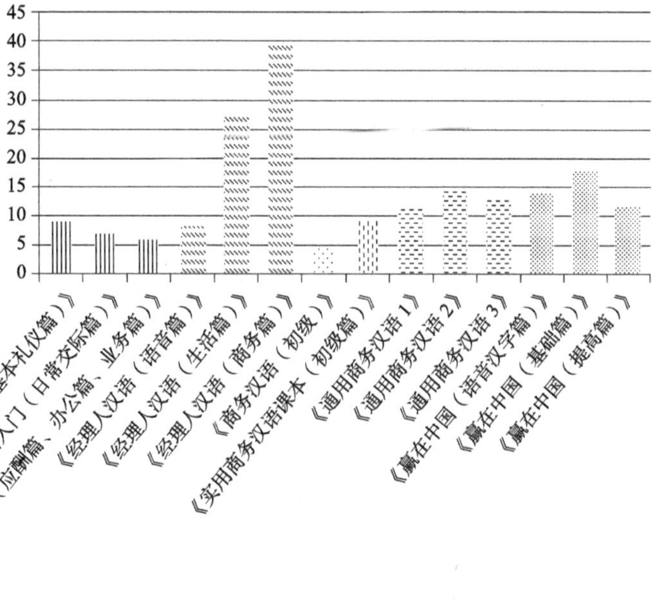

图 4–5　初级商务汉语教材（小综合）单课练习量统计图（单位：题）

从语言教学的阶段性来看，初级阶段的教材单课练习数量固定性较差。初级阶段学生的学习重点还是汉语的语言要素，学习内容细而杂，每课教学内容差别较大，因此练习数量也不固定。

8.1.3 技能型练习

学习商务汉语的人是为了从事对华经济、商务活动，商务汉语教学不仅仅是语言教学，更重要的是教会学习者在商务环境下如何具体运用所学的语言进行有效交际，具备丰富、全面的技能型练习的教材是实现这一教学目标的必要条件。小综合系列初级商务汉语教材技能型练习统计如图 4-6 所示。

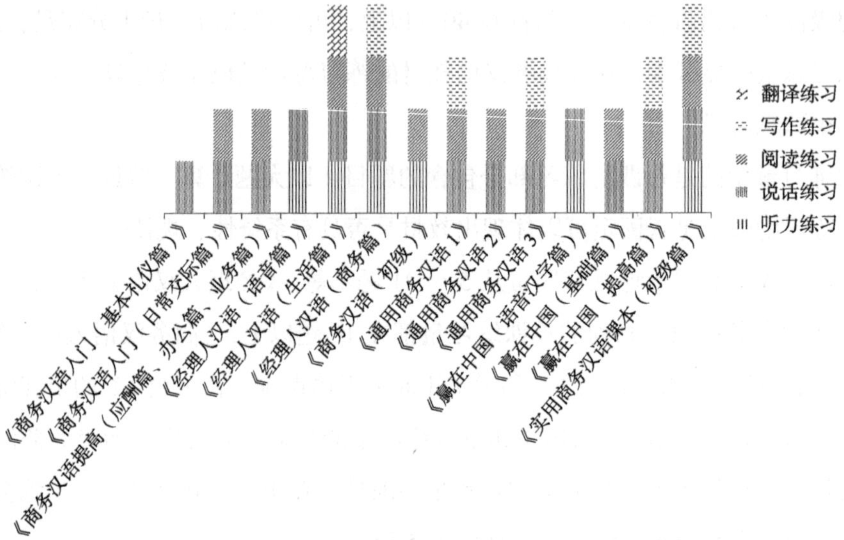

图 4-6　初级商务汉语教材（小综合）技能型练习统计图

言语技能表现为听、说、读、写、译等方面的能力，综合课的课程性质决定了教师在教学过程中这几项言语技能的训练要并重不可偏废，但不同的教学阶段对这五项技能的要求也有高低之分，所以不同教学阶段的技能训练在做到齐头并进的同时应当有所侧重。从图 4-6 可以看出，小综合系列初级商务汉语教材技能型练习的重点是说话技能和阅读技能的训练，重点解决学习者的基本交际需要，但是对学习者听力技能训练的重视程度还不够。

8.1.4 教材点评

（1）《商务汉语入门》《商务汉语提高》系列

《商务汉语入门（基本礼仪篇）》的语音练习和情境会话练习较多，每课均有汉字认读、书写练习，练习最后有自我评估板块，形式比较新颖。

《商务汉语入门（日常交际篇）》中，语音练习、情境会话练习和汉字练习基本保持不变，开始出现训练学习者阅读理解能力的题目，如“根据课文内容回答问题”；取消了“自我评估”板块。

《商务汉语提高（应酬篇、办公篇、业务篇）》的语音练习减少了，只有读句子；情境会话练习由简单的“下面情境你知道用汉语怎么说吗？”过渡到根据内容进行会话或表达练习；阅读能力方面的练习也从基本的“根据课文内容回答问题”等理解类题目过渡到“运用课文中学到的说法完成句子”等语言运用类题目。可以说该系列教材练习部分具有连续性。

（2）《经理人汉语》

《经理人汉语》系列教材以功能为纲，以话题为线索，兼顾结构与文化；同时，它集听、说、读、写为一体，突出了集中强化培训的特点。

语音篇语音知识讲解简明扼要，基础发音训练和朗读训练相结合，练习重点突出、形式多样，具有一定的趣味性。

生活篇练习丰富、形式多样，课内操练和课外实践相结合，单项练习和综合练习相结合。该书练习部分的主要特点是有翻译练习，图画形象生动，具有趣味性。此外，该书还考虑到欧美学生认读汉字的困难，为所有练习题目要求配注了英文翻译，还为大部分练习配注了拼音。为练习配注的拼音在下部逐渐减少，第 15 课之后的练习不再配注拼音，这样的安排是为了使学习者循序渐进地提高汉字认读能力。

商务篇练习部分在同一话题下从听、说、读三个角度提供不同语料，使学习者可以从不同侧面、由易到难地接触单元话题，培养听、说、读三种技能。另外，每个单元都提供商务实践练习，包括商务情境对话及话题讨论、商务案例分析、商务解决方案和商务写作等。系统训练学习者用汉语解决各类真实商务问题、进行商务写作的模式与方法，培养商务写作能力。

（3）《商务汉语（初级）》

《商务汉语（初级）》共 18 课，大部分习题为语言要素练习，技能练习只有阅读技能的训练（根据课文内容填空），而且数量较少。该教材练习编排的最大特点是在各课习题后为学习者提供了习题答案，方便查阅。

（4）《实用商务汉语课本（初级篇）》

《实用商务汉语课本》练习部分的设计紧紧围绕课文主题、功能项目、语法点及重要词语展开，将目前通行的各语言教学法之精髓，融会贯穿于教材之中。为了适应学习者参加汉语水平考试（HSK）的需求，尤其是参加商务汉语水平考试（BCT）的需求，教材设计了听力理解、阅读理解、口语表达及写作等方面的基本训练内容。

《实用商务汉语课本（初级篇）》的练习题目要求配有韩文翻译；语言要素型练习较多，题型非常固定；语音练习中出现“给短文注音”的新题型，说话练习中出现“根据功能要求完成会话”（如自我介绍、介绍别人等）的新题型，写作训练出现在教材的最后一课。

（5）《通用商务汉语》

《通用商务汉语》系列教材练习的类型各课基本一致，题型基本固定，前后练习统一，体现出训练的系统性。教材同时也注意到了一些语言点的不同，在少数课后的练习题型上做了调整。

该系列教材练习部分的重点在于商务内容训练，分层次逐步展开。首先是帮助学习者熟悉已有的商务情境和信息，如跟读、分角色朗读等。其次进入角色扮演的训练，在学完课文的内容后由学习者编排出相关的商务情境，进行商务情境会话的操练，学后做，调动学习者自身的语言能力来实战演练。练习的内容上，突出一些与课文相关的商务技能和商务文化情境的训练和再现。最后是完成任务，设计了任务目标，让学习者在“做中学”，运用“商务案例分析”等新题型，实现教学任务和现实世界社会经济生活的结合。此外，教材编写者考虑到学习者的汉语水平，在思考讨论和完成任务训练题目要求后提供了一些提示。

（6）《赢在中国》

该系列教材以几位海外人士参与商务活动为主线，展示真实的商务生活场景，听、说、读、写全方位训练，培养学习者商务汉语的实际交际能力，话题广泛，信息量大，语言结构练习与商务交际训练并重；练习形式丰富多样，特别是任务型练习，体现了真实有趣、学以致用的特点。

语音汉字篇针对当课声母和韵母设计的绕口令、古诗朗读、拼音游戏等练习形式，既强化了声韵调的训练，也增加了练习的趣味性。

基础篇练习类型各课基本一致，题型基本固定，前后统一，有时根据语言点的不同略有差异，体现出训练的系统性。该教材每一课练习的前四项均为生词及课文朗读，目的在于通过语音上的机械强化，解决学习者的语音问题，帮助学习者在语音累积中获得语感。

提高篇任务内容有所扩展，如模拟谈判等；任务形式也富于变化，个人任务和小组任务相结合，调查、讨论和模拟真实商务交际情境相结合。该系列教材的任务内容具有连续性。

8.2 中级

8.2.1 中级商务汉语教材练习简述

（1）《商务汉语（中级）》

《商务汉语（中级）》共17课，练习部分在语言要素练习和阅读技能练习的基础上加入了听力技能训练，除课后练习外没有其他习题。在练习的编排上，均属于集中型；练习题目要求均配有英文翻译，便于学习者理解。

（2）《实用商务汉语课本（准中级篇）》《实用商务汉语课本（中级篇）》

《实用商务汉语课本》准中级篇和中级篇在练习的编排设计上均属于集中型。准中级篇以进出口贸易活动为主要内容，如购销意向、报盘还盘、签订合同等。中级篇也以进出口贸易活动为主要内容，如商品检验、索赔、不可抗力、代理协商等。

（3）《赢在中国（成功篇）》

成功篇 1 册，8 个单元。练习部分以基础篇、提高篇为基础，继续增加写作训练和扩展任务内容，如招标投标、洽谈业务、调研投资和商务话题的讨论等。

8.2.2 练习题量

（1）练习总量

小综合系列中级商务汉语教材练习总量统计结果如图 4–7 所示。

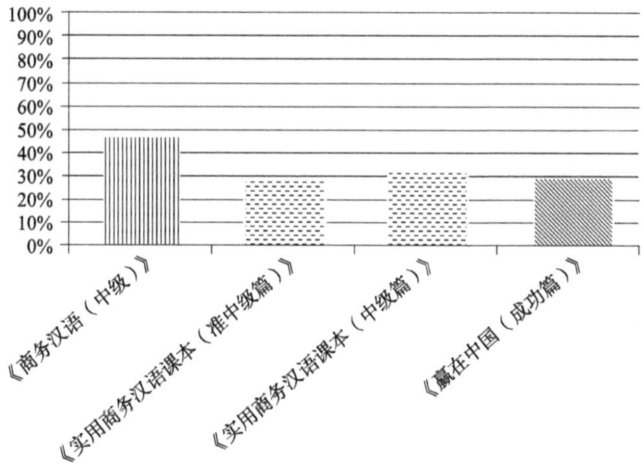

图 4–7　中级商务汉语教材（小综合）练习总量百分比示意图

通过图 4–7 可以看出，中级商务汉语教材练习总量的比重均为 30% 左右。根据教材的出版时间顺序和练习总量的数据我们可以看出：从 2007 年开始中级商务汉语教材练习总量的变化趋势是题量逐渐减少。中级阶段的汉语教学内容与初级阶段相比系统性更强，而且语音和汉字的练习也相应减少或消失，因此中级阶段商务汉语教材的练习总量有所减少。

如前所述，提供足量的练习对于学生把汉语的规则知识转化为汉语的独立表达技能起着关键性的作用，但需要注意的是，足量的练习并不是指练习的量越多越好。如果练习题量过多，则会使学生不堪重负而产生畏难情绪，反而会挫伤他们的学习积极性，达不到练习的目的。中级商务汉语教材练习总量逐步减少的趋势说明教材编写者不再一味追求练习的数量，而是力求在保证练习效果的基础上减轻学生负担，达到有效训练学生的语言应用能力的目的即可。

（2）单课练习量

小综合系列中级商务汉语教材单课练习量的统计结果如图 4-8 所示。

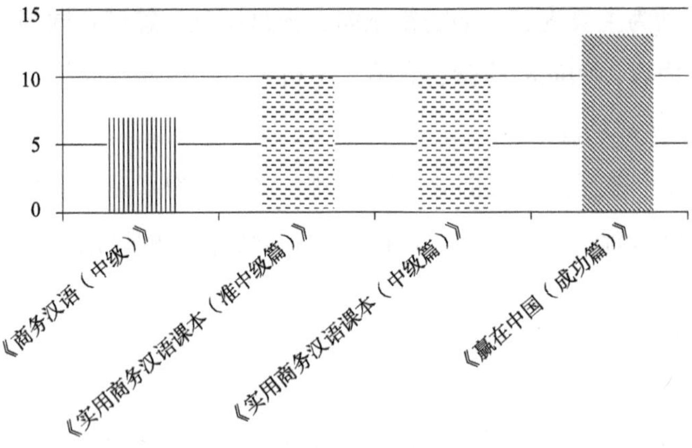

图 4-8　中级商务汉语教材（小综合）单课练习量统计图（单位：题）

通过图 4-8 可以看出，中级商务汉语教材单课习题数量差距较小，均为 10 题左右。从语言教学的阶段性角度来看，随着中级阶段学生学习的不断深入，语言要素内容逐渐减少，在继续进行汉语语法知识教学和扩充学习者词汇量的基础上，如何让学习者运用所学语言要素进行商务交际成为这一阶段的教学重点。因此，相对初级阶段的教材而言，中级商务汉语教材单课练习数量比较固定。

8.2.3 技能型练习

商务汉语是一种专门用途语言。作为语言类教材，商务汉语教材应该区别于汉语综合课教材，以训练学习者的听、说、读、写四项基本技能为核心，同时培养学习者进行专业性交际的基本技能，从而为将来从事商贸活动打下一个坚实的语言基础。因此，技能型练习在商务汉语教材中是不可或缺的。小综合系列中级商务汉语教材技能型练习统计结果如图 4-9 所示。

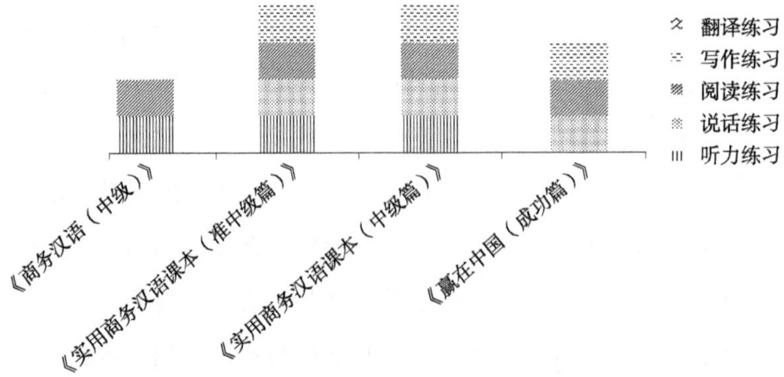

图 4-9　中级商务汉语教材（小综合）技能型练习统计图

从图 4–9 可以看出，与初级商务汉语教材相比，中级商务汉语教材的技能型练习在初级阶段的基础上加强了阅读和写作训练，这是因为随着初级阶段教学目标的实现，如何使学习者准确地使用所学词语和语法结构在商务环境下进行有效交际，并能以汉语为工作语言从事实际商务工作成为了中级商务汉语综合课的教学重点。

8.2.4 教材点评

（1）《商务汉语（中级）》

《商务汉语（中级）》练习部分值得说明的是，字词练习的题目要求是“找朋友，练习字词（Matching exercise）”显得十分生动，具有趣味性。

（2）《实用商务汉语课本（准中级篇）》《实用商务汉语课本（中级篇）》

《实用商务汉语课本（准中级篇）》练习部分的特点为：练习题目要求配有韩文翻译；语言要素练习的难度在初级篇基础上有所提升，如选词填空的形式不是几个独立的句子，而是在一个完整的语段当中选择合适的词语，这就要求学习者在把握语段主要内容的基础上进行词语辨析；技能练习的比重有所提高，如说话练习中开始出现话题讨论题型，写作练习的数量增多。

《实用商务汉语课本（中级篇）》练习部分的特点为：练习题目要求配有韩文翻译；技能练习的比重继续增加并开始出现训练复合技能的题型。该教材从第一课开始就设计编排了写作练习，写作练习不仅包括商务类应用文写作还包括对某一话题的认识和感想类文章，另外，编者还为学习者提供了例文以供模仿参考；阅读技能训练的题目中出现了“判断句子和段落的关系”的新题型；听力技能训练的题目中出现了听后复述所听内容的题目，这样的练习训练了学习者的复合技能（听和说），可以说训练效果会比单一技能的训练更好。

（3）《赢在中国（成功篇）》

《赢在中国（成功篇）》的练习部分用真实的商务生活场景培养学习者商务汉语的实际交际能力，话题广泛，信息量大。该书语言结构练习与商务交际训练并重，非常符合中级阶段教学的过渡性特点。

8.3　高级

8.3.1 高级商务汉语教材练习简述

（1）《商务汉语（高级）》

《商务汉语（高级）》共 18 课，练习部分除课后练习外没有其他习题，语言技能的训练以听力技能和阅读技能为主，练习的编排属于集中型，练习题目要求均配有英文翻译，便于学习者理解。

（2）《实用商务汉语课本（准高级篇）》《实用商务汉语课本（高级篇）》

《实用商务汉语课本》准高级篇和高级篇的练习编排也属于集中型。其准高级篇以宏观商贸问题为主要内容，如银行投资、股票市场、跨国收购等，而高级篇则以宏观商贸问题及商贸文书为主要内容，如假日经济、环保产业、商业文牍、合同范本等。

8.3.2 练习题量

（1）练习总量

小综合系列高级商务汉语教材练习总量统计结果如图 4–10 所示。

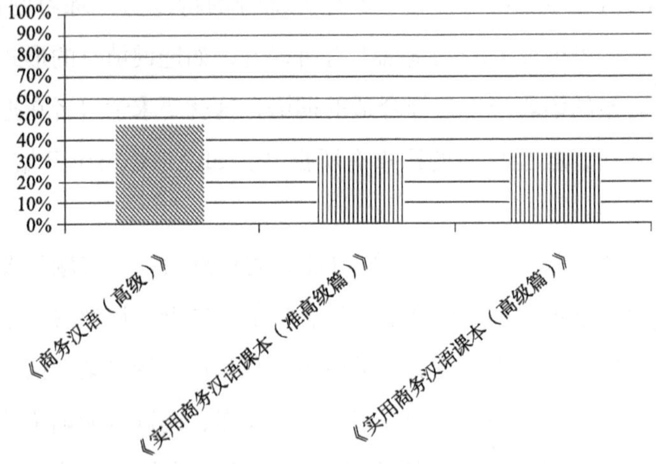

图 4–10 高级商务汉语教材（小综合）练习总量百分比示意图

通过图 4–10 可以看出，高级商务汉语教材的练习总量比重均在 30% ～ 50% 之间，略多于中级阶段教材。之前也论述过，高级阶段的教学重点在于训练学习者综合运用所学汉语知识从事商务活动的能力，而商务活动内容广泛，商务汉语教学必然要针对各种类型的商务活动进行练习设计，因此高级阶段教材的练习量必然有所增加。

（2）单课练习量

小综合系列高级商务汉语教材单课练习量的统计结果如图 4–11 所示。

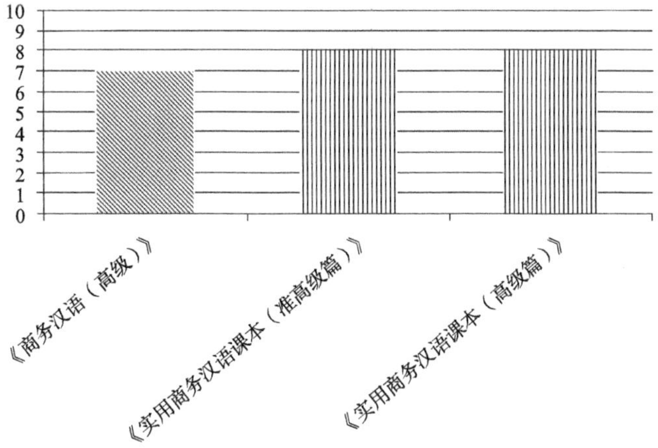

图 4-11　高级商务汉语教材（小综合）单课练习量统计图（单位：题）

高级商务汉语教材单课习题数量比较固定，《商务汉语（高级）》为 7 题，《实用商务汉语课本》为 8 题。随着学习的不断深入，高级阶段教材练习部分的语言要素内容逐渐减少，语言技能方面的训练成为主流。由于小综合教材出版时间较早，当时我国具体商务活动内容尚且有限，所以小综合系列高级商务汉语教材的单课习题数量偏少。

8.3.3 技能型练习

小综合系列高级商务汉语教材技能型练习统计结果如图 4-12 所示。

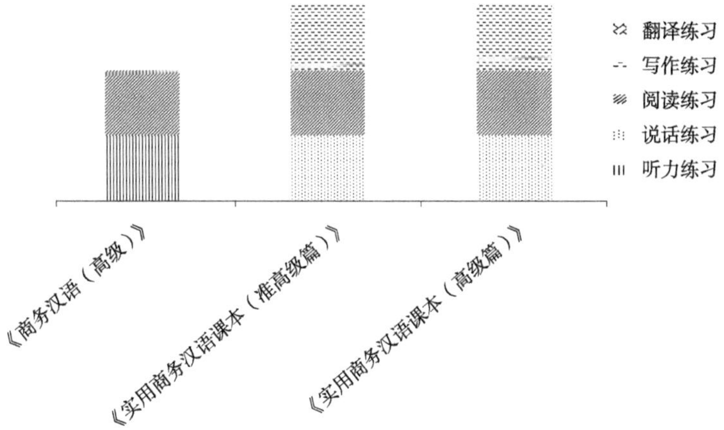

图 4-12　高级商务汉语教材（小综合）技能型练习统计图

图 4-12 表明，高级商务汉语教材技能型练习保留并强化了说话、阅读和写作训练，不再继续训练听力技能，因为在高级阶段，学习者已具备较好的听说能力，而读写技能则仍需进一步加强。另外，翻译技能的训练在小综合高级阶段教材中没有出现。

8.3.4 教材点评

（1）《商务汉语（高级）》

《商务汉语（高级）》的语言要素练习层级性较为明显，具体表现在题目排列顺序上，从汉字练习到词语练习再到句子练习，最后到语段练习。而语言技能的训练以听力技能和阅读技能为主。

（2）《实用商务汉语课本（准高级篇）》《实用商务汉语课本（高级篇）》

《实用商务汉语课本（准高级篇）》的练习有以下特点：题目要求只有中文，取消了韩文翻译；语言要素练习少于技能练习，听力练习不再出现，短文写作和说话练习中的"问题与讨论"的比重增大；写作练习不再提供例文。

在高级篇中，练习题目要求也只有中文，但高级篇的独特之处在于商务写作练习增多，注重阅读技能和其他言语技能的结合，如在阅读理解练习中的复述和讨论类题目。

小结

小综合系列教材出版时间较早，有关商务汉语课程的各方面研究还不尽完善，因此部分教材的练习形式和内容受通用汉语综合课教材影响较大，具体表现为练习内容以语言要素型练习为主，技能型练习为辅；练习编排形式上，多数教材的练习题目为集中型。尽管如此，小综合系列教材的练习形式和内容也在逐渐丰富，为日后商务汉语教材练习的编写打下良好基础。《实用商务汉语课本》技能练习紧紧围绕商务汉语水平考试而设计，应视为创新。

第五章 大、小综合系列教材对比分析

本章对大综合、小综合系列教材中的共同项点进行了对比分析，分析顺序依次为：编排、选篇、语音、词汇、语法、修辞、文化、练习。项点对比分析的目的在于发现大、小综合系列教材中共同项点的异同点，进而从中寻找具有规律性的特点，并对其进行归纳、总结，以期为日后的教材编写者提供可资借鉴的材料。

本章内容中的所有对比分析的结果，只是一家之言，仅供参考。

第一节　编排项点对比分析

1.1　相同点

1.1.1 以功能为纲

两类商务汉语综合课系列教材都秉持了“功能、结构和文化相结合”的编写原则，以功能为主线进行教学体系和内容的设计，以结构为辅助教学手段，并将文化融入其中。

功能是教材的主线，是整套教材编排的依据和纲领。每部教材都划分了课或单元，每课或每单元承担一种功能项目，功能项目包括日常交际功能与商务交际功能，项目的安排由易到难、由生活到专业，各个教学单元循序渐进又相辅相成。具体到每个部分来说：课文情境突出，大多用对话展现真实的交际场景，内容以固定人物的活动为线索展开，部分教材在课前设置了提要，简单介绍课程功能并自然引入课文情境，学习目标一目了然；练习部分针对本课功能目标进行训练，而不是单纯的词汇、语法知识等方面的练习，不少教材还出现了任务型练习，引导学习者在实际生活中运用所学语言知识锻炼语言技能，使得教材内容真正为使用者的现实需求服务；词汇、语法的讲练不如通用汉语综合课教材中详尽，多数教材通过注释的方式处理语言点，侧面反映出了教材将结构作为功能的辅助手段的编写理念；文化内容的呈现也考虑了教材的功能性和交际性，选择的文化项点多为商务文化或日常交际文化，做到了有的放矢。

1.1.2 重视技能训练

语言技能“听、说、读、写”的训练在两类商务汉语综合课系列教材中都得到了充分的重视，若把语言功能比作教材的经线，那么技能训练则是教材的纬线，每个教学单元以功能为中心，按不同的技能横向展开。

针对教材使用者的特殊需要，商务汉语综合课教材的首要任务是培养学习者实际语言交际能力，帮助其解决生活和商务交际中可能遇到的问题。因此，听说技能的训练自然成为了教材的重点。尤其是在初级与中级阶段，这一时期的学习目标是顺利进行口语表达和交流，因此课文以会话形式为主，多数教材也为此设置了听力练习，有的还把听力纳入了课文部分，听说两项技能齐头并进。在中、高级阶段，大部分教材有意识地加强读写训练，一方面安排了更多的语篇阅读材料，对学习者的阅读能力提出了更高的要求；另一方面加入常见的商务写作案例，如合同、企划、报告等，满足学习者多方位的实际需求。除课文板块之外，语言技能训练主要靠练习题的设计来实现。比较典型的如新丝路系列的《高级速成商务汉语》，练习板块直接按照不同语言技能分类，包括“听力、阅读、口语、写作、综合”五个部分，围绕着该教学单元的功能点，针对单项语言技能各个击破，最后总结性地加以综合运用式的演练，可谓思路清晰，目的明确。

1.1.3 编排体例大致相同

不论是大综合教材还是小综合教材，大体上都采用了“课文—生词—语法—练习—文化”的编排体例，彼此之间的构架相差不大。

商务汉语综合课教材的编写普遍借鉴了通用汉语综合课教材，同样采用的是先讲后练的顺序，在细节的处理上可能有细微的变化，但总的来说不影响整个结构的呈现。大多数教材先出现课文，随后列出生词，也有教材把生词安排在课文之前，实际上二者的先后顺序可由教师和学习者灵活处理。对于教学单元的划分，部分教材采取了分单元的方式；部分教材不分单元，只设单课。按单元进行教学的教材，每个单元的容量较大，内容较多，一个单元下有两到三个关系密切的课程，课程功能互相联系又有所区别。不分单元的教材，多倾向在一课当中安排多篇课文，称为“课文一、课文二、课文三”或“主课文、副课文”，与分单元的做法有异曲同工之妙。课文篇数的增加，首先起到了扩充教学内容的作用，其次能使承载着生词与语法的课文内容更加自然、顺畅。在出版年代较靠后的教材中，这种编排方式越来越普遍。

1.1.4 系统性较强

本文考察的对象为商务汉语综合课系列教材，系列教材要求其自身成系统，一套教材最佳的情况是能涵盖初、中、高三个等级。大、小综合两类教材都尽可能地考虑到了学习者的不同水平和阶段，多部难度不同的教材组成一套供使用者挑选。

除了国家对外汉语教学领导小组规划教材《商务汉语》和《经贸汉语》之外，其他系列均由三部以上的教材构成，各部教材之间形成难度阶梯，前后编排体例基本保持一致，教材内容循序渐进。目前出版的商务汉语教材尚未参照统一的大纲，各系列教材对难度等级的划分并没有一个明确的标准，因此系列教材之间整体难度上的差异是难以避免的。虽然各家对初、中、高三个等级的理解不尽相同，但同一系列的教材内部皆保持了较好的系统性，不同阶段的教材难度有别且衔接较自然。

1.2 不同点

1.2.1 配套教材

区分大、小综合商务汉语教材的首要标志是配套技能课教材的有无，大综合系列教材包括综合课系列与技能课系列，小综合系列教材只包括综合课系列。可见，大综合系列教材的体系更为庞大，对学习者的训练也更为深入，通过技能课教材的辅助使用，可进一步提高学习者的商务汉语能力。小综合教材在设置上更为简洁，集听、说、读、写于一身，在固定的篇幅和课时里尽可能地进行全方位的语言知识讲解和技能训练。

1.2.2 内容选取与体系设计

两类综合课系列教材在内容的选取上有较明显的差异。大综合教材的适用对象大多为有一定基础的汉语学习者，因此教材内容一开始便进入专业的商务交际领域，日常交际所占比例较小。小综合教材则多为零起点或基础较弱的汉语学习者而编，因此除了专业性较强的商务内容外，还包括了用于帮助初学者入门的语音、汉字以及日常交际等内容。

小综合系列教材中的《经理人汉语》《赢在中国》《商务汉语入门》都设立了语音篇来讲解汉语语音基础知识，并专门进行语音训练，为零起点的学习者打好语音基础。此外，三套教材还把日常生活交际内容独立出来，集中成一部，有需要的学习者可与同系列的商务部分配合使用。这类系列教材的编排方式是对传统商务汉语综合课教材的一次扩展和革新。

传统意义上的商务汉语教材是为有一定汉语基础的学习者编写的，教材内容一般专注于商务领域，然而随着近年来商务汉语教学情况的改变，商务汉语教材也相应地做出了调整。《经理人汉语》和《赢在中国》两套教材是为中国—欧盟青年经理培训项目编写的，针对性强，教材的编写对象既需要一定深度的商务汉语的训练，又需要在短时间内解决日常生活中的交际问题，两套教材将商务之外的内容包含进来是有目的的。“语音、生活、商务”的体系看似削弱了商务汉语教材的专业性，教学内容与通用汉语教材似乎有重叠之处，但作为一套完整的系列教材，各部分能够互相衔接、互相补充，如此编排反而避免了使用不同系列的教材所带来的内容重复或缺漏的问题，更方便了特定学习者的使用。

大、小综合教材的体系之间存在着一定差异，这一点从二者的命名方式上也可以看出：大综合教材采用的是普通的以数字代表等级的命名方式；小综合系列教材倾向于用功能为单部教材命名，如“语音篇、生活篇、商务篇、日常交际篇、基本礼仪篇、应酬篇、办公篇、业务篇”等，功能性较为突出。

小结

对比大、小综合两类商务汉语综合课系列教材，可以看到二者在编排体例、教材主线、训练手段等方面的编写理念比较相近，只是由于目标人群不同，各套教材的体系安排和内容取舍才有了一定的差异。

第二节　选篇项点对比分析

2.1　初级

2.1.1 大、小综合系列课文特点的相同之处

（1）课文话题

根据前文对商务汉语系列教材的分析，我们将商务汉语教材的课文主题分为日常生活类、组织管理类、交易洽谈类和政策法规类，大、小综合系列教材的课文话题均包含在上述四类主题中。根据前文对课文话题的统计，我们可知，初级阶段的教材，无论大综合还是小综合，其课文话题主要分布在日常生活和组织管理两类主题中，只有少数教材的部分课文涉及交易洽谈和政策法规类主题的相关话题。

具体而言，在所统计的大、小综合系列教材中，大部分教材的课文话题都兼顾日常交际和商务交际，其中最显著的是大综合教材《初级速成商务汉语 1》《初级速成商务汉语 2》和《商务汉语综合教程 1》《商务汉语综合教程 2》，以及小综合教材《赢在中国》的基础篇和提高篇。这几部教材多为系列教材，在话题设置上本着由易到难、循序渐进的原则，由日常生活话题逐步向商务活动话题过渡。我们认为，这主要与初级阶段学生的学习水平以及对基本交际的需求有关，这种方式既能帮助初学者尽快熟悉在中国的日常交际，又能满足其商务交际的需求，符合初级阶段学习者的需求。还有少数教材的课文仅涉及商务活动话题，特别是大综合的《商务致胜 1》以及小综合的《经理人汉语（商务篇）》和《通用商务汉语》，这几部教材的课文话题尚未涉及日常生活交际，体现了其商务汉语的专业性，比较适合有一定汉语基础的学习者使用。

（2）课文情境

课文情境设置的目的是增强课文话题的真实性，如前文所述，大、小综合系列教材的课文话题多为日常生活类和商务交际类，因此课文情境也多为基本生活场景和商务活动场景。

考虑初级阶段学习者的学习能力，以及教材的趣味性和实用性等多方面的原因，大部分初级阶段教材的课文多以情境表现课文话题，这一点在所统计的大、小综合系列教材中都有比较明显的体现。7 部大综合系列教材中，有 5 部教材的课文有情境体现。只有《商务汉语综合教程 1》和《商务汉语综合教程 2》的课文无具体情境，情境主要体现在课文中。同样，10 部小综合系列教材的课文均设置了具体的课文情境，且较之大综合，其情

境更加明确。在诸多课文情境中，餐厅、邮局、机场、咖啡厅、公司、办公室等情境是大、小综合系列教材中共同出现且出现频率较高的课文情境。

（3）课文体裁

在课文体裁方面，大、小综合系列教材都以对话和短文两种形式为主，其中短文主要包括记叙文、说明文、议论文和商务公文四种文体。具体而言，大、小综合系列教材的课文都涉及一定数量的对话，这主要考虑到初级阶段学习者的学习水平和学习能力。初级阶段的学习者主要以满足日常交际或基本商务交际活动，对话体课文能体现交际性，因而最为实用。同时，这一时期的学习者尚未掌握丰富的词语和语法项目，不能较顺利地进行成段表达，因此，虽然商务汉语与通用汉语教材相比具有一定的专业性，但我们综合考虑初级阶段学习者的学习水平和对话体课文的特点，并从能否满足学习者交际需求等方面来看，对话体课文还应是不可或缺的主要形式。

除对话体课文外，大、小综合教材还不同程度地涉及了说明文、议论文、记叙文及商务公文。其中，均以说明文占大多数。如大综合教材《商务致胜 1》的副课文以及《商务汉语综合教程 1》《商务汉语综合教程 2》的全部课文均为说明文，小综合教材《经理人汉语（生活篇）》每课设有“学做中国通”一板块，多采用说明文文体，如“干支与属相”“大锅饭和铁饭碗”“亲属称谓”等，以此补充介绍主课文的相关文化知识，拓展学习者的知识。

2.1.2 大、小综合系列课文特点的差异

（1）课文话题

在课文话题的选取上，大、小综合系列教材均主要涵盖了日常生活和商务活动两大类，但在话题设置上仍有一定差异。

在所统计的初级阶段大、小综合系列教材中，大综合系列教材涉及日常生活类话题较多。7 部大综合系列教材中，有 4 部教材的课文话题多为日常生活类，仅包含少数的商务活动，如《初级速成商务汉语 1》全书的 12 个课文话题全部为日常生活类；《初级商务汉语精读》全书涉及 14 个话题，只在最后一课涉及“经济与生活”这一经贸话题，且仍与生活密切相关；《商务汉语综合教程 1》全书 15 个话题中，只涉及访问、经济、政策、地理、产业、劳动用工这 6 个商务活动类话题。在这 7 部教材中，只有《商务汉语》《商务汉语综合教程 2》和《初级速成商务汉语 2》等 3 部教材的课文话题全部为商务活动，尤其是《商务汉语综合教程 2》，课文话题较为专业，均为专业领域的商务活动，如合同、纳税、贷款、汇率、投资等。通过以上分析可以看出，初级阶段的大综合系列教材注重基础汉语教学，与日常生活话题相比，涉及的商务活动话题较少，且涉及商务活动话题的教

材多选取基本的商务活动，体现了大综合教材以训练学生的各项综合技能、注重商务汉语教材与基础教材的衔接性的设计理念。

与大综合教材不同，所统计的10部小综合系列教材，只有《经理人汉语（生活篇）》的课文话题主要涉及日常生活类，全套教材上、下两册，共24个话题，全部为生活类话题。除此之外，其余9部教材的课文话题全部以商务活动类为主。《通用商务汉语》课文的商务话题最多，全书的12个话题全部为商务活动类，可以将其进一步细分为招聘、应聘、会见、考察和谈判四类，涉及面较广。《商务汉语入门》和《商务汉语提高》这两部教材分册设置了与商务活动相关且实用性较强的课文话题，培养学生不同方面的商务交际能力。其中，《商务汉语入门》的基本礼仪篇针对初学者，主要训练学习者在商务活动中礼仪交际的语言技能，如涉及"谦让""寒暄""离别祝福"等话题；日常交际篇以训练初学者实用的商务活动交际技能，如涉及"洽谈价格""办理签证手续""信件往来和货物收发"等话题；而《商务汉语提高》的应酬篇、办公篇、业务篇则针对具有一定汉语基础的学习者，主要训练其基本商务信息交流和语言交际技能，如涉及"宴请""处理文件""支付方式"等话题。这3部教材的课文话题设置遵循由易到难、循序渐进的理念，培养学习者不同的商务交际能力。同时，课文话题具有相对独立性，体现了学习者对商务汉语交际功能的不同需求。尤其是《商务汉语提高》，教材的课文话题不只是对其配套教材《商务汉语入门》的深入，更是对已有商务交际能力的巩固、熟练和融会贯通。与这套教材的课文话题相同，其他几部小综合系列教材，如《实用商务汉语课本（初级篇）》《商务汉语（初级）》《赢在中国（基础篇）》《赢在中国（提高篇）》的课文话题也均以具体商务活动居多。

（2）课文情境

在课文情境方面，大综合系列教材受其课文话题广泛分布的影响，其情境更加多样，兼有日常生活场景和商务活动场景，如《初级商务汉语精读》的课文情境以日常生活场景为主，《初级速成商务汉语2》的课文情境以商务活动场景为主，而《商务汉语》的课文情境则既涉及日常生活场景，也有商务活动场景。

与之不同，小综合系列教材的课文情境则以商务活动场景为主，且较正式，这主要也与小综合系列教材课文话题的分布密切相关。如《实用商务汉语课本》的课文涉及公司、企业、海关、研讨会、贵宾室、服装生产线等。

此外，大综合系列教材的课文虽多设置课文情境，但大部分教材不对其做详细说明。与之不同，小综合系列教材的课文情境不仅丰富，且多通过相应的图片或文字对情境加以提示，且为更好地展现课文情境，使课文情境前后贯通一致，大部分教材都配合课文情境和课文内容设置了固定的人物角色，如《通用商务汉语》中的马莉、卡尔、赵红、齐远，

《赢在中国》中的卡尔、康爱丽、李明明、张远。在这一方面，大综合教材《初级商务汉语精读》《商务汉语》等也有较好的体现。但就整体而言，小综合系列教材的课文情境更加连贯，故事性更强。

（3）课文体裁

尽管大、小综合系列教材在课文体裁上均涉及对话和短文这两种形式，但在体裁的主要分布上仍有一定差异。大综合教材的课文以短文为主，小综合教材的课文则以对话为主。

具体而言，在所统计的7部初级大综合系列教材中，有4部教材的课文多为短文。《初级商务汉语精读》《商务汉语综合教程1》《商务汉语综合教程2》以及《商务致胜1》等教材，课文多为不同文体的短文，特别是《初级商务汉语精读》和《商务汉语综合教程1》《商务汉语综合教程2》，这3部教材的课文均未涉及对话，全部为短文。以对话为主的大综合系列教材仅有《商务汉语》和《初级速成商务汉语2》这两部教材，且这两部教材的课文全部为对话形式，其对话形式主要包括外国人与外国人之间的对话（FF）、外国人与中国人之间的对话（FC）、中国人和中国人之间的对话（CC）以及不明身份的人物之间的对话（UU）。但有些对话的交际性不强，如《初级速成商务汉语2》中以CC类对话最多，该教材的对话主要围绕商务人士的日常生活和商务活动编写，且多为中国人之间的日常对话，对学习者而言并不十分合适。

与大综合系列教材课文体裁的分布差异较大，小综合系列教材的课文则多以对话为主，主要突出其注重实现交际功能的特点。所统计的10部小综合系列教材的主课文全部为对话体，其中《通用商务汉语》的对话主要是FC类，较符合学习者的实际需求。这部教材主要以几个核心的海内外人士参与的商务活动为主线，以情境对话的方式来展现交际活动所应掌握的基本语言和规则，内容和角色较符合初学者。

2.2　中级

2.2.1 大、小综合系列课文特点的相同之处

（1）课文话题

中级阶段的商务汉语系列教材，其课文话题主要分布在组织管理类和交易洽谈类。课文话题一般涉及具体的商务工作事务，如大综合教材《中级商务汉语综合教程（商务篇）》的课文涉及"招聘""求职""市场调研""产品介绍"等话题，《商务致胜2》的课文涉及"商务联络""会见""出行""商务考察"等话题；小综合教材《商务汉语（中级）》的课文涉及"参观工厂""看样""报关手续""租船订舱"等话题，《实用商务汉语课本（准

中级篇）》的课文涉及“索赔”“仲裁”“和解”“推销”等话题。中级阶段的商务汉语系列教材，不论大、小综合，所选课文话题均主要围绕商务活动进行。

此外，中级阶段大、小综合的部分教材仍涉及了少量日常生活类的课文话题，如大综合教材《中级商务汉语综合教程（生活篇）》，共两册，每册的课文话题均为日常生活类，如“租房”“购物”“假日旅行”“交通工具”等，《中级速成商务汉语 1》的课文涉及了“见面”“打电话”等话题。小综合教材虽以商务活动类话题为主，但也有教材的课文话题涉及日常生活，如《商务汉语（中级）》中的“见面问候”“出席晚宴”“住宾馆”等。这类话题主要出现在教材前几单元，我们认为，这主要是考虑与初级阶段教材的衔接性，便于从日常生活交际逐步向商务活动交际过渡。

（2）课文情境

与初级阶段教材相贯通，中级阶段的商务汉语教材的课文情境仍较明显。在所统计的 11 部大综合教材中，8 部教材有明确情境，而所统计的 4 部小综合教材则每部均有课文情境。

中级阶段的商务汉语教材更加注重培养学生运用商务汉语知识来处理基本工作的能力，因此在情境设置方面，大、小综合教材都侧重将场景设置在商务活动场所，如大综合教材《商务致胜 2》《商务致胜 3》的课文涉及银行、房屋中介公司、办公室、交易会等商务活动场所，《经贸汉语》的课文涉及公司、汽车展览会、工厂等具体商务活动场所；小综合教材《实用商务汉语课本》的准中级篇和中级篇的课文情境主要以公司、办公室为主，《商务汉语（中级）》和《赢在中国（成功篇）》的课文情境主要也是公司、办公室、工厂等商务活动场所。

（3）课文体裁

在课文体裁方面，中级阶段的大、小综合系列教材兼有对话和短文两种体裁，且与初级阶段的教材相承接，大部分教材仍涉及大量对话体课文。如大综合教材《中级速成商务汉语 1》《中级速成商务汉语 2》《中级商务汉语综合教程（生活篇）》《中级速成商务汉语（商务篇）》《商务致胜 2》《商务致胜 3》以及《经贸汉语》，这几部教材的课文均涉及一定数量的对话。小综合教材《商务汉语（中级）》的课文全部为对话体，《实用商务汉语课本（准中级篇）》《实用商务汉语课本（中级篇）》以及《赢在中国（成功篇）》的课文均以对话形式为主。

除对话外，中级阶段商务汉语教材的课文体裁，还涉及短文形式，且均以说明文以及商务公文为主。具体而言，在所统计的 11 部大综合教材中，除《经贸汉语》和《商务汉语综合教程 3》的课文没有说明文，其余教材均涉及说明文文体，《经贸汉语中级教程》《中级速成商务汉语》以及《中级商务汉语综合教程（商务篇）》还涉及一定数量的商务公文。小综合教材《实用商务汉语课本（中级篇）》的课文也有说明文和商务公文，且多出现在每课的副课文中。

2.2.2 大、小综合系列课文特点的差异

（1）课文话题

在课文话题方面，中级阶段的大、小综合教材虽都以组织管理类和交易洽谈类的课文话题居多，并涉及少数的日常生活类，但在课文话题设置上仍存在一定差异。

中级阶段大综合商务汉语教材的课文话题设置较灵活，主要有三种类型：第一种是以宏观经济社会背景下的经济产业为话题。如《经贸汉语中级教程》的课文多选取“储蓄和消费”“会展业”“活力城市”“朝阳产业”等中国经济生活各个领域的热门话题。第二种是以某一具体商务活动为话题，大部分教材都采取这种情境设置方式。如《中级速成商务汉语 1》和《中级速成商务汉语 2》涉及“产品报价”“产品代理”“产品包装”等话题，《商务致胜 2》《商务致胜 3》涉及“市场调查”“市场促销”等话题。第三种是围绕某一具体产品设置话题。在所统计的 11 部大综合系列教材中，《经贸汉语》采用了这种情境设置方式，以“汽车”作为产品的代名词，围绕“汽车”这一产品的买卖、市场调研、市场策划展开课文话题，并以此触及与其他产品相关的商务活动。

与之不同，小综合系列教材的话题则多采取传统的方式进行设置，主要以某一具体的商务活动为话题，且多按人物活动为线索合理安排话题分布。以《商务汉语（中级）》和《赢在中国（成功篇）》为例，这两部教材的课文话题是按照人物活动的线索来安排的，如《商务汉语（中级）》涉及一个主要人物“布朗”，围绕这一人物在中国的系列活动展开话题;《赢在中国（成功篇）》以卡尔、康爱丽、李明、张远等人物的商务活动为线索，展现真实的商务活动场景。这种话题的设置方式比较传统且经典，与其课文情境相呼应，符合小综合教材注重培养学生交际能力的编写理念，同时也较符合学习者的实际需求。

（2）课文情境

在课文情境方面，虽然大、小综合教材存在很多相同之处，但仍有一定差异。就具体情境的设置来看，受其课文话题的影响，大、小综合教材的课文既有组织管理类和交易洽谈类，还有一定数量的日常生活类，因而课文情境既有商务活动场所，又有与话题相应的日常生活场所。作为中级阶段的商务汉语教材，其商务交际的任务和需求逐步加重，因而无论大、小综合教材，其课文情境均以商务活动场景为主，这一点无可非议，但在设置日常生活场景比重分配上不同，大综合教材的日常生活类场景较多，其中，最多的是《中级商务汉语综合教程（生活篇）》，该教材分上、下两册，课文情境全部为日常生活类，如餐厅、旅游景点、商场、邮局等。相比之下，小综合教材的日常生活场景则数量较少，仅在《商务汉语（中级）》中涉及餐厅、宾馆等日常交际场景。

此外，在情境设置方式上也存在很大不同。大综合教材的课文虽大多具有明确情境，但多没有具体说明。与之不同。小综合教材课文情境设置得十分灵活，多通过图片或直接用文字对情境加以说明，如《商务汉语（中级）》和《赢在中国（成功篇）》多采用图片和文字对情境加以说明，此外还设置了固定人物，使课文情境更加连贯。

（3）课文体裁

在课文体裁方面，大、小综合系列教材虽都涉及对话和短文两种形式，但仍有一定差异。具体而言，大综合教材注重培养学生的综合技能，因而多涉及不同文体。除《经贸汉语》全书的课文只有对话这一种形式外，其余教材都涉及两种或两种以上文体。其中，《商务致胜 2》《商务致胜 3》的文体最丰富，除对话外，还有说明文、议论文、记叙文及商务公文等多种文体。小综合教材注重培养学生的交际能力，主要以对话为主，特别是《商务汉语（中级）》和《赢在中国（成功篇）》这两部教材，课文均为对话体，而其他文体只出现在《实用商务汉语课本》准中级篇和中级篇的副课文部分，比重较小。

（4）其他方面

中级阶段商务汉语大、小综合系列教材的课文均涉及一定的文化知识内容，但存在一定差异。大综合教材课文的文化内容相对广泛，涉及国情文化、制度文化、法律文化、交际文化等。小综合教材则更侧重交际文化和汉语知识文化，其他方面的内容较少涉及。

此外，中级阶段大、小综合系列教材的语言风格也差异较大。大综合教材的语言多为一般正式体，而小综合教材的课文语言灵活多样，既有一般正式体，又有一般随意体，有些教材的课文语言还可以归为庄严体，不同教材的语言风格不同，这主要与课文话题、情境以及交际场合或交际对象有关。

2.3 高级

2.3.1 大、小综合系列课文特点的相同之处

（1）课文话题

高级阶段的商务汉语系列教材，在课文话题方面与初、中级教材一脉相承，同时，又更加注重培养学生处理商务事务、掌握商务汉语知识以及商务交际的能力。与初、中级教材的课文话题相承接，所统计的 8 部大综合系列教材和 3 部小综合系列教材的课文话题全部分布在组织管理类和交易洽谈类，如大综合教材《高级速成商务汉语 1》和《高级速成商务汉语 2》两部教材前后贯通，既涉及“企业注册”“企业招商和加盟”“员工培训”“企业产品与品牌”等组织管理类话题，又涉及“贸易谈判”“签约”等交易洽谈类话题。小综合教材的《商务汉语（高级）》的课文既涉及“招聘职员”“职员培训”“生产管理”“质

量管理”等组织管理类话题，又涉及“投资决策”“招商引资”等交易洽谈类话题，且均为具体的商务交际事件。

除此之外，高级商务汉语大、小综合系列教材的课文话题也常常涉及宏观经济社会背景下的商贸问题，最典型的要数大综合教材《经贸汉语高级教程》，涉及传统的“保险业”“零售业”“餐饮业”，以及“电子商务”“跨国经营”“文化产业”等新兴产业。此外，小综合教材《实用商务汉语课本》的准高级篇和高级篇同样也是以宏观经济背景作为课文话题，如“‘假日经济’的走向”“中国农业产业化发展的特点与问题”。

（2）课文情境

在课文情境方面，与初、中级阶段的教材相比，高级阶段商务汉语的学习对象水平较高，故教材的课文情境设置得更加专业。具体而言，大综合教材以《高级商务汉语综合教程 1》《高级商务汉语综合教程 2》的课文情境最为丰富明确，主要涉及宴会、招待会等商务活动场景，以及房地产市场、海关、商检局等商务人士经常出席的场所。小综合教材《商务汉语（高级）》的课文情境涉及招商引资会、经济开发区等情境，《实用商务汉语课本（准高级篇）》涉及新闻访谈、座谈会等情境。可见，高级阶段的大、小综合系列教材，多数的课文都有具体情境的设置，且与初、中级阶段教材相比，专业性更强。

（3）课文体裁

在课文体裁中，大、小综合系列教材的课文都涉及了对话和短文，且与初、中级教材的短文体裁不同，高级阶段教材的短文出现了大量的议论文。具体而言，大综合教材《高级商务汉语综合教程 1》《高级商务汉语综合教程 2》，小综合教材《商务汉语（高级）》和《实用商务汉语课本（准高级篇）》的课文主要以对话为主。大综合教材《经贸汉语高级教程 1》《高级速成商务汉语 2》和《商务汉语综合教程》，以及小综合教材《实用商务汉语课本（准高级篇）》和《实用商务汉语课本（高级篇）》的副课文，都有议论文文体的短文。

2.3.2 大、小综合系列课文特点的差异

（1）课文话题

在课文话题方面，大综合教材除涉及组织管理类和交易洽谈类，还涉及较多的政策法规类，如《商务致胜 4》涉及“倾销和发倾销”“知识产权”“劳动合同法”“经济法规”等话题，《商务汉语综合教程 4》的课文涉及“国际贸易政策”“贸易壁垒”等话题。而小综合教材的这一类话题较少，主要体现为《实用商务汉语课本》的准高级篇和高级篇中所涉及的商贸文书的相关内容。

此外，大、小综合教材虽都涉及宏观的商贸背景，但相比而言，大综合教材的话题更加广阔深入。如上文所述，《经贸汉语高级教程》教材的课文话题既有“保险业”“餐饮

业”“零售业”“农业”等传统话题，也有“电子商务”“营销方略”“跨国经营”“文化产业”等新兴产业，且每单元的课文话题都以一种产业为背景。

（2）课文情境

在课文情境方面，大、小综合教材存在一定差异。大综合教材除上文提到的《高级商务汉语综合教程 1》《高级商务汉语综合教程 2》，以及《高级速成商务汉语 1》《高级速成商务汉语 2》有明确情境外，其余的几部大综合教材的课文均无具体情境，情境多体现在课文中，如《商务致胜 5》以一个个商业案例为背景，《经贸汉语高级教程》受课文话题的影响，多以宏观经济社会为背景。与之不同，小综合系列教材的情境更加明确，特别是《商务汉语（高级）》和《实用商务汉语课本（准高级篇）》。

除此之外，小综合系列教材的课文情境多通过图片或文字对情境进行说明，《商务汉语（高级）》每课课文前都设有提示课文情境的图片，此外还设置了“布朗”这一核心人物，并围绕这一人物设置不同情境。《实用商务汉语课本（准高级篇）》在每课课文前设置“导读”，以此来提示课文情境，如《中小股民是追求卓越的股民》一课的课文导读如下：

资金面紧张，市场人气不足，使得中国股市连年低迷……问题出在哪里呢？下面是《新闻周刊》对香港中文大学教授郎咸平（Láng Xiánpíng）先生的访谈，郎先生针对中国股市发表了自己的看法。

这一导读不仅简洁明确地表明了本课课文的话题与情景，而且还可以轻而易举地将学习者引入“访谈”这一情景中。

（3）课文体裁

在课文体裁方面，大综合教材的体裁比较丰富，除对话体和议论文文体外，还有说明文、记叙文和书信等其他文体，而小综合教材的课文则更多地采用对话体和议论文文体这两种体裁。

此外，尽管大综合教材中包含数量众多的议论文文体，但就整体而言，大综合教材短文形式的课文仍以说明文文体为主，只有《商务汉语综合教程 4》以议论文为主，其余涉及短文的教材，其课文均已说明文占大多数。而小综合教材的短文则多以议论文为主，如《实用商务汉语课本》准高级篇的副课文、高级篇的课文及副课文，均以议论文居多。

（4）其他方面

在文化方面，大综合教材课文的文化涉及面比较广，除基本的商务知识以及相关文化知识外，还涉及一定的商务道德文化。如《高级速成商务汉语 2》涉及“诚信为本”“买卖不成仁义在”“和气生财”等系列商务道德文化。

在语言特点方面，大综合教材的课文语言比较正式规范，使用了很多商务词汇，相比之下，小综合教材的课文语言则相对通俗、简洁，这也与教材所选课文的整体风格特点密切相关。

小结

本节主要对初、中、高三个阶段的大、小综合商务汉语系列教材进行了对比分析，重点从课文话题、课文情境、课文体裁三方面，就大、小综合教材的课文特点的相同之处和差异进行了对比分析。尽管大、小综合商务汉语系列教材在三个阶段、三个方面存在相同之处和不同之处，但究其根源，它们均秉承了各成系统、各有特点的编写理念，应该是成功的代表，值得后人学习。

第三节 语音项点对比分析

3.1 相同点

无论是大综合还是小综合，都有部分系列教材涉及了汉语的基本语音知识，而且考虑到学习者的因素，将语音知识安排在学习的最初阶段。

3.2 不同点

3.2.1 涉及语音项点的教材数量

在所考察的5套大综合系列教材中，只有新丝路商务汉语系列教材中的《初级速成商务汉语》对基本语音知识有所介绍，其他4套教材都只是提到了语音；而在所考察的6套小综合系列教材中，有3部教材介绍了汉语的语音知识，分别是《商务汉语入门（基本礼仪篇）》《经理人汉语（语音篇）》以及《赢在中国（语音汉字篇）》。

3.2.2 语音项点在教材中所占比重

大综合系列教材中的《初级速成商务汉语》将语音项点安排在正式学习课文之前，用6页的容量宏观、概括地介绍了汉语语音的基本知识。小综合中的《经理人汉语（语音篇）》用一本书的容量全面介绍汉语语音知识，其他两部教材中的语音部分所占比重虽然不及《经理人汉语（语音篇）》，但和《初级速成商务汉语》相比还是略多一些。

3.2.3 语音项点呈现数量

大综合系列教材中的《初级速成商务汉语》由于为语音知识安排的容量有限，其所涉及的语音项点数量亦不多。例如，教材中虽然有声韵配合表，但并未单独具体呈现声、韵母；又如，教材提及了汉语语流音变中的变调、轻声，却没有介绍儿化。相较于大综合系列教材，小综合系列教材对语音项点的呈现显得更为全面，对于汉语语音中的声母、韵母、声调、声韵拼合、拼写规则、拼音方法、变调、轻声以及儿化等基础知识，都在不同程度上有所涉及。4部教材语音项点呈现情况如表5–1所示。

表 5-1　4 部教材语音项点呈现比较表

项点呈现 \ 教材名称		初级速成商务汉语	商务汉语入门（基本礼仪篇）	经理人汉语（语音篇）	赢在中国（语音汉字篇）
音节	声母	−	+	+	+
	韵母	−	+	+	+
	声调	+	+	+	+
	声韵拼合	+	+	+	+
	拼写规则	−	−	+	+
	拼音方法	−	−	−	+
语流音变	变调	+	+	+	+
	轻声	+	+	+	+
	儿化	−	−	+	+
	“啊”的音变	−	+	−	−
音位讲解		−	−	+	−
朗读技能		−	−	+	−

3.2.4 语音项点讲解详略

大综合系列教材中的《初级速成商务汉语》对语音项点的讲解比较倾向于简要、概括地介绍，教材中没有单独提及声母、韵母，不涉及对单个声母、韵母的讲解，只是以声韵配合表的形式进行了整体展示。小综合系列教材对语音的讲解虽各有侧重，但都较为详尽。以《经理人汉语（语音篇）》为例，这部教材在讲解声母时，不仅配有声母表，而且对声母的发音进行了描写，又辅之以汉外对比，力求让学习者掌握每个声母的准确读音。4 部教材语音项点讲解情况如表 5-2 所示。

表 5-2　4 部教材语音项点讲解比较表

项点讲解 \ 教材名称		初级速成商务汉语	商务汉语入门（基本礼仪篇）	经理人汉语（语音篇）	赢在中国（语音汉字篇）
讲解方式	集中讲解	+	−	+	+
	分散讲解	−	+	−	−
图表	声母	−	−	+	+
	儿化	−	−	+	+

续表

项点讲解 \ 教材名称		初级速成商务汉语	商务汉语入门（基本礼仪篇）	经理人汉语（语音篇）	赢在中国（语音汉字篇）
发音方法	发音示意图	+	−	+	+
	汉外对比	−	−	+	−
	发音描写	−	+	+	+
拼写规则	完整讲解	−	+	+	−
	部分讲解	−	−	−	+

小结

通过对大、小综合系列教材的对比与分析，我们发现二者在项点的数量及讲解上皆各具特点，而且相较于大综合教材，小综合教材更具全面性与详尽性。鉴于当前商务汉语学习者人数的日益增多及其汉语水平的差异性，我们认为无论是大综合还是小综合，教材都有必要将汉语基础语音知识编入到初级教材之中。这样做，一方面可以保证语言要素的完整性，使学习者能在学习之初就对汉语形成一个全面的认识；另一方面也可以兼顾到更多学习者的需求，特别是对零起点的学习者来说，意义更大。

第四节　词汇项点对比分析

4.1　词汇索引

大综合商务汉语综合课教材中，所有的教材在最后都附有词汇索引，但名称各异，有“生词总表”“总生词表”“词语索引”“词语总表”等，而且不同教材的索引各有特点:《商务致胜》附有专有名词总表，甚至还有繁简对照;《初级商务汉语精读》的词汇索引非常具体，词性、英文释义以至对应页码都标示出来。

小综合商务汉语综合课教材中，除《商务汉语》无词汇索引外，其余的教材在最后都附有“总生词表”。至于“专有名词表”，仅《商务汉语入门》和《商务汉语提高》没有，其他教材都在“总生词表”后列出。不仅如此,《经理人汉语》词汇索引更是标注了具体出处——某课的某段对话。这样使学习者在复习或预习时就能很快回到对应的课文或单元中，自然而然地找到同类词语，连词成句、连句成段，无形之中既掌握了生词，又提高了表达能力。

综上所述，小综合系列教材词汇索引在内容上更为丰富、具体，分类也更加明确。详细的词汇索引能使人一目了然，而且便于回归对话或主题。

4.2　词汇数量统计

4.2.1 词汇整体数据

词汇数量在教材编写中是一个较难控制的问题，根据之前的统计分析不难看出，无论哪个级别的大、小综合教材，在词汇总量方面都有所差异。一是因为学界对商务汉语各个阶段的定位还存在分歧，二是由于不同教材在使用对象、使用目的等方面存在差异，致使词汇量上产生较大差别。更主要的原因在于，商务汉语词汇大纲在教材编写之时尚未制定，教材编写没有统一的标准。这也从侧面反映出编写商务汉语词汇大纲的必要性与迫切性。不过，虽然有些教材生词总量较大，但其中有不少是补充性的或仅出现在副课文中，只是针对学有余力的学生，具有很大的灵活性。如此一来，实际需要教师引导掌握的词汇总数并没有那么多。此外，不少教材都标明了每单元或每篇课文的课时数，虽然词汇总量较多，但具体到每个课时的平均词汇量还是较为合理的。

4.2.2 商务词汇数据

商务词汇的数量对于教材的编写同样较难控制，由之前数据的对比分析发现，不同级别的大、小综合商务汉语教材，无论在商务词汇量上，还是在商务词汇比重上，都存在着明显的差异。首先，从初级商务汉语教材来看，大综合系列教材的商务汉语词汇量处于301～718个之间；小综合系列教材商务汉语词汇量为156～1103个之间。两者差异巨大，小综合系列教材自身的商务词汇量差异明显要高于大综合系列教材。同时，两者商务词汇比重的差异表现也是多样的。小综合系列教材商务词汇比率基本介于50%～80%，相对均衡；大综合系列教材商务词汇比率普遍在70%以上，其教材的商务性要优于小综合系列教材，但有一部教材的商务词汇比率仅为36.08%，远远低于平均水平，突出了大综合系列教材自身商务词汇比重的不平衡性。其次，考察中级商务汉语教材。大综合系列教材的商务词汇量最大值为682，小综合系列教材商务词汇量的最大值为391。在最小值差异不大的前提下，可以看出大综合系列教材的商务词汇量远远高于小综合系列教材。然而，两者商务词汇比率的情况比较相似，其内部教材之间都存在巨大的差异，商务词汇比重呈现极不平衡的态势，大综合的最高值可达90.84%，而小综合最低值仅为43.23%。最后，比较高级商务汉语教材。大综合系列教材的商务词汇量处于90～813个之间，小综合系列教材商务词汇量在168～251个之间，由数据不难看出，大综合内部教材商务词汇量的差异极大，小综合系列教材的商务词汇量总体远不如大综合的多，但内部差异趋于平缓。另外，两类教材商务词汇比率情况大致相同，小综合的最大比重为78.86%，大综合的最小比重为13.80%，内部教材的商务词汇比重都表现出极大的差异，具有明显的不平衡性。

4.3 词汇种类与呈现情况

初级阶段几乎所有的大、小综合教材都将通用词汇和真正的商务词汇混合在一起呈现，并没有明确分类。多数教材只列出生词表和专名表，而专名表只是一些人名、地名、公司名，并未对每课涉及的生词进行分类。但是也有教材在这方面做出了比较成功的尝试，如大综合的《初级速成商务汉语1》和小综合的《实用商务汉语课本》，将词语按话题分类呈现，虽未列表，但已成型。这对学生短时间内扩充词汇量、掌握词语用法具有很大的帮助。

到了中、高级阶段，大综合系列教材中的《中级商务汉语综合教程（商务篇）》对词汇有了明确的分类（分“一般词语”和“商务词语准备”两个板块），每一段对话或短文中的常用商务词语均单独列出，以突出商务表达，这种分类方式对学习者和教授者都有很大的帮助。然而大部分的教材同初级商务汉语综合课教材一样，仍没有明确的词汇分类，商务词汇和通用词汇混在一个生词表中。其原因在上文已经提过，即教材编写时，商务汉语词汇等级大纲尚未问世，而当时的《汉语水平词汇与汉字等级大纲》《商务汉语考试大纲》并不能满足实际需要。因此，2012 年 4 月出台的《经贸汉语本科教学词汇大纲》将对以后的教材编写尤其是词汇方面的编排起到相当重要的作用。

4.4　词汇标注方式

在初级阶段，多数大、小综合教材的生词（只讨论主课文中的生词）标注方式为汉字、拼音、词性，加以简单的外文释义，但具体到每部教材却不尽相同。

在词性是否标注的问题上，少数教材未标注词性，这种简短的呈现方式让学习者感到轻松，如大综合的《商务汉语》《初级速成商务汉语 2》以及小综合的《通用商务汉语》；大部分教材都对词性进行了标注。在词性标注的方式上，有的教材选用英文标注词性，如大综合的《商务致胜 1》、小综合的《赢在中国（基础篇）》《赢在中国（提高篇）》以及《商务汉语（初级）》；有的选用中文标注词性，如大综合的《初级商务汉语精读》《经理人汉语》，以及小综合的《实用商务汉语课本》，这对于具有一定基础的商务汉语学习者来说是可以接受的。另外，小综合的《商务汉语入门》和《商务汉语提高》选用中英双语标注词性，是因为该系列教材针对的是更初级的使用者，双语对照更方便理解。其次，除《初级速成商务汉语 2》外，其他大、小综合教材的词语都有英文释义，这样有助于学习者学习和掌握词语的意义与用法。

在中级阶段，小综合的《商务汉语（中级）》无生词表，大综合的《中级商务汉语综合教程（商务篇）》生词未成表（一般词语未列成表，而是位于课文旁边，更有助于学习者对词语的认读、掌握以及对文章的理解），除这两者以外，其余教材均列有生词表，而且都标注了拼音、词性、释义。

到了高级阶段，大、小综合系列教材的词语标注形式趋于简单，大部分教材都为拼音、中文词性加外文释义，小综合中的《实用商务汉语课本》的准高级篇和高级篇，以及大综合中的《高级速成商务汉语》《高级商务汉语综合教程》都是如此，既简单又精炼。

与小综合不同，大综合中还有一些系列教材的生词表实为词语解释表，即生词表中含有详尽的中文释义以及近、反义词对比，如新世纪商务（经贸）汉语系列和新思路商务汉语规划教材的中、高级系列。这种处理方式一方面显示了编写者对词汇尤其是商务词汇的重视，另一方面却无形中给学习者造成了不小的压力。以《经贸汉语》系列教程为例，其生词标注方式为“汉字、拼音、中文词性、中文释义”，解释语言未经加工，多从词源角度进行讲解，稍显枯燥与艰涩，再加上每课生词数量较多，很容易使学习者产生畏难心理，教师讲授也较为困难。如能在释义上采取多种处理方式，则更能适应教材使用者的需求。

小结

本节对比分析集中在以下四个方面：词汇索引、词汇数量统计、词汇种类与呈现情况、词汇标注方式。重点在商务词汇数据的对比分析上，从初、中、高三个方面分析了大、小综合系列教材在商务词汇方面存在的差异，指出了各自的商务词汇量的最大值和最小值。笔者相信，对比分析的论述内容可以作为未来商务汉语综合课教材词汇编写的参考。

第五节　语法项点对比分析

5.1　语法数据统计及语法内容

大、小综合系列教材在语法点项目总数上有显著差异。以初级教材为例，大综合系列教材语法项目最多的是《初级商务汉语精读》，共157个，最少的是《商务致胜1》，36个。小综合系列教材中，语法项目最多的是《经理人汉语（商务篇）》，达256个，最少的是《商务汉语（初级）》，18个。这多是由专业教材话题性质的要求及各部教材培养目标、适用对象水平不同所造成的。

语法总数虽不一致，但平均每课时的语法点数量（按教材标注课时数计算）还是比较接近的。如《赢在中国（基础篇）》，其平均每课时语法点数为1.39个，而《经理人汉语（商务篇）》为0.9个，二者相差较小。这表明，对于每节课的语法知识输入量，编者们有一个大致的共识，并不因教材适用对象的差异和编者观念的不同而改变。

语法项目内容上，大、小综合系列教材编写者都有各自的编排原则，同系列的教材之间体系相对比较完整，如小综合《赢在中国》系列教材、《实用商务汉语课本》系列教材语法知识的安排分别形成完整的体系；而不同系列的同级教材之间语法内容有交叉也有不同。如大综合初级阶段《初级商务汉语精读》与《商务致胜1》中既有“把字句”“如果……就……”等共同语法点，也有“单音节形容词叠用形式”“越来越……”等不同语法点。这种情况与编写者对教材不同阶段的界定有关，也与对特定语法点所属级别的认定相关。

5.2　语法讲解方式

大、小综合系列教材有多种语法讲解方式，比如：设置“语法”或“语法要点”板块对语法点进行集中讲解；分设板块，采取“语法、注释”或“语法、词法”的方式分散讲解；不单设语法板块，将语法讲解全部安排在注释、说明中。

从表5-3可知，小综合系列初级阶段教材的语法讲解比大综合更分散，更多地考虑到了学习者的情况，这种分散处理的方式能减少学习者的紧张感。

表 5-3　大、小综合系列初级商务汉语教材语法讲解方式对应表

语法讲解方式	大综合系列	小综合系列
单设语法板块集中讲解	《商务汉语综合教程 1》 《商务汉语综合教程 2》 《商务致胜》	《经理人汉语（生活篇）》 《商务汉语（入门）》 《商务汉语（提高）》
分设板块，分散讲解	《初级商务汉语精读》	《实用商务汉语课本（初级篇）》 《经理人汉语（商务篇）》
语法讲解安排在注释或说明中	《初级速成商务汉语》	《赢在中国（基础篇）》 《赢在中国（提高篇）》 《通用商务汉语》 《商务汉语（初级）》
未设置语法点	《商务汉语》	——

中级阶段教材的语法讲解方式主要为分散讲解，如小综合系列《实用商务汉语课本》的准中级篇和中级篇，它们以“语法举要”和“词语聚焦”两大板块呈现语法点。但也有不少教材淡化语法讲解，如小综合系列的《赢在中国（成功篇）》、大综合系列的《经贸汉语中级教程》《经贸汉语》，它们的语法讲解都安排在注释中。

另外，在中级阶段，大、小综合系列教材还都比较重视语法讲解与练习的结合，但具体形式又有所不同。有的以“语句理解及练习”作为语法讲述方式，讲练结合，如大综合系列的《中级商务汉语综合教程（生活篇）》和《中级商务汉语综合教程（商务篇）》。有的则干脆不列语法点，如大综合系列的《中级速成商务汉语》和小综合系列的《商务汉语（中级）》，前者的语法点融于“练一练”中，并无讲解，后者则直接把练习题放在课文之后。

到了高级阶段以后，小综合系列教材的语法讲解内容以词法为主。《实用商务汉语课本》的准高级篇的语法讲解方式为“语法举要”和“词语聚焦”，到高级篇则只剩下了“词语聚焦”，由此足见词法在高级阶段语法中的重要性。

大综合系列教材则淡化语法，如《商务汉语综合教程 4》和《高级商务汉语综合教程》，前者以“词语表”和“语法要点”讲解语法，后者将语法点安排在“学一学”或“你知道吗”中，且这些讲解方式的名称中很少见到“语法”二字，由此可以看出大综合系列教材对语法所做的淡化处理。而《经贸汉语高级教程》和《高级速成商务汉语》则把语法讲解设置在注释、句型中，且配有练习加以巩固，比较注重讲练结合。

5.3　语法表述方式

在语法表述方式方面，大、小综合系列教材多采用表格、公式表达复杂的语法关系，再配以简单实用的例句辅助理解，同时配上相应的练习，以及时巩固、消化所学语法点。然而具体到不同教材却又各有特点。

5.3.1 初级

按语法表述方式的不同，初级阶段的大、小综合系列教材分类如下：

讲解方式较为单一，内容浅显，具体又分两种：（1）只就意义、词类和词性进行解说，如小综合系列教材的《商务汉语入门》《商务汉语提高》；（2）仅为常识性解释，纯粹语法式的解释几乎没有，如小综合系列教材的《商务汉语（初级）》。

讲解纷繁复杂，语言枯燥。这种方式下，语法点讲解详细而传统，且内容庞杂，与通用汉语教材的讲解大同小异，比如小综合系列教材《经理人汉语（生活篇）》《经理人汉语（商务篇）》，以及大综合系列教材《初级商务汉语精读》。

讲解方式多样，内容适宜，多采用表格、公式展现系统的语法结构。这样一来，内容多却不凌乱，讲解详细却不艰涩，简单明了又不是点到为止。小综合系列教材的《实用商务汉语课本（初级篇）》《赢在中国》《通用商务汉语》和大综合系列教材的《初级速成商务汉语》都是如此。

5.3.2 中级

在中级阶段，语法表述方式趋向多样化和简洁化，多用实用例句和明了的公式来配合翔实的中外文释义，再加以近义词辨析。

就大综合系列来说，其中一些教材表述方式多样，但语言表达未经加工，趋于传统，如《经贸汉语中级教程》采用综合性注释，包括词语用法讲解、近义词辨析、词汇知识、语法现象的介绍，内容翔实，对学生来说负担不小。《商务汉语综合教程》使用中文释义，例句，近义词、反义词对比扩展加以呈现语法内容，但语言较为枯燥，如能稍做加工，则更能符合学习者的要求。

小综合系列教材《实用商务汉语课本》的准中级篇和中级篇以“语法举要”和“词语聚焦”两大板块安排语法内容，并采用多种表述方式加以呈现，如简明的公式、常用的商务例句、恰到好处的中外文释义等，这些都大大方便了教材的教授者与学习者。

大综合系列有不少教材在语法内容编排方面做到了讲练结合。如《中级商务汉语综合教程（生活篇）》和《中级商务汉语综合教程（商务篇）》，二者均采用以下方式安排语法内容：简单解释课文中出现的常用结构，并配实用例句及练习加以巩固与检测。这种形式有助于培养学习者使用规范的语法结构进行商务表达。而《中级速成商务汉语》甚至无语法点讲解，只配以帮助理解知识点的例句以及帮助检测学习效果的练习。

5.3.3 高级

到了高级阶段，教材的相同之处在于，除大综合系列教材的《高级商务汉语综合教程》的语法讲解是中外文释义外，其他的大、小综合系列教材都只有中文讲解。这就要求学习者具有更高的理解能力，但也能让他们尽快习惯用汉语思维。

不同之处在于，大综合系列教材的《经贸汉语高级教程》《商务汉语综合教程 4》讲解用语未经很好的加工，稍显艰涩，而且《经贸汉语高级教程》语法讲解庞杂，追求面面俱到，近义词辨析、成语、惯用语、俗语都有涉及;《高级速成商务汉语》《高级商务汉语综合教程》则采用“简单中文讲解、例句、公式、练习”的方法，处理较为得当。小综合系列教材方面,《商务汉语（高级）》并未设置语法板块，除此以外,《实用商务汉语课本》的准高级篇和高级篇以简洁的中文、恰当的公式、典型的商务示例讲解语法，显得简单易懂。

5.4 语法点提示位置

统计中，大综合系列教材中除《商务致胜》目录有详细语法点提示以外，其他所有教材都无语法点提示。

而小综合系列教材除《商务汉语入门》《商务汉语提高》《商务汉语》和《通用商务汉语》无语法点提示以外，其他教材都设有语法点提示。而且,《实用商务汉语课本》《赢在中国》这两部教材的语法点提示设置得较为具体、多样。有了这些提纲挈领、一目了然的提示，教师讲授、学习者学习自然更方便。

小结

语法的对比分析集中在四个方面：数据统计、讲解方式、表述方式、语法点提示位置，其中对“语法表述方式”分别从初级、中级和高级三个阶段进行了横向对比分析。

第六节 修辞项点对比分析

6.1 修辞总数对比

6.1.1 大、小综合系列教材修辞总数的差异

如前文所述，在所统计的大、小综合系列教材中，修辞总量差异较大。其中，大综合系列教材共出现 425 个修辞，最多的一部出现 212 个，占大综合系列教材修辞总数的 49.88%，最少的只有 14 个，占大综合系列教材修辞总数的 3.29%。小综合系列教材共出现 120 个修辞，3 部教材出现修辞的数量占小综合系列教材修辞总数的比重，由高到低依次为 50%、37.5%、12.5%。（关于各部教材修辞所占的比重详见图 5-1 和图 5-2。）

从统计图可以看出，大综合各部教材中修辞总数所占的比重差异很大，尤其是《经贸汉语高级教程》，其数量远远高出了其他同类教材。小综合各部教材修辞所占的比重也有一定差异，尤其是《实用商务汉语课本（高级篇）》和《商务汉语（高级）》，修辞比重的差异较大。相比之下，小综合系列教材的修辞分布比较平均。

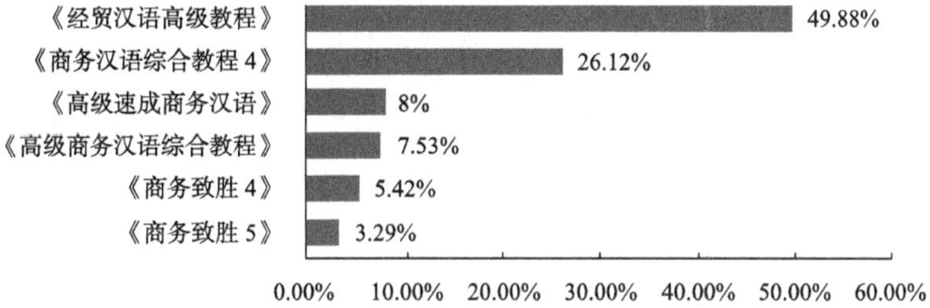

图 5-1 大综合各部教材修辞比重统计图

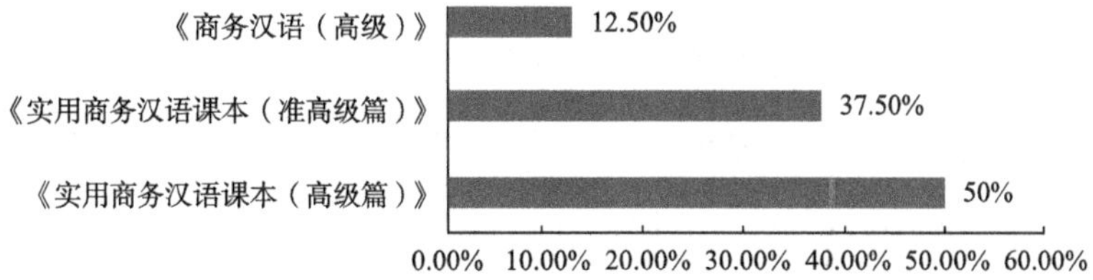

图 5-2 小综合各部教材修辞比重统计图

可以看出，不仅大、小综合系列内部各教材在修辞总数上有着较大差异，而且就大、小综合系列教材的整体而言，修辞的总数也有较大差异。这种数量上的差异主要是由教材所选课文的篇幅、选题以及教材结构设计等方面的不同造成的。

6.1.2 大、小综合系列教材修辞所占比重的相同之处

与词汇、语法、文化等内容相比，修辞在教材中所占的比重普遍偏小，且没有设立固定的章节，教学结构比较松散，尚未建立完善的体系和统一的标准。

6.2 修辞的呈现对比

6.2.1 大、小综合系列教材修辞呈现的差异

大、小综合系列教材都没有固定讲解修辞的板块，大部分修辞都直接出现在课文中。就整体而言，以呈现在课文和练习中的修辞数量为最多。大综合系列教材中，出现在课文中的修辞共计 201 次，出现在练习中的修辞共计 92 次；小综合系列教材中，出现在课文和练习中的修辞总数分别是 64 次和 66 次。

与小综合系列教材相比，大综合教材的修辞不仅大量出现在课文和练习中，也出现在副课文中，总计 127 次。此外，少量修辞还出现在生词解释、语法要点和注释中。

对于练习中涉及的修辞，大、小综合系列教材又各有不同。小综合系列教材的修辞仅出现在练习的语句中，即与练习所要训练的内容无关。与之相比，部分大综合系列教材的练习则设计了与修辞相关的题目。在这一点上表现最突出的是《经贸汉语高级教程》，其大部分单元中都有“根据课文内容解释句中画线部分的意思”这一题型，所选的句子一半以上都是课文或副课文中包含修辞的语句，所要解释的画线部分也正是句中运用修辞的语词，如“来自中国深圳的华为技术有限公司可谓出尽了风头”“消费是拉动中国 GDP 增长的三驾马车之一”等。

相比而言，大综合系列教材的修辞内容设计得更完备，结构安排得也更合理；小综合系列教材的修辞内容设计得更集中、更灵活。

6.2.2 大、小综合系列教材修辞呈现的相同之处

大、小综合系列教材的修辞分布得比较平均，且能够贯穿教材的始终，但是各部教材中修辞的呈现位置都是不固定的，均没有专门的章节或板块，对于修辞类型没有解释或解释得比较简单，且缺少相应的练习。可见，大多数教材在设计修辞教学时都采用了“潜移默化”的教学方式。如大综合系列教材中的《商务汉语综合教程 4》第 58 页的课文运用了“中国在跨国经营中伸出了一只脚”这一拟人的修辞手法，但没有相应的解释；小综合系列教材中的《商务汉语（高级）》中有“时间就是金钱”“机器上的螺丝钉”等比喻用法，虽有相应的英文解释，但是解释得也比较简单。

整体来说，高级商务汉语大、小综合系列教材都没有把修辞教学放在和语法、词汇、文化等教学内容同等重要的位置上，不要求学生全面、系统地把握，只要求领会其基本内容，在交际中不产生听说和阅读理解的障碍即可。与词汇、语法、文化等内容的教学要求相比，修辞教学在高级商务汉语教学中的教学要求相对较低。

6.3　辞格对比

6.3.1 大、小综合系列教材辞格运用的差异

辞格是修辞的主要内容，在所统计的大、小综合系列教材中，共涉及了 22 种辞格。这 22 种辞格在大综合教材中都有所涉及，小综合教材则只涉及其中的 11 种。

通过对高级教材中出现辞格的类型及使用频率的统计分析，我们看出，除了几种出现次数较多的辞格之外，还有一些辞格也出现在了大、小综合系列教材中，但具体情况有所不同：有些辞格在大综合系列教材中出现的频率较高，但在小综合系列教材中出现频率较低，如反问；有些辞格恰恰相反，在小综合系列教材中出现的次数要稍多于大综合系列教材，如排比、仿词等。而有些辞格仅出现在大综合系列教材中，没有出现在小综合系列教材中，如借代、对比、叠字、对照、层递、仿拟、移就、婉言、反诘、类比等。

6.3.2 大、小综合系列教材辞格运用的相同之处

在大、小综合系列教材中，出现次数最多的辞格均为比喻，主要包括明喻、暗喻、借喻三种。其原因主要在于比喻这种修辞手法与人们日常生活的密切程度及其自身的性质有关：比喻不仅能使深奥的道理浅显化，帮助加深体味，又能使抽象的事物具体化，让人便于接受，还能使概括的东西形象化，使人印象深刻。因此，对于以跨国交际为目的的商务汉语来说，比喻的修辞手法是非常重要的，也是十分常见的。除此之外，大、小综合系列教材中对拟人、设问、引用等辞格的使用也十分频繁。

有些辞格虽然同时出现在大、小综合系列教材中，但出现频率普遍较低，如拟物、排比、夸张、对偶、移用、仿词等，均在 5 次以下；还有些辞格在大、小综合系列教材中都没有涉及，如顶针、反语等。对于教材中没有涉及的辞格，以及出现频率较低的辞格，一方面是由于这几类辞格与人们的现实生活联系不够紧密；另一方面是由于这几类修辞手法比较难操作，与比喻等常见修辞手法相比学生理解起来比较困难，即便能够理解也很少使用，因而在商务汉语教材中较少出现。

小结

本节对大、小综合系列教材中的修辞项点进行了对比分析，比较的重点在三方面：修辞总数、修辞的呈现和辞格。尤其是“修辞的呈现对比”部分，既分析了大、小综合系列教材中修辞呈现的差异，又找出了修辞呈现的相同之处。以上种种，均为今后的教学和教材编写提供了可借鉴的材料。

第七节　文化项点对比分析

7.1　初级阶段大、小综合系列教材对比分析

7.1.1 相同点

（1）文化内容的编排形式相同

不同的教材由于各自的教学目标不同因而会采取不同的编写方法，大、小综合系列教材对于文化内容的编排模式均不单一，富于变化。但由下图可知，两个系列教材均采用频率较高的、比较通用的编排模式，即单设板块、将文化内容置于注释中以及将文化内容融于课文与练习中三种。如图 5-3 所示。

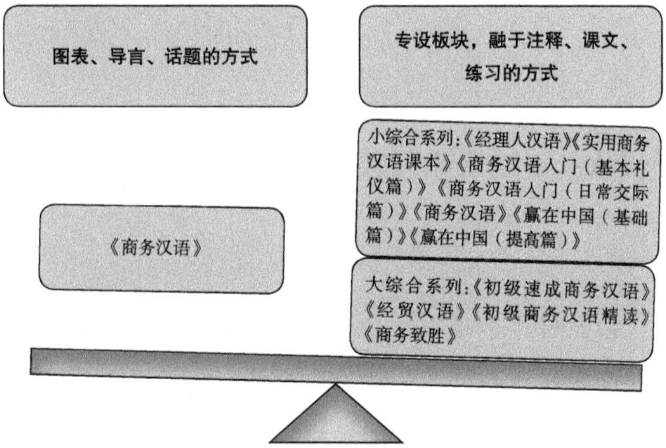

图 5-3　初级阶段大、小综合系列教材对文化内容的编排模式

（2）文化内容的主要特点相同

大、小综合系列教材的初级文化内容主要有以下两个特点：

一是日常普及性。商务汉语学习者主要有两大类：一类是在华企业的外籍员工，另一类是商贸汉语留学生。对于第一类人群而言，其商务活动可用英语进行，只有在涉及日常的交际活动时才需要用汉语，例如订餐、订房间等。而对于第二类人群，即潜在的商务活动主体，交际是其学习的基础，因而商务汉语教材的日常普及性兼顾到了两者的需要。

二是交际性。商务汉语具有专用性的特点，该特点要求商务汉语教材应将语言交际与商务知识巧妙结合。也就是说，商务汉语教材的编写不仅要展现其专业性，更要注重实用性。基于上述原因，商务汉语大部分教材都力求做到结合留学生的生活实际，因而教材编写过程中交际情景化尤为突出。

7.1.2 不同点

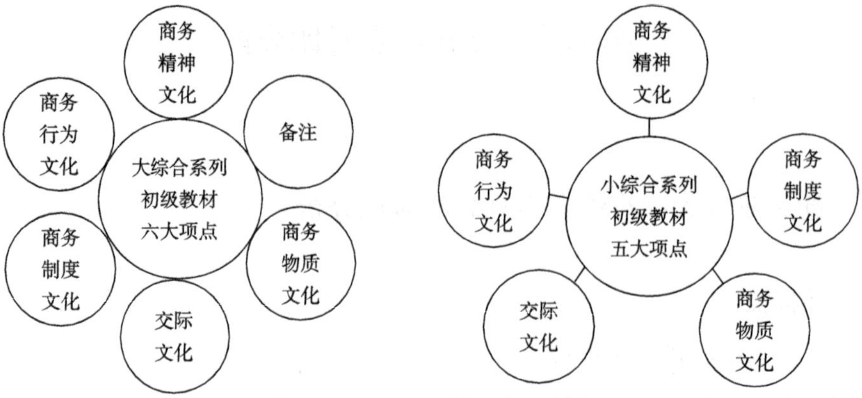

图 5-4　初级阶段大、小综合系列教材文化项点对比图

由图 5-4 可知，大综合系列初级商务汉语综合课教材的项点内容更为全面，比小综合初级商务汉语综合课教材多一个“备注”，该备注又分为商务知识和常识知识两方面，内容更加详尽细致。

7.2　中级阶段大、小综合系列教材对比分析

7.2.1 相同点

初级阶段商务汉语教材大多是商贸活动前的社交活动，主要体现的是交际性，中级阶段商务汉语教材，内容转入到商务活动，主要是与贸易类相关的活动，继而跨越到高级的宏观商贸活动。整个商务汉语综合课教材的编写依旧沿袭着汉语综合课教材文化编写连续性这一潜在的编写规则。在这一文化定位上，大、小综合中级商务汉语教材不谋而合。

7.2.2 不同点

（1）文化内容

大综合中级商务汉语综合课教材偏重于人力资源管理、组织管理与企业文化、企业结构、战略规划与跨国经营、洽谈文化与交涉文化、国家政策与发展战略、法律法规、经济管理体制、时政要闻、成语、惯用语、流行语、入世（加入 WTO）流行词汇，以及常识文化等。

小综合中级商务汉语系列教材的文化内容更为注重贸易术语、价格、贸易壁垒、运输

与包装、保险、合同、商检、商标、广告、销售以及管理、经济基础知识、金融、商务惯例、法律等方面。

（2）编排形式

大综合中级商务汉语综合课教材中的文化内容编排大致可分为三种模式：设立专门的板块进行文化知识的介绍与说明、以注释的方式对课文所涉及的文化点进行进一步阐释、用导言引出文化内容。

小综合中级商务汉语系列教材的文化内容编排大致也可分为三种模式：以文化点为课文话题、将文化项目融入语境、文化项目与图表文书结合。由此可以看出，大综合系列教材文化的编排形式更为“形式化”“正式化”，将文化作为较为显性的因素呈现；而小综合系列教材的文化编排则将文化置于“无形”，更为侧重其隐性渗透。

7.3 高级阶段大、小综合系列教材对比分析

7.3.1 相同点

大、小综合高级阶段教材的文化定位相同。高级教材是商务汉语教学过程中的升华，它对商务汉语知识系统的形成起着至关重要的作用。在内容上，不同于初级的日常经济活动，也不同于中级的商贸基础和商贸专题，高级商务汉语教材更多地侧重对宏观商贸的介绍。由微观到宏观，高度概括，将使学习者对商务汉语有一个全新的认识。

7.3.2 不同点

大、小综合高级商务汉语综合课教材的不同点主要侧重于其文化内容的选择、文化项点的择取视角。

表 5-4 高级商务汉语综合课教材（大综合）文化项点表

<table>
<tr><th colspan="2">日常文化</th><th colspan="6">管理文化</th><th colspan="2">交易文化</th><th colspan="4">政策文化</th><th rowspan="3">商务写作</th><th rowspan="3">电子商务</th></tr>
<tr><td rowspan="2">生活文化</td><td rowspan="2">社交文化</td><td rowspan="2">人力资源管理</td><td rowspan="2">组织行为管理</td><td colspan="4">战略管理</td><td rowspan="2">洽谈文化</td><td rowspan="2">交涉文化</td><td rowspan="2">国家政策与发展战略</td><td rowspan="2">法律法规</td><td rowspan="2">经济管理体制</td><td rowspan="2">时政要闻</td></tr>
<tr><td>企业文化</td><td>企业结构</td><td>战略规划</td><td>跨国经营</td></tr>
</table>

表 5-5 高级商务汉语综合课教材（小综合）文化项点表

商务文化																				常识文化
贸易文化							销售文化					经济金融			商务惯例与法律		商务写作会谈	招标与中标	电子商务	
贸易术语	国际单位	价格	贸易壁垒	运输与包装	保险	合同	商检	商标	广告	销售	管理	经济基础知识	银行学	金融	商务惯例	法律				

由表 5-4、表 5-5 可知，大、小综合商务汉语高级综合课教材所涵盖的商务汉语文化点有所不同。其中大综合系列教材主要是通过日常文化、管理文化、交易文化、政策文化、商务写作以及电子商务等方面来呈现，由此我们可以大致看出，大综合系列教材更为侧重交易过程中的相关文化；小综合系列教材的文化项点主要是通过贸易文化、销售文化、经济金融以及商务惯例与法律等方面来呈现其蕴含的商务文化。

小结

通过对大、小综合系列教材文化项点的对比分析，可归纳出以下两点：首先，从纵向上来看，无论是大综合系列教材还是小综合系列教材，都遵循着循序渐进、由浅入深的原则。其次，从横向上来看，大、小综合系列教材在文化内容的选择上各有侧重。其中相似的文化内容，其呈现方式与选取的文化视角却不同，而有些文化内容的选择则存在差异。

第八节　练习项点对比分析

8.1　练习总量对比

大综合系列教材中的国家对外汉语教学领导小组规划教材和新世纪商务（经贸）汉语系列出版时间较早，练习总量基本低于 30%。另外 3 套教材均在近几年出版，练习在教材中所占的比例较大，达一半甚至一半以上。大综合系列教材的出版时间大部分在 2009—2012 年之间，略晚于小综合系列教材。

小综合各部教材间练习总量有较大差异，练习总量最小的仅占 24%，最多的高达 69%。练习总量较多的教材有 4 套:《经理人汉语》《商务汉语入门》《商务汉语提高》和《商务汉语》，这 4 套教材的练习总量比重均接近 50%。《实用商务汉语课本》《通用商务汉语》和《赢在中国》3 套系列教材的练习总量比重均为 30% 左右。根据教材的出版年代顺序和练习总量的数据我们看出：2007 年之前的几套教材练习总量较大，从 2007 年开始小综合系列教材的练习总量明显减少。

通过计算每年出版教材练习总量百分比的平均值，我们得出系列教材练习总量统计图，具体结果如图 5-5 所示。

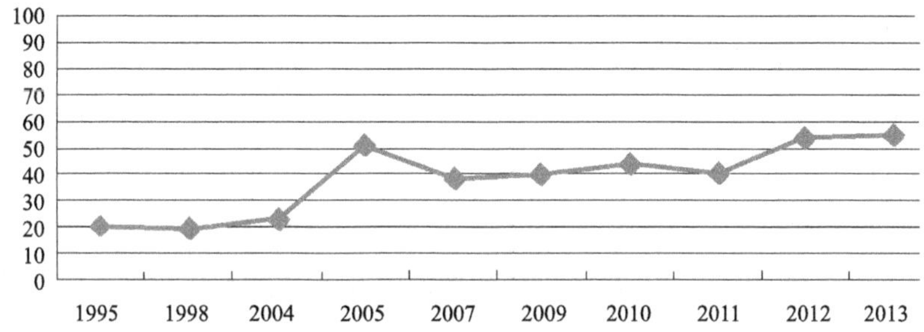

图 5-5　系列教材练习总量百分比示意图

从图 5-5 可以看出，系列教材练习总量比例的发展经历了两次变化——2005 年之后的练习总量减少和 2011 年开始的练习总量再次递增。第一次变化可能与 2006 年《商务汉语考试大纲》的出版有关，第二次变化可能与新型教学法的使用有关。商务汉语综合课的教学与汉语综合课教学有异曲同工之处，新型教学法不但适用于汉语综合课教学，也适用于商务汉语综合课教学，如案例教学法和任务教学法等。新型教学法的使用导致了相应练习题型的变化，商务汉语中的案例和任务数不胜数，因此根据案例和任务设置的练习数量必然增多。同时，这一变化也体现了新一代教材的编者们再次强调了练习在商务汉语综合课系列教材中的重要性。

8.2 单课练习量对比

8.2.1 题量对比

通过统计单课练习量的最小值和最大值，我们得出了系列教材单课练习量统计图，具体结果如图 5-6 所示。

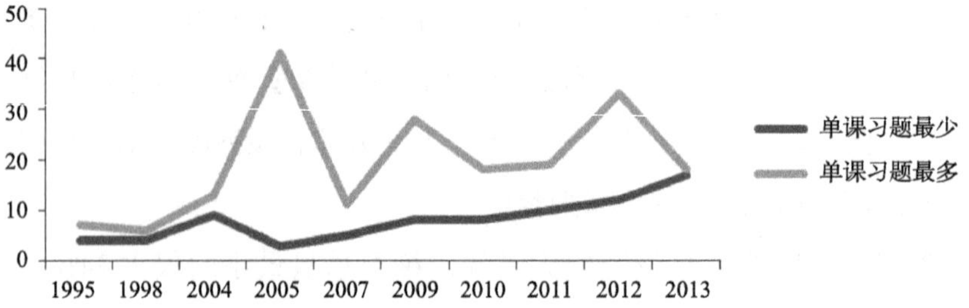

图 5-6　单课练习量统计图（单位：题）

小综合系列教材出版的时间较早，当时技能练习的题型和中国对外具体商务活动内容有限，因此教材的单课习题数量较少。相比之下，大综合系列教材的单课练习数量有了大幅度的增加。这是因为随着中国综合国力的不断提升，国内经济的发展和国际商务合作的加强使中国对外的具体商务活动内容有了很大变化，而商务汉语应用性较强的特点要求教材编写者与时俱进，把语言知识与最新的商务活动结合起来，运用丰富的练习形式来强化学习者进行商务交际的能力。此外，新型教学法的应用也对练习的形式和数量造成了一定影响，比如，由于案例式教学法和任务教学法的应用，练习内容变为一个个具体的案例和任务，使得单课练习数量增加。

8.2.2 固定性对比

大综合系列教材方面，只有最新出版的新丝路商务汉语系列教材的单课练习题量极不固定，其他 4 套大综合系列教材的单课练习数量都比较固定。而在小综合系列教材中，《经理人汉语》的生活篇和商务篇及《赢在中国》的语音汉字篇和基础篇单课习题数量差距都在 10 题左右，单课练习量不固定，而另外 4 套教材则相反，单课习题数量都较为固定。纵观大、小综合系列教材的单课练习量统计结果，可以看到，除小综合系列教材的《经理人汉语》《赢在中国》和大综合系列教材的新丝路商务汉语系列教材以外，系列教材的单课练习量都具有固定性的特点。

《经理人汉语》和《赢在中国》都是中国—欧盟青年经理培训项目的指定教材，其针对性较强，编写者设计了大量的商务任务让学习者完成；新丝路商务汉语系列教材也是如此，不仅包含基本的语言要素和技能训练，还针对不同商务活动设计了丰富的任务型练习。可以说，这 3 套教材与其他几套教材相比，任务型练习在练习总量上占有较大比重。

商务活动内容各异，如果根据具体活动设计任务型练习必然会造成练习任务的形式和数量不同，因此这 3 套系列教材的单课练习量不具备固定性。

8.3　练习题型

8.3.1 题型的多样性与固定性

题型的多样性和固定性呈负相关关系，也就是说一般题型固定性较强的教材其多样性就会减弱，反之题型固定性较弱的教材则具有多样性。题型固定性较强的教材练习形式整齐划一，学生在训练的时候目的较明确；题型固定性较弱的教材，其练习形式变化多端，学生做每课练习时都会有新鲜感。那么到底哪种类型的教材更有优势呢？这还有待进一步考察。

（1）大综合系列教材分析

通过对 5 套大综合系列教材练习方面的项点统计，可以看出，除了出版时间最早的国家对外汉语教学领导小组规划教材之外，其余 4 套大综合系列教材的练习题型都十分丰富多变，尤其是在任务型教学法指导下编写的新丝路商务汉语系列教材，任务型练习丰富多样，趣味十足。这说明了大综合系列教材的编写者不再一味追求题型固定，而是开始设计编排多样的题型以使教材更加充实。

前文分析过大部分小综合系列教材的题型均有固定性特点，与小综合系列教材相比，大综合系列教材题型更具多样性。纵观商务汉语综合课系列教材题型的发展变化情况，我们看到，随着时间的推移和教学法的研究改进，商务汉语综合课系列教材的题型也由固定走向了多样。

（2）小综合系列教材分析

通过对 6 套小综合系列教材的统计，我们得出以下结果：出版最早的《经理人汉语》练习题型固定性较弱，练习种类丰富，具有多样性。相反，《商务汉语入门》《商务汉语提高》练习题型极为固定，题型数量基本和单课练习量保持一致，练习种类也较少。同样，《商务汉语》练习题型固定性也较强，初级、中级题型均为 8 种左右，到高级有所增加，可见随着学习的深入，编写者设计出类型更加丰富的练习题以供学习者操练。《实用商务汉语课本》练习题型也具有固定性，初级和高级教材题型较少，而中级阶段题型较多。而《通用商务汉语》不仅各课练习题型比较固定，而且题型较多，可以说多样性与固定性并存。《赢在中国》各课练习类型基本一致，前后统一，有时根据语言点的不同而略有调整，体现了训练的系统性。

由此可见，6 套教材中，只有出版时间最早的《经理人汉语》的练习题型不具有固定性，其他 5 套的练习题型都具有固定性，因此可以说，小综合系列教材的练习题型出现了固定性越来越强的趋势。出版时间最早的《经理人汉语》的题型数量较多，到中期的几套教材，题型数量开始减少，都在 10 种左右，而出版时间较晚的《赢在中国》题型数量又有所回升，这表明，编者在追求练习题型固定性的同时，也注重练习题型的多样性，这样才能提升教材的质量。

8.3.2 技能型练习

（1）大综合系列教材技能练习分析

通过对比总结各个阶段大综合系列教材技能型练习的情况可以看出：5 套教材都不同程度地设计编排了语言技能练习，符合商务汉语综合课的课程性质，但 5 套教材技能练习的设计编排各有特点。

国家对外汉语教学领导小组规划教材《商务汉语》设计了说话练习和阅读练习，在第二部《经贸汉语》中又加入了听力练习，技能练习的比重逐步增加，具有一定连续性。

新世纪商务（经贸）系列教材则从初级开始到中级、高级均为说话练习、阅读练习和写作练习，整套教材整齐划一，尤其注重语言要素练习和说话练习中的成段表达。

新思路商务汉语规划教材的练习部分分为课堂练习、练习与作业和辅助阅读。前三部的重心在阅读练习上，通过丰富的阅读练习扩展学习者的社会热点知识，此外，其阅读练习还出现了多项选择题，增加了难度。第四部适当减少了阅读练习，重心转移到成段表达和写作上，重视确立学习者对商务活动中可能遇到的问题的个人观点，并进行相应的口头和书面表达。

卓越汉语系列教材初级阶段的技能训练主要集中于听力、说话和阅读练习上，到中级和高级阶段又加入了写作练习，而且这套教材的写作练习具有循序渐进的特点。例如：在《商务致胜 3》中，写作训练题目后会列出范文，方便学习者参考，这为中级水平学习者提供了很大的帮助；《商务致胜 4》和《商务致胜 5》属于高级阶段教材，高级水平的学习者已经可以独立完成段落写作，因此这两部教材的写作练习直接给出题目，取消了范文。可以说，这套教材的技能训练完善并具有连续性。

新丝路商务汉语系列教材语言技能的训练和卓越汉语系列教材相似，也是随着学习者语言水平的提高而越来越全面。这套教材的特点在于设计了十分丰富的任务型练习，包含各种商务情景。这种方式可以使学生的商务交际能力得到充分的训练，他们的学习热情也能得到提高。另外，这套教材还很重视各国社会文化的差异和商务汉语的语体特征，在练习中设计了语体转换练习和文化知识练习，形式新颖而全面。

传统的结构主义语言教学是把各种语言要素和语言技能分别加以训练，从而让学习者获得语言能力，可实际上“听、说、读、写是四种既有联系又有区别的技能，在学习和使用过程中常常是你中有我、我中有你，互相依存、互相促进的。某一项技能的获得绝不能孤立地单独进行训练”（杨惠元，2000）。商务汉语的特点决定了学习者要综合掌握各项语言技能，所以在今后的教材编写中应该尽量多地编排一些综合性语言技能练习，如任务型练习和商务案例分析等练习，这样才能有效提高学习者的综合语言能力，从而使其更加高效地进行商务交际活动。

（2）小综合系列教材技能练习分析

通过对比总结小综合系列教材的技能型练习情况可以看出:《经理人汉语》《实用商务汉语课本》和《赢在中国》的技能型练习较为全面，其余教材的技能型练习稍有欠缺。在技能型练习较全面的3套教材中，《经理人汉语》从语音篇到商务篇的技能训练编排都遵循了言语行为的一般规律，即以“听”为信息输入的先导，在此基础上让学习者阅读相关话题的书面材料，通过视觉输入进一步扩大信息量，最后让学习者模仿，运用所学知识进行口头和书面的表达练习。此外还设计了大量课外实践活动，使学习者在参观访问、调查座谈中进一步提高汉语交际能力。《实用商务汉语课本》和《赢在中国》的技能练习也是先重点训练听和说，然后训练读、写、译，这样的练习编排更符合学习者的认知规律，由浅到深、由易到难、循序渐进地使学生掌握语言技能。语言能力的发展是一个整体，只有听、说、读、写、译各项技能相互配合、协调进步，才能使语言能力发展到较高的水平。

商务汉语更强调语言的操作性和实用性，因此练习部分不应该是对课文内容的简单重复，而应该是课文内容的深化，或者给学习者提供语言使用的情境，让他们在不同场合下操练汉语，比如产品介绍、商务谈判、广告宣传等。这样的练习形式符合任务型教学法的要求，也符合商务汉语考试（BCT）的测试理念（BCT考查应试者在商务活动及与商务有关的生活社交活动中运用汉语进行实际交际的能力）。

此外，通过对小综合系列教材的统计分析，我们发现教材中关于商业写作方面的训练还不够。因此，在今后的教材编写中编写者可以考虑适当增加写作方面的练习，如：从为自己设计名片开始，写中文简历、申请信，再到能够读写一般的商务书信、商业文件、正规合同以及契约文书等。这样循序渐进的练习形式可以帮助学习者达到应对和适应商业活动的最终目的，同时使教材的练习部分更加完善。

小结 >>

本节对大、小综合系列教材中的练习项点进行了对比分析，主要从练习题量和练习题型两方面进行对比。尤其是“练习题型”部分，既分析了大、小综合系列教材中练习的固定性与多样性的关系，又着重分析了各部教材技能练习的特点，为今后的练习编排提供了可借鉴的材料。

第六章　商务汉语综合课教材构架发展趋向

本章以前五章所述内容为基础，从“编排、选篇、语音、词汇、语法、修辞、文化、练习”八个方面，对商务汉语综合课教材构架的发展趋向做出了前瞻性预测。希望预测结果能够为汉语国际教育中的商务汉语综合课系列教材的健康发展贡献微薄之力。

本章内容的重点在于“发展趋向”，所有的预测结果均源自“教材构架”的八个方面。

第一节　教材的编排

1.1　大、小综合系列教材的编排

1.1.1 参考大纲编写教材

随着对外商务汉语教学的蓬勃发展，商务汉语教材的编写应从零散的各自为营逐渐走向有系统性的统筹规划。商务汉语是一门专用汉语，其教学属于语言教学，教材的编写应该依靠系统的、专业的理论进行指导，尽量避免编写的随意性。上世纪 80 年代第一部商务汉语教材出版，之后的几十年中各类商务汉语教材层出不穷，但由于客观条件的限制，绝大部分教材在编写时没有参考大纲，可见商务汉语教材发展仍处于尚未完全成熟的阶段。近年来《商务汉语考试大纲》和《经贸汉语本科教学词汇大纲》的出版填补了商务汉语大纲方面的空白，但两部大纲具有一定的针对性，目前还难以满足各类商务汉语教材的编写需求。在所考察的大、小综合商务汉语教材中，只有 4 套参照了大纲，且其中两套参照的是通用汉语大纲。为保证教材编写的科学性和系统性，提高编写效率，未来的编者会更倾向于参照相应的商务汉语大纲进行教材编写。相信在未来，新的商务汉语大纲的出现会带动一批新的商务汉语教材的出版。

1.1.2 针对性更强

中国经济发展与全球化进程加快使得学习商务汉语的需求迅速扩大，学习者的类型也呈现多样化，教材是针对学习者的现状和需求设计的，一套完整的、系统的商务汉语综合课教材应注重其针对性。早期商务汉语的教学对象更多针对的是来华进行商贸活动的商务人士，教材内容以口语会话为主，以掌握基本的商务交际为目标。而现在，学习商务汉语的群体已经不单单是商界人士，还包括了学生群体，以及想要了解商务汉语的普通大众等，学习者类型的多样化迫使商务汉语教材在编写之初就要明确自己的对象，以此为基础编排教材内容。目前国内出版的商务汉语教材可谓不少，但研究显示不少使用者在挑选合适的教材时仍感到比较困难。本书论述的 11 套教材基本上都对适用对象的汉语水平进行了说明，对于教材使用者而言是比较可行的指南，还有部分教材明确指出专门为经贸类本科留学生或来华短期培训的商务人士编写，在针对性上更进一步。成功的商务汉语教材应能够在兼顾大局的同时突出自身的特色，教材之间若能分工明确、各有区别，就能避免同一类型的教材数量过多、教材内容针对性不强、实用性不足等问题。

1.1.3 教材内容的扩展

自商务汉语教学起步以来，商务汉语的外延一直是一个备受关注的话题。较之最初的界定，现在我们所说的商务汉语的内容已经远远超出了单纯的经贸活动中的直接交际，“大商务”的概念逐渐受到了学界的认可。纵观这 11 套教材，出版年代较晚的教材在商务专业方面的内容与早期教材相比大大地丰富了，有的教材还加入了日常生活交际的内容。教材内容的扩展一方面是由于学科研究的深入，商务汉语的体系本身在不断完善；另一方面是由于学习者需求的增加和改变，教材需要适时进行调整。生活、商务与文化相结合的教材在未来可能会越来越多，但需注意的是，要控制各部分内容的比例，在保持商务汉语教材专业性的基础上适当扩充其他内容，其他内容的选取要有目的性、针对性，能够满足教材使用者的需求，使教材的实用性得到提高。

1.1.4 新理论与教学法的体现

一个时代的教材尤其能体现当时的教学理念，商务汉语综合课教材也不例外。商务汉语教材的发展初期已经受到了功能法的影响，本书所考察的 11 套教材全都以功能为中心，编排体例大致相同。虽然功能占主要地位，但结构法在目前的汉语教学中还无法完全抛弃，近年来一些商务汉语教材努力将结构教学融入其中，增强语言学习的体系性。此外，多数教材较注意引入相关的文化内容，由此形成了“功能、结构和文化相结合”的编写理念，与当前通用汉语教材的编写模式较为相似。在部分教材中，任务教学法得到了很好的体现，主要手段是在练习部分设置任务型练习，这也体现了商务汉语教材编写者对当下新兴的语言学和语言教学理论的关注。就目前而言，商务汉语教材的编排体例较为单一，研究和理论的更新势必会对商务汉语教材的编写带来一定的影响，我们期待更为灵活、有效的编排方式的出现。

1.2 大、小综合系列教材的发展趋向

1.2.1 大综合系列教材的发展趋向

大综合商务汉语教材应该有相配套的技能课教材。调查研究显示，目前商务汉语技能课教材需求最大的是口语教材，其次是阅读教材，听力和写作的需求度不高。需求度的差异导致了商务汉语技能课教材发展比较不平衡。随着商务汉语教材内容的扩充，综合课教材的容量逐渐增大，设立相配套的技能课教材可以为学习者提供更为深入和集中的训练，也可以适当减轻综合课教材的负担。相应的技能课教材最好能与同系列的综合课教材互相辅助，同时又可以单独拿出来使用，提高教材的利用率。

1.2.2 小综合系列教材的发展趋向

小综合商务汉语教材不包括技能课配套教材，因此，教材的编排应更具综合性，集“听、说、读、写”等语言技能为一身。培养学习者的日常和商务交际技能是商务汉语教材的重要目的之一，“以功能为主线，根据不同技能训练横向展开”是一种重视语言实践的编排模式，小综合系列教材采用此种编排模式能够增强教材的实用性。此外，在商务内容之外设置生活、语音、汉字等独立单元，也是小综合商务汉语教材的一种可选择的发展趋势，此举针对的是想在短期内学习商务汉语的零起点学习者。

小结

大、小综合商务汉语系列教材的内容逐步扩充，针对性日渐增强，商务汉语大纲的研制将更好地辅助教材编写，新的学科理论与教学理念也将被应用到教材编写中来。大综合系列教材应具有与之配套的技能课教材；小综合系列教材应更具综合性，尽可能兼顾“听、说、读、写”多方面的语言技能训练。

第二节　教材的选篇

2.1　教材选篇存在的问题

随着商务汉语教学的蓬勃发展和对外汉语教学学科理论体系的日益完善，虽然对外汉语教材的数量有日益增多的趋势，但其中的商务汉语教材仍不能满足教与学的需求。

纵观30余年的商务汉语教材，展现在大家面前的现象是教材种类仍不够齐全。虽然商务汉语教材的数量近年来有所增加，但就整体来看，数量还是偏少，特别是高水平的精品教材较少。此外，教材对先进的教学理念和教学法的吸收也不够充分。这些问题反映在商务汉语教材的课文选篇上，主要表现在课文内容整体比较陈旧，门类狭窄，不能及时吸收当前的社会热点和经典案例。商务汉语教材的课文内容远远落后于社会经济文化的发展变化，甚至有些教材的课文内容仍旧为80年代末、90年代初的商务热点和时事，讲授的仅仅是商务汉语初级阶段的一般常识，缺乏对现代企业特征与现代商业运作基本特点的介绍。这一点无论大综合系列教材还是小综合系列教材，都体现得较为明显。此外，部分大综合教材的课文中涉及相关商务公文的阅读，其中，有关商务磋商过程的内容安排得比较详细，函电样本也比较多，但有关商务合同的样本却不多见。这就导致在实际的学习和工作中，不少学习者虽达到高级阶段，但仍不会起草中文书面合同以及如何规定双方的权利和义务。掌握商务信函的书写固然重要，但如何签署标准合同在商务洽谈中也十分重要，因而这一部分内容在教材中应进一步充实。

2.2　教材选篇的发展趋向

教材的课文是帮助学习者高效率学习汉语的重要因素之一。鉴于课文的重要性，未来商务汉语教材在编写时要遵守以下几个原则：一是科学性原则，即教材课文的语言要规范，对有关语言知识和文化知识的介绍要科学准确，教学内容的组织要符合语言规律、学习规律和教学规律；二是实用性原则，即所选课文内容必须是进行商贸活动所常用的；三是需求分析原则，即课文所选内容应当以满足学习者的实际需求为目标，使学习者不仅能够学到知识，且能利用所学帮助自己顺利完成交际，这就需要我们对学习者的内在潜能和外部环境有一个全面的了解；四是灵活与开放性原则，即在不违背语言教学规律和教材编写原则的前提下，课文内容可以有一定的弹性和可裁性，学习者可以根据自身需求和学习水平对内容进行适当取舍，如每课在主课文后设置副课文或阅读材料等环节，供学有余力者使用；五是趣味性原则，即课文要满足学习者的需求，营造真实的商务环境，语言有文采，有幽默感，语体风格多样，使学习者能够轻松识记并掌握。

在以上原则的指导下，我们对未来商务汉语系列教材的课文话题、课文情境、课文体裁和课文文化的发展趋向做以下建构。

2.2.1 课文话题方面

未来大、小综合系列教材仍要以日常生活和商务活动两类话题为主，这比较符合学习者的规律。但是，随着经济社会的不断发展，课文的内容也应充分考虑现实的变化，不断更新。商务汉语不是一门仅仅讲授商务知识的课程，也不是一门仅仅讲授汉语知识的课程，而是一门讲授包括商务汉语知识和汉语知识在内的综合课程。就中国目前经济社会的发展情况来看，商务汉语不仅应当包括贸易活动，还应包括金融、保险、法律、管理、信息产业、电子商务、传媒、高新技术和服务业等几乎所有的行业。时代在发展，知识在更新，未来商务汉语教材的课文话题也应当随之及时更新，要及时将最新的商务活动或商务规则变化的案例作为课文话题编写时参考的依据。同时，再版教材也绝不能仅仅简单重复以往的话题，而必须使用最新的商务时事或典型案例进行必要的修订或补充，以保证信息的有效性。

2.2.2 课文情境方面

我们认为，大综合系列教材应适当增加课文情境，小综合系列教材应继续保留设置明确课文情境的这一风格，尤其是初级阶段的大综合系列教材以及各阶段的小综合系列教材，其核心课文应当全部情境化。因为交际与情境不可分离，国际商务领域的言语交际总是在具体的商务环境中进行的，因而要想实现教材的交际功能，满足学习者的交际需求，就必须要明确课文情境。核心课文全部情境化，同时调动和利用各种媒介与手段，努力营造真实可信的国际商务环境，为学习者提供动态、客观、真实的国际商务世界。

2.2.3 课文体裁方面

现有的大、小综合系列教材均选用会话和短文两种形式。其中，初级阶段的教材多选用对话作为课文的主要形式，进入中、高级阶段以后，教材则更多地选用短文形式。这种由易到难、从简到繁的课文形式符合语言学习规律，我们认为，未来的商务汉语教材的课文可以继续沿用这种形式。

2.2.4 课文文化方面

未来商务汉语教材的编写也应当特别重视将文化因素融入课文中，因为文化因素越来越成为影响商务交际和决策制定的重要因素。课文渗透文化因素，不仅在于传授文化知识，更在于帮助学习者排除文化差异造成的交际障碍。所以，未来商务汉语教材的课文选篇，应当从比较分析的角度适当引入相关商务文化的背景知识、风俗民情、社交礼仪乃至思维方式。就目前的教材而言，大综合系列教材在这方面做得较好，而小综合系列教材仍有待提高。未来教材可以在主课文后安排一篇阅读短文或阅读材料，其内容是与该课主课文话题相关的社会背景和文化背景知识。在文体上，前者可以是口语，后者为书面语，这样可以同时训练学习者的会话和阅读能力，同时也可以增强学习者对中国文化的了解。

未来商务汉语教材的课文选篇要反复推敲，其内容不仅要紧紧围绕学习者，满足学习者的交际需求，同时也要符合当代中国经济社会的发展趋势。在新一代商务汉语教材课文选篇的选取和编写中，我们要把商务业务内容、交际技能及语言形式有机地联系起来，并将新的理论成果和技术成果相结合，顺应时代的发展，不断满足教学的需求。

小结

本节首先分析了商务汉语大、小综合系列教材选篇存在的问题，并以此为基础，从课文话题、课文情境、课文体裁和课文文化等四个方面对未来商务汉语教材课文选篇的发展趋向进行了建构。

第三节　教材的语音

3.1　大综合系列教材的发展趋向

未来商务汉语大综合系列教材可适当提高对语音项点的重视程度。对汉语语音的基本知识，虽不必面面俱到地全部呈现和讲解，但考虑到语言要素的完整性、教材的系统性以及学习者多样化的需求，仍有必要在学习的最初阶段对基本语音知识进行选择性地概括和介绍，特别是对声母、韵母、声调及变调、轻声、儿化这样最基本的语音项点更应做到有所突出，即不仅要呈现，还要有所侧重地进行讲解。

3.2　小综合系列教材的发展趋向

未来商务汉语小综合系列教材应继续保持对汉语语音的重视。在语音的呈现方面要做到完整全面，如声母、韵母、声调、声韵拼合、拼写规则以及变调、轻声、儿话等基本的语音项点是不可缺少的；而像“啊”的音变、朗读技能这样相对次要的语音项点，为了不增加学习者的负担，可作为了解性内容呈现。在语音的讲解方面，要做到准确详尽：整体上，集中讲解与分散讲解各有利弊，并无统一标准，可视情况择优选用；具体来说，像发音示意图、发音描写及图表这样清晰明了的讲解方法，可灵活选择、综合运用，以达到最佳教学效果。

小结

语音作为语言要素之一，应是语言教学中所必需的。因此商务汉语系列教材不管是大综合还是小综合，都不应抛弃语音。语音作为基础知识，在整个学习过程中都应受到重视，特别是在学习的初始阶段，最基本的语音知识很有必要纳入教材，而相对次要的语音知识则应以了解性内容的形式概括呈现。对语音的讲解，也要做到把握整体，有所侧重，力求使学习者能准确而充分地掌握汉语的语音，并为日后的进一步学习打下坚实的基础。

第四节 教材的词汇

4.1 教材词汇编写存在的问题

表 6-1 大、小综合系列教材词汇方面综合数据表

<table>
<tr><th colspan="2">教材</th><th>提出依据大纲</th><th>含词汇索引</th><th>词语分类呈现</th><th>含商务词汇列表</th><th>词汇释义语言</th><th>含同话题词语小结</th></tr>
<tr><td rowspan="3">大综合系列</td><td>初级 6 部</td><td>3 部</td><td>6 部</td><td>6 部</td><td>0 部</td><td>2 部无释义，其余为外文释义</td><td>2 部</td></tr>
<tr><td>中级 8 部</td><td>2 部</td><td>8 部</td><td>3 部</td><td>1 部</td><td>2 部中文释义，其余为外文释义</td><td>4 部</td></tr>
<tr><td>高级 6 部</td><td>3 部</td><td>6 部</td><td>2 部</td><td>0 部</td><td>1 部中文释义，1 部中外文释义，其余为外文释义</td><td>0 部</td></tr>
<tr><td rowspan="3">小综合系列</td><td>初级 8 部</td><td>2 部</td><td>7 部</td><td>6 部</td><td>0 部</td><td rowspan="3">均为外文释义</td><td>1 部</td></tr>
<tr><td>中级 4 部</td><td>0 部</td><td>3 部</td><td>0 部</td><td>0 部</td><td>2 部</td></tr>
<tr><td>高级 3 部</td><td>0 部</td><td>2 部</td><td>3 部</td><td>0 部</td><td>1 部</td></tr>
</table>

注：该表中教材部数统计以评估表教材情况为参考。

从表 6–1 可以看出，大、小综合系列教材明确提出所依据大纲的不占多数，即使在教材编写说明中有所提及，大多也是以《高等学校外国留学生汉语言专业教学大纲》或《商务汉语考试大纲》中的词汇部分为参照，缺乏针对性，原因主要在于教材编写之时尚无商务汉语词汇大纲为指导。所有的教材都含有词汇索引；初级教材较中、高级教材更注重词语分类；除了大综合系列中级阶段的一部教材外，其余各个阶段各类教材均无商务词汇列表。词汇释义语言从初级、中级到高级都较为偏向外文，这显示了商务汉语教材与通用汉语教材的不同，由于专业词汇的融入，编者倾向于用外文解释词语，以帮助学习者准确理解其意义与用法。同话题词语小结方面，各阶段教材做得都很不够，今后的教材应注重商务话题词语的汇总与整理。

4.2　教材词汇编写的发展趋向

4.2.1 国际商务汉语的交际性

商务汉语的词汇、语言结构的频率和特征与基础汉语有很大的不同，国际商务汉语有其特殊的词汇系统和语言结构模式，整个教学过程更强调交际性。编写商务汉语这类专用教材，其着眼点和考虑重心是在国际商务领域进行交际时所必需的社会情景和所需要的词汇与语言结构。在词汇和文体选择上要注意适度适当，尤其要注意新词语的引入、语言项目的选择以及教材的编写原则和编写体例等，均应严格按照教学大纲、测试大纲、词频统计等确定和编排，编写者应尽量避免主观性和随意性。

4.2.2 商务词汇编排的重要性

教材词汇的编排要突出商务词汇的地位。商务汉语的专业性较强，有大量的商务专业用语。因此，在教材词汇的编排上要适当增加商务专有词汇的数量，合理安排商务专有词汇同一般词汇的比例，突出商务专有词汇的地位。在词汇的编写内容上，要按照教材适用教学对象的不同，以《汉语水平词汇与汉字等级大纲》《商务汉语考试大纲》《经贸汉语本科词汇教学大纲》等为参考，适当地控制超纲词的数量。商务汉语的语体既书面化又带有口语特点，因此在使用过程中经常会带上一些习惯用语，主要包括歇后语、惯用语、俗语等。在商务活动中使用这些习惯用语能使谈话双方更有亲密感，增加谈话的乐趣，起到缓和气氛的作用。因此，在中、高级教材词汇编排中，可以适当加入一些常用习惯用语的词汇，说明其字面意思以及引申意义，让学习者能够深入理解其含义及用法，同时，这些习惯用语也能增加商务汉语词汇学习的趣味性。

4.2.3 商务词汇呈现的多样性

教材可以通过不同的形式来展示生词，学习者需要不断地巩固复习并注重最后的归纳总结。商务汉语中有大量的商务专业用语，很多词语的用法相对固定，在特定的交际场合中具有明确的规律性，因此在商务主题后可以附上相应的专业语词库。

未来的教材的词汇总量可以现有教材的词汇数量为基数（大综合系列教材为“初级900个、中级750个、高级900个”，小综合系列教材的初、高级数量与大综合相同，中级阶段为550个），再以近几年来出版的词汇大纲尤其是针对商务汉语的词汇大纲为标准，上下浮动10%～15%为宜。在课/单元平均词汇量方面，大综合系列教材可参照现有的“初级每课40个、中级每课35个、高级每课45个”，小综合系列教材参照现有的“初级每课55个、中级每课35个、高级每课45个”。在商务词汇数量方面，大综合系列教材基本可参照现有的“初级500个、中级450个、高级500个”，小综合系列教材可参照“初级 600 个、中级 250 个、高级 200 个”，同样可以进一步参照最新商务汉语词汇大纲进行适当调整。大、小综合系列初、中、高级教材均需保留词汇索引，而且要注意其详细程度；生词建议分类呈现，并单列商务词汇，同时可在每课末增加与本课话题一致的专业词语小结，且中、高级教材可适当加入习惯用语。词汇释义语言方面，初级教材应使用外文，中、高级教材涉及商务专用词汇亦可采用外文，其余建议使用中文。

小结

目前的商务汉语教材对词汇分类呈现做得还不够，未来的商务汉语教材需将商务词汇和一般词汇分类呈现。在词汇编写方面，要提高商务词汇的比重，明确商务词汇的地位，参考大纲进行编排，突出其交际性。此外，可在每课末增加与本课主题相关的商务词汇及常用表达方式小结。

第五节　教材的语法

5.1　教材语法编写存在的问题

5.1.1 语法编排原则

教材语法项目的编排应遵循“淡化语法、重语言交际”的原则，在编写内容上不能过分强调对语法结构的讲解，而应该注重对交际功能的解释。因此，在教材编写过程中，应该增加书面或正式场合用语、口语用语、商务专用表达、插入语等语法项目所占的比重。在对语法点进行解释时，可以采取情景演绎的办法，不仅要给出例句，也要给出使用该例句时的场景，以此加深学习者对此语法点适用条件的认识和理解。

5.1.2 疑难语法点的处理

对于一些难度较大的语法点，我们可采用切分法将其切分成几个小的部分贯穿在几篇课文中进行讲解，这样的编写方式，遵循了化难为简的编写原则，有利于学习者理解掌握。在语法点的编写上，要做到每课难易适中、数量均衡，这样既有利于学习者较好地理解掌握各个语法知识点，也有利于教师科学合理地安排教学课时。

5.1.3 教材目录设计的索引性

学习者可以通过教材目录快速地明确该教材的语境和教学重点，有利于学习者预习和复习，方便授课教师明确教材的等级水平。改进语法的呈现方式：多样性地呈现语法，减少传统的罗列方式，以多种形式来启发和引导学习者学习新语法点。同时，建议今后的商务汉语教材增加语法索引，并注意其具体程度。

5.2　教材语法项目编排的发展趋向

5.2.1 语法项目数量

未来的商务汉语系列教材的语法项目总数，应以现有教材的语法项目数为基准（大综合系列教材为“初级 100 个、中级 150 个、高级 80 个”，小综合系列教材为“初级 120 个、中级 80 个、高级 80 个”），并参照近些年出版的对外汉语语法大纲，精简、优化到最佳范围。课 / 单元平均语法数方面，同样应参考现有教材的情况（大综合系列教材为“初级 5 个、中级 8 个、高级 4 个”，小综合系列教材为“初级 8 个、中级 5 个、高级 4 个”）。

5.2.2 语法项目表述方式

在语法项目的表述方式上，大、小综合系列教材都应强调多样性与简洁性并存，初级阶段可以采用多种表述方式，以激发学生的兴趣；中级阶段既要注意表述手段的丰富性，也要注意将简洁贯彻到底；到高级阶段，应注重用简单的公式表达复杂的语法形式，以恰当的商务例句反映其语法内容。

5.2.3 语法内容安排

在语法内容的安排上，要注意循序渐进，语法点出现的阶段与顺序应仔细考量，对难度不同的语法点有针对性地进行处理，而语法点提示无论在初级还是在中级、高级阶段都应保留。语法点讲解应突出讲练结合，将练习融入语法点的学习中，使学习者可以及时查漏补缺，更好地掌握语法点。

小结

商务汉语教材要注重交际性，未来的商务汉语综合课教材在语法编排方面要体现其特点，注重对交际功能的解释，淡化语法，减少纯语法结构的讲解，将语法点置于一定的商务情景中呈现，体现其交际性。同时，也应注重讲练结合，将练习融入语法点的讲解和学习中。

第六节　教材的修辞

6.1　修辞总量的发展趋向

商务汉语作为一门注重交际，尤其是跨文化交际的应用型学科，必然要涉及修辞知识。有时不借助修辞，就很难对某种经济现象进行全面的解释和深入的研究。在商务活动中，如何正确运用目的语表达交际目的是决定交际成败的关键。在商务汉语教学中经常会出现这种现象，即学生运用所学的语言表达形式进行交际时，所使用的词语和句式都没有错误，但总给人一种不地道或不规范的感觉，这就涉及了修辞的使用。

商务汉语修辞偏重实际经济生活中的礼貌用语和商业文化。要对此做到完全的量化很难，但修辞出现过多或过少都不利于学生的学习与交际。正如前文所述，教材中出现的修辞过少，会降低教材的趣味性和文学性，不利于学生交际能力的提升；教材中出现的修辞过多，会影响学生对教材的理解，加重学习负担，甚至丧失学习的热情。因此，未来商务汉语教材的编写要注重大、小综合系列教材以及各部教材之间修辞总数的合理分配。

6.2　修辞项点的发展趋向

如前文所述，在所统计的高级商务汉语综合课系列教材中，大、小综合系列教材出现的修辞以比喻和拟人的比重最大，夸张、借代、设问、反问、引用、拟物、对比、对照等修辞出现的比重相对较小，而对偶、叠字、移用、层递、仿词、移用、反诘、类比等项点的比重最小。

当然，还有些辞格尚未出现在所统计的 9 部教材中，如顶针、示现等。汉语修辞与汉语言文字及中国历史文化的关系极为密切，既是十分重要的语文知识，又是十分重要的语用知识。其内涵博大精深，用法复杂多变，即便是中国人，没有经过系统的学习，也很难入其门径。

未来商务汉语教材修辞部分的编写应综合考虑交际需求、与社会生活联系的紧密程度、中华文化的凸显程度等几方面因素，对辞格做出科学合理的取舍。就大综合系列教材而言，我们要兼顾汉语修辞与词汇、语法、文化等教学内容的关联性，对于那些常用的辞格，如比喻、拟人、引用、设问、反问等，比重不应降低；对于非常用的辞格，如夸张、对比、借代、拟物等，可在保持现状的基础上，根据学生的实际交际需求选择性地提升教学比重。对于非常用但为汉语所特有的辞格，如对偶、顶针等，要适当为学生做相应的介绍，使学生系统完整地了解汉语修辞的类型和使用情况。对于小综合系列教材，在此基础上我们要以针对性、实用性、科学性、趣味性为原则，灵活设计修辞项点和项点内容，以任务型语言教学理念为指导，通过交流和交际达到学习汉语的目的。

对于辞格类型出现的顺序，虽不要求统一，但也要按照难度和常用度加以适当排序。对于汉语中诸如仿词、仿拟、移就等不常见的修辞类型，即使不要求学生全面掌握，也应使学生从整体上系统地了解汉语修辞的分类和用法，这对于商务汉语教材的系统性而言，无疑是必要的，也是科学的。

6.3　修辞呈现位置的发展趋向

在所统计的大、小综合高级商务汉语系列教材中，修辞大都出现在课文、副课文、生词解释、语法要点、练习及注释中，其中以出现在课文中的比重最大。除此之外，与词汇、语法、练习、文化等内容相比，9部教材均没有为修辞教学设计独立的板块及相应的练习，修辞教学过程相对灵活、松散。

未来教材在修辞部分的设计中，应适当扩大修辞出现的范围。同时也要保留课文和副课文中出现的修辞，因为这种学习方式能够为学生提供相应的语境，有利于学生理解，也方便教师教学。在现有的基础上，大综合系列教材要在保留课文和副课文中修辞的基础上，增大修辞在副课文中出现的比重。此外，我们还可以在教材中设置不同商务环境下的修辞类型及相应的练习，数量以每单元一个为佳。这种做法一方面可以帮助学生在阅读中了解汉语修辞，提高自己的交际水平和写作能力；另一方面，有些修辞为汉语所特有，体现了中华文化的特质，应通过汉语的语言表达形式来传释，因此，这种做法可使修辞与词汇、语法、文化等各部分内容相互贯通，加深学生对汉语的整体认知。商务汉语修辞教学一般是渗透在汉语和专业知识课程中，对此我们可以采用任务型语言教学法，在学习汉语和商务专业知识的同时感悟汉语修辞，同时领略修辞中所蕴含的中国商务文化，这对学习者会大有裨益。此外，未来商务汉语修辞教学可以分布到听、说、读、写各种语言技能教材中，根据课型的不同设置不同的呈现方法，尤其是写作、口语教材。小综合系列教材可以用比较灵活的方式介绍汉语修辞，如结合商务环境，展现特定语境下的修辞内容和汉语中常见的修辞类型。

小结

汉语的特点之一在于其某些独特的表达手法，如修辞。事实上，学习者的汉语水平越高，就会有越多的修辞渗透其中，很难想象一个不懂汉语修辞的人会拥有高超的汉语交际能力。未来商务汉语综合课系列教材的编写，尤其是高级教材，可以将修辞教学作为教材创新的途径之一。

未来的教材编写要本着实用性、趣味性、科学性、针对性的原则，从增强学生实际交际能力的角度出发，考虑为高级商务汉语修辞教学建立起可行的标准和完善的体系。

第七节　教材的文化

7.1　教材文化项点比重的发展趋向

7.1.1 大、小综合系列初级阶段教材

大、小综合系列初级阶段教材中有五种文化项点，即交际文化、商务物质文化、商务制度文化、商务行为文化及商务精神文化，具体分布情况如表 6–2 和图 6–1 所示。

表 6–2　大、小综合系列初级阶段教材文化项点数量统计表（单位：个）

教材＼项点数目	交际文化	商务物质文化	商务制度文化	商务行为文化	商务精神文化	文化项点总数
大综合系列初级阶段教材（6 部）	14	6	3	4	6	33
小综合系列初级阶段教材（12 部）	29	20	20	8	15	92

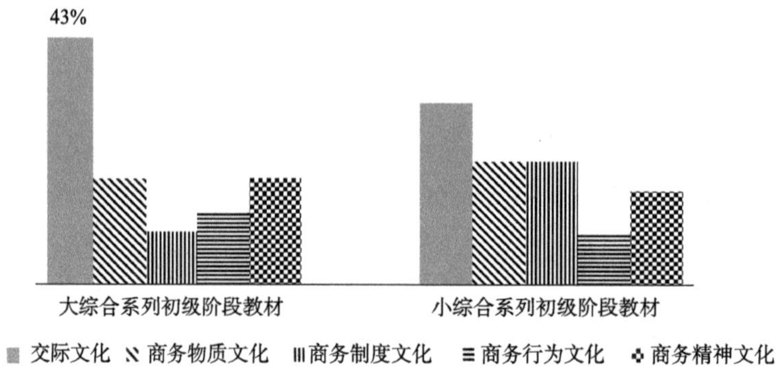

图 6–1　大、小综合系列初级阶段教材各类文化项点所占比重示意图

由表 6–2、图 6–1 可以看出，不论是大综合系列还是小综合系列初级阶段教材，交际文化所占比重在各文化项点中均最大，由此可见交际文化在初级商务汉语教材的编写中受到了编写者的广泛重视。

7.1.2 大综合系列中、高级阶段教材

大综合系列中、高级阶段教材中有三种文化项点，即管理文化、交易文化及政策文化，具体分布情况如表 6–3 和图 6–2 所示。

表 6-3　大综合系列中、高级阶段教材中各类文化项点数量统计表（单位：个）

项点数目 / 教材	管理文化	交易文化	政策文化	文化项点总数
中级阶段教材（8 部）	26	23	36	85
高级阶段教材（6 部）	21	20	10	51

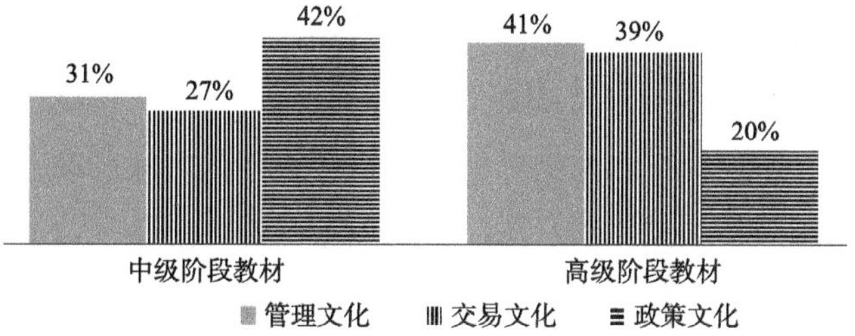

图 6-2　大综合系列中、高级阶段教材中各类文化所占比重示意图

由图 6-2 我们可以发现，管理及交易文化在商务汉语综合课教材中随着学习阶段的提升比重不断增加，政策文化比重相对下降。

7.1.3 小综合系列中、高级阶段教材

小综合系列中、高级阶段教材中有四种文化项点，即贸易文化、营销文化、经济金融、商务管理及法律，具体分布情况如表 6-4 和图 6-3 所示。

表 6-4　小综合系列中、高级阶段教材各类文化项点数量统计表（单位：个）

项点数目 / 教材	贸易文化	营销文化	经济金融	商务管理及法律	文化项点总数
中级阶段教材（4 部）	26	10	1	4	41
高级阶段教材（3 部）	3	9	31	7	50

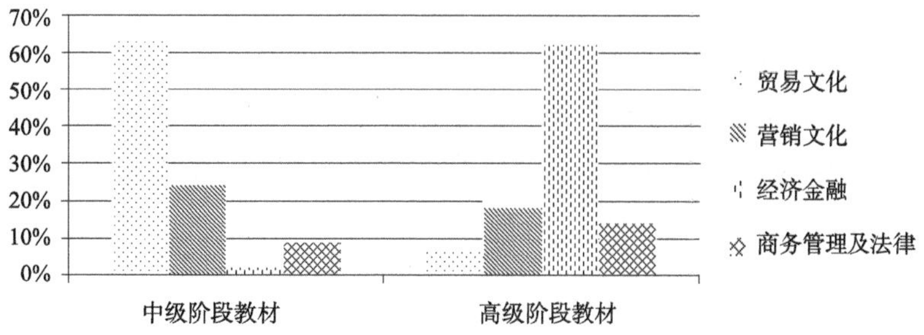

图 6-3　小综合系列中、高级阶段教材各类文化项点所占比重示意图

由表 6–4 和图 6–3 可知，高级商务汉语综合课教材较中级而言，其中的商务管理及法律以及经济金融比重有所提升，尤其是经济金融知识比重幅度增加较大，而贸易文化以及营销文化比重下降。高级阶段教材各类文化项点总数较中级要多，可见随着学习阶段的提升，教材中所涉及的文化内容也更为丰富。综上，不难发现小综合教材编写规律是：初级阶段主要解决交际问题，中级阶段以功能为纲，语法结构伏于暗线，文化因素渗透其中；高级阶段以文化内容为主线，将功能贯穿始终。

未来教材中的交际文化、管理文化、交易文化、政策文化、贸易文化、营销文化、经济金融以及商务惯例与法律等文化项点在初、中、高级教材中出现与否以及出现的比重，可参考现有初、中、高级教材的比例分配，兼顾各类文化之间的联系，根据教材编写原则即“实用性、趣味性、科学性、针对性”来确定项点内容的选择以及呈现方式。通过对各类商务文化的介绍与学习，可以实现学习者扫除交际障碍、顺利进行商务活动的愿望，甚至可以达到传播中华文化精髓的目的。

未来教材的交际文化、交易文化、政策文化、贸易营销、经济金融以及法律法规等可保持现有比重，管理文化中的三级项点可通过整合降低比重，不宜提高。

7.2　分类细化

未来的商务汉语教材数量将会有质的飞跃，因此，未来的商务汉语教材需求量将持续上升，随之而来的是对教材中文化背景与文化知识的高速需求。面对纷繁复杂的文化背景与文化知识的介绍，商务汉语教材中的文化分类与细化就显得尤为重要。现有的商务汉语教材已有这样的趋势，如《商务汉语入门（基本礼仪篇）》《商务汉语入门（日常交际篇）》《商务汉语提高（应酬篇、办公篇、业务篇）》已经以文化为纲，将其作为一个系统分门别类地进行介绍与讲解。

7.3　高科技的引入与融合

商务汉语作为一门时效性较强的课程，一定要与时俱进。可以尝试大胆运用最先进的教学理念与最先进的高科技手段，既有文本教材也有声像电子教材，同时突出网络的作用，使商务汉语综合课教材中的文化教学立体化，富于变化，千姿百态。在保证实用性的前提下，提升教材的趣味性。

小结

本节论述了现阶段商务汉语综合课不同阶段教材的文化项点及其比重，并对未来教材文化项点比重编排提出了建议，其结果有助于同类教材的编写。接着又对教材的发展趋向的两个方面进行了分析，指出未来商务汉语教材应该细化分类，全面具体地介绍文化内容，并适当运用高科技技术丰富文化内容呈现方式。

第八节　教材的练习

8.1　教材练习题量的发展趋向

通过对比大综合和小综合系列初、中、高级教材的练习总量，我们发现小综合系列教材折线形态由初级到高级趋于平缓，练习总量的浮动区间在不断减少。由于小综合系列教材的出版时间较早，商务汉语综合课教材的发展还不成熟，因此受通用汉语综合课教材的影响较大，在练习总量的变化上与通用汉语综合课教材相似；大综合系列教材折线形态则有所不同，初级和中级阶段的浮动均较大，高级阶段趋于平缓。大综合系列教材的出版时间较晚，商务汉语综合课教材的发展进入了新的阶段。随着“大商务”理念的提出和新型教学法的研究使用，商务汉语综合课教材的内容也越来越丰富，任务型练习和案例练习的比重开始增加。初级阶段教学内容属于基础知识，需要进行大量的强化训练；中级阶段不同教材结合不同商务内容设置的任务型练习和案例练习各异，因此中级阶段大综合系列教材练习总量浮动较大。

通过以上分析可知，商务汉语综合课系列教材的练习题量呈现递增的变化。语言教学追求速成，速成就需要用大量的练习进行强化。新时期商务汉语综合课系列教材的显著特点之一就是题多量大，未来的商务汉语综合课教材也应该顺应这一规律，合理适度地提供足量的练习。

8.2　课堂练习与课后练习

在所分析的商务汉语综合课教材中，大部分教材都没有区分课堂练习和课后练习，而是把练习集中在一起放在每课的最后，或是分别放在各教学模块之后。在未来教材的编写中，编写者应适当区分这两类练习。练习的作用是对课堂所学知识的复习巩固和拓展提高，课堂练习是指需要及时复习巩固并能反映课堂教学效果的练习内容，其形式应适合在课堂上师生之间或学生之间进行操练，例如对话练习、小组讨论等。课堂教学时间的有限性决定了教师不大可能针对不同学生的不同需求进行充分的训练，因此练习部分还需要包括大量的知识巩固和技能训练的课后练习，例如给学生布置具体商务任务并撰写报告等。在这方面做得比较好的教材是新思路商务汉语规划教材《商务汉语综合教程》。

8.3　技能型练习

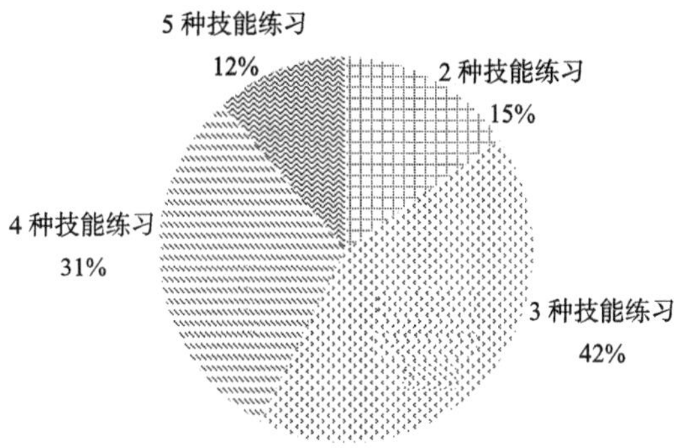

图 6-4　大综合系列教材技能练习示意图

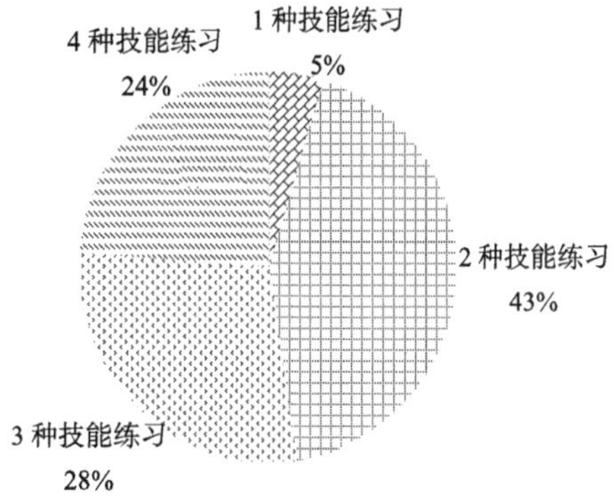

图 6-5　小综合系列教材技能练习示意图

通过以上两图可以看出，大综合系列教材中没有只包含 1 种技能练习的教材，包含 3 种和 4 种技能练习的教材居多，包含 2 种和 5 种技能练习的教材次之。小综合系列教材中只包含 1 种技能练习的教材比重较小，包含 2 种技能练习的教材占大部分，包含 3 种和 4 种技能练习的教材次之，没有包含 5 种技能练习的教材。这说明，随着商务汉语教学研究的发展，综合课教材的编写者越来越重视技能练习的作用，因此在教材编写中设置了越来越全面的技能练习供学习者操练。

语言的发展是一个整体，听、说、读、写、译五种技能必须互相配合、协调发展才能使语言能力发展到较高阶段，因此我们重视综合技能训练的同时也不能忽视分技能的训练。具有丰富的技能型练习是商务汉语综合课教材区别于通用汉语综合课教材的主要标志之一。在今后的教材编写中，编写者应继续保持和发展这一特色，设置全面的、丰富的、更具实用性的技能型练习，让练习充分起到其作用。

8.4　练习的趣味性和实用性

趣味性原则是汉语教材编写原则之一，增强教材的趣味性可以起到保护和调动学习者的学习积极性、激发学习者学习动机的重要作用，具有不断唤起学习者热情、不断激发学习者学习兴趣的功能。趣味性原则在练习编写的过程中也尤为重要，考察发现，现有教材练习的趣味性仍有很大发展空间。练习的趣味性具体体现在习题的形式和内容上，形式方面可以通过美化版式设计、为题目搭配相应图片等增强趣味性；内容方面可以通过编写游戏练习或者设置具体任务来增强趣味性。例如新丝路商务汉语系列教材中有“设计名片”的练习，这样的练习能大大调动学习者的积极性，发挥他们创造性地、综合性地运用商务汉语的潜能。

商务汉语的学习者具有事业指向性，他们的学习目的很明确，功利性明显，对商务汉语课程也有明确的指向性，因此商务汉语教材的练习更应该加强实用性，结合最新教学法，紧扣当今社会商业背景，编写更贴近具体商务活动的任务型练习和真实的商务案例分析练习。练习材料源于生活和现实，更有利于学习者日后开展商务交际活动。

小结

商务汉语课程主要操练语言技能，因此商务汉语教材应遵循具体教学理论的指导，在练习的编写设置上要注意平衡知识与能力两方面。在未来商务汉语综合课的练习编写中，应充分重视商务实践和商务案例分析，增强练习部分的实用性。

参考文献

期刊及会议论文等

安　娜、史中琦，商务汉语教材选词率及核心词表研究，《语言文字应用》2012 年第 2 期。

曹　喆，努力打造商务汉语国际品牌，《神州学人》2010 年第 7 期。

陈　芳、郭　鹏，商务汉语教学需求分析的内涵和框架，《沈阳师范大学学报（社会科学版）》2008 年第 4 期。

陈志红，商务汉语教材建设的几点思考，载《对外汉语教学与研究》，南京大学出版社，2010。

邓淑兰、李廷圭，任务型教学法在商务汉语教学中的应用考察，《现代语文（语言研究版）》2011 年第 1 期。

丁安琪，商务汉语写作课教学行动研究报告，《云南师范大学学报（对外汉语教学与研究版）》2004 年第 5 期。

丁俊玲，发散思维与商务汉语会话教学，《当代教育论坛（下半月刊）》2009 年第 4 期。

高彦德，阿拉伯语状语的汉译问题，《世界汉语教学》1993 年第 1 期。

顾伟列、方　颖，商务汉语任务型语言教学法初探，《云南师范大学学报（对外汉语教学与研究版）》2009 年第 2 期。

关道雄，商务汉语教材的范围、内容和开放式架构设计，《第八届国际汉语教学讨论会论文选》，高等教育出版社，2007。

何　敏，浅谈问题导向教学模式在商务汉语教学中的运用，《世界经济情况》2005 年第 19 期。

贺　乐，浅谈新时期商务汉语教学之我见，《新课程学习（下）》2011 年第 9 期。

胡小爱，初级商务汉语教学中任务教学法应用研究，《技术与市场》2011 年第 4 期。

华霄颖、徐少芬，中美商务汉语教材比较谈，《国际汉语教育》2009 年第 6 期。

黄锦章，隐喻和隐喻能力在商务汉语国际教育中的重要作用，《当代修辞学》2010 年第 6 期。

黄　清，评《初级商务汉语精读》的商务特点，《商业文化（下半月）》2012 年第 1 期。

季　瑾，基于语料库的商务汉语学习词典的编写设想,《语言教学与研究》2007 年第 5 期。
姜国权，论商务汉语阅读课的教学策略,《时代文学（下半月）》2009 年第 12 期。
姜国权，商务汉语教材的出版现状与对策,《中国新闻出版报》，2009。
姜国权，商务汉语教材与教学探析,《时代文学（下半月）》2009 年第 7 期。
李柏令，从商务汉语的本质看零起点商务汉语教学,《商场现代化》2008 年第 24 期。
李鸿亮、杨晓玉，试论对外汉语教材对中华文化的呈现方式,《长春工业大学学报（高教研究版）》2011 年第 2 期。
李　泉，论对外汉语教材的针对性,《世界汉语教学》2004 年第 2 期。
李　睿，谈商务英语中商务知识的分类,《外语教育教学》2010 年第 7 期。
李　巍，“结构—功能—文化”教学法在对外汉语教学应用中的反思——兼谈对外汉语教材文化因素的定位,《长春师范大学学报（高教研究版）》2008 年第 4 期。
李晓琪，系列商务汉语教材编写探索，载《对外汉语教学与研究》，南京大学出版社，2010。
李晓亮，对外汉语教材的几个问题,《世界汉语教学》1996 年第 4 期。
李　杨，对外汉语的定性、定位和定量问题，对外汉语教学会成立十周年学术会议发言稿，1993。
李忆民，视听说对外汉语教材编制初探——《国际商务汉语》的总体构想与编制原则,《汉语学习》1999 年第 1 期。
刘丽瑛，经贸汉语教学初探,《世界汉语教学》1997 年第 1 期。
刘　巍，商务汉语教学与跨文化交际能力培养,《现代交际》2010 年第 4 期。
刘　艳，基于任务的商务汉语词汇教学探讨,《华文教学与研究》2011 年第 4 期。
刘　织，商贸类汉语教材的简要分析,《枣庄师范专科学校学报》2004 年第 5 期。
柳岳梅、刘继红，论《老乞大》的商务汉语教学特征,《云南师范大学学报（对外汉语教学与研究版）》2007 年第 5 期。
楼益龄，对外商务汉语的语用认知及其教学策略,《云南师范大学学报（对外汉语教学与研究版）》2010 年第 2 期。
陆　华、李业才，对外汉语教学运用任务型教学理论问题研究,《菏泽学院学报》2009 年第 3 期。
路志英，商贸类汉语教材编写和研究的基本情况述评,《云南师范大学学报》2006 年第 5 期。
吕必松，我对发展汉语教学的几点认识,《汉语学习》1993 年第 6 期。
苗　欣，商务汉语教学中应用时事经济热点案例应把握的几个原则,《黑龙江科技信息》2011 年第 7 期。

聂学慧，高级阶段商务汉语语篇特征及语篇能力培养途径，《天中学刊》2010 年第 4 期。
潘先军，中高级精读教材语料编选再议兼谈《目标汉语（提高篇）》课文安排，载《第十届国际汉语教学研讨会论文选》，万卷出版公司、北方联合出版传媒集团，2012。
朴美玉，“字本位”理论与商务汉语词汇教学——以《商务汉语考试大纲》中的词汇教学为例，《中国校外教育》2010 年第 24 期。
乔　晔，试论商务汉语教学中的文化教学，《河南教育（中旬）》2011 年第 4 期。
钱敏汝，跨文化经济交际及其对外汉语教学的意义，《外语教学与研究》1997 年第 4 期。
邱　军，略谈《基础汉语教学词汇大纲》的研制，载《语言文化教学研究》，华语教学出版社，1996。
仁　玉，对外汉语文化教学特点初探，《辽宁师范大学学报（社科类）》1995 年第 2 期。
沈庶英，经贸汉语综合课的定位，《语言教学与研究》2006 年第 5 期。
盛光希，论经贸汉语的语体特征，《当代经理人》2006 年第 6 期。
苏新春，对外汉语词汇大纲与两种教材词汇状况的对比研究，《语言文字应用 》2006 年第 2 期。
苏英霞，浅谈对外汉语教材“词语例释”的编写，《汉语学习》2004 年第 4 期。
孙德金，略谈词性标准注的目的性问题，《语言文字应用》2004 年第 2 期。
覃俏丽，对外商务汉语中的文化因素及其教学，《现代语文（语言研究版）》2009 年第 8 期。
佟秉正，初级汉语教材的编写问题，《世界汉语教学》1991 年第 1 期。
万谊娜，对外商务汉语与基础性汉语的教学比较，《云南师范大学学报（对外汉语教学与研究版）》2004 年第 6 期。
王东媛，试论提高商务汉语教学质量的基础要素，《上海师范大学学报（基础教育版）》2008 年第 6 期。
王海龙，海外商务汉语的教材设计以及学以致用的相关问题，载《对外汉语教学与研究》，南京大学出版社，2010。
王弘宇，教材中词性标注的针对性原则，《语言教学与研究》2001 年第 5 期。
王剑虹，对外汉语教材评析与对比研究——以《实用商务汉语》和《大众汉语》为例，《考试周刊》2011 年第 71 期。
王尧美，对外汉语教材的创新，《语言教学与研究》2007 年第 4 期。
吴淑姣，留学生经贸汉语课程中的术语教学，《暨南大学华文学院学报》2006 年第 4 期。
夏　雪，对教材《初级商务汉语》精读生词重现率的分析，《语文学刊》2012 年第 4 期。
辛　平，面向商务汉语教材的商务领域词语等级参数研究，《语言文字应用》2007 年第 3 期。
邢　欣，商务汉语案例阅读教材编写探讨，载《首届全国教育教材语言专题学术研讨会论文集》，2006。

徐素萍，理念的高远与细节的真实——从《新编剑桥商务英语学生用书》看商务汉语教材的练习编写，《江苏外语教学研究》2011 年第 1 期。

徐媛媛，任务型教学在中级《商务汉语口语》课程中的运用，《乌鲁木齐成人教育学院学报》2009 年第 4 期。

杨东升、陈子骄，商务汉语课程总体设计，《大庆社会科学》2009 年第 2 期。

杨东升、陈子骄，有关商务汉语几个理论问题的探讨，《辽宁工业大学学报（社会科学版）》2008 年第 3 期。

杨东升，商务汉语词汇教学之管见，《辽宁工业大学学报（社会科学版）》2010 年第 5 期。

杨东升，商务汉语教材编写初探，《辽宁工学院学报（社会科学版）》2003 年第 1 期。

杨东升，商务汉语写作教学探究，《现代语文（语言研究版）》2011 年第 12 期。

易丽丽、彭松林，缄默知识显性化与商务汉语课堂教学模式初探，《高教论坛》2011 年第 10 期。

袁建民，关于商务汉语课程、教学和教材的设想，《云南师范大学学报（对外汉语教学与研究版）》2004 年第 2 期。

袁　珂，商务汉语口语教学中任务型教学模式初探，《内蒙古师范大学学报（哲学社会科学版）》2008 年第 S2 期。

曾毅平，语体理论在对外汉语教学中的应用，《修辞学习》2009 年第 5 期。

张和生，外国学生汉语词汇学习状况计量研究，《世界汉语教学》2006 年第 1 期。

张　黎，交际策略教学法研究——以商务汉语口语交际课为例，《语言教学与研究 》2011 年第 2 期。

张　黎，商务汉语教学需求分析，《语言教学与研究》2006 年第 3 期。

张　彤，浅析中国入世后的对外商务汉语，《商场现代化》2007 年第 10 期。

张永昱，新一代商务汉语教材建设的初步构想，《东北财经大学学报》2004 年第 4 期。

赵金铭，对外汉语教材创新略论，《世界汉语教学》1997 年第 2 期。

赵金铭，论对外汉语教材评估，《语言教学与研究》1998 年第 3 期。

赵燕华，初级商务汉语教材交际功能统计及分析，《现代语文（语言研究版）》2010 年第 4 期。

周　虹，商务汉语写作课程教学模式探讨，《语文学刊》2011 年第 12 期。

周静婷，对外商务汉语教学相关问题，《经济研究导刊》2010 年第 16 期。

周小兵、干红梅，商务汉语教材选词考察与商务词汇大纲编写，《世界汉语教学》2008 年第 1 期。

朱黎航，商务汉语的特点及其教学，《暨南大学华文学院学报》2003 年第 3 期。

朱志平，1998—2008十年对外汉语教材评述，《北京师范大学学报（社会科学版）》2008年第5期。

专著

对外经济贸易大学国际商务汉语教学与资源开发基地，《2011国际商务汉语年度报告》，高等教育出版社，2012。
李　泉，《对外汉语教材研究》，商务印书馆，2006。
李　泉，《对外汉语教学学科理论研究》，商务印书馆，2006。
李　泉，《对外汉语课程、大纲与教学模式研究》，商务印书馆，2006。
李晓琪，《对外汉语综合课教学研究》，商务印书馆，2006。
吕必松，《对外汉语教学探索》，华语教学出版社，1987。
倪明亮，《汉语综合课教材论·文册》，北京语言大学出版社，2012。
沈庶英，《商务汉语教学理论研究与方法创新》，北京语言大学出版社，2013。
杨惠元，《速成汉语初级听力教程》，北京语言大学出版社，2000。
叶蜚声、徐通锵，《语言学纲要》，北京大学出版社，1997。
张　黎，《经贸汉语课程研究》，商务印书馆，2007。
赵金铭主编，《对外汉语教学概论》，商务印书馆，2007。

学位论文

博士

吴海燕，商务汉语词汇研究，中央民族大学博士学位论文，2012。
吴志山，定制式数字化汉语教材辅助分析与重组方法研究，北京语言大学博士学位论文，2009。

硕士

陈　宁，从文化词汇看初级商务汉语教材中的文化导入问题，复旦大学硕士学位论文，2010。
陈香香，面向外国商务人士的零起点商务汉语教材的编写，华中师范大学硕士学位论文，2011。

崔妙莹，基于商务汉语改革的商务汉语需求调查分析，华东师范大学硕士学位论文，2011。

戴　姗，基于DCC三年经济日报语料的面向国际大企业商务领域词语统计方法研究，北京语言大学硕士学位论文，2007。

高　宁，对外汉语商贸中级口语教材课文研究，辽宁师范大学硕士学位论文，2010。

何蓓蓓，《国际商务汉语教程》与《国际商务汉语》的比较，华中科技大学硕士学位论文，2006。

洪　林，《商务口语教程》与《商务汉语金桥：中级会话》的比较，华中科技大学硕士学位论文，2011。

洪　迎，商务汉语教学应以文化因素为先导，浙江大学硕士学位论文，2011。

胡梓华，中级商务汉语教材词汇分析研究，暨南大学硕士学位论文，2011。

黄洁云，初级商务汉语教材词汇分析研究，暨南大学硕士学位论文，2009。

寇维娜，任务型商务口语教材中的任务编制研究，南京师范大学硕士学位论文，2011。

廖陈林，在华商务人士汉语使用情况的个案调查，北京语言大学硕士学位论文，2007。

刘芳宏，两部商务汉语教材的比较研究，中山大学硕士学位论文，2010。

刘晓岚，《经贸洽谈ABC》与《商务汉语》比较研究，四川大学硕士学位论文，2007。

刘　莹，《新丝路速成商务汉语》系列教材词汇问题研究，吉林大学硕士学位论文，2011。

芦　薇，商务汉语教材内容评估及编排探讨，华东师范大学硕士学位论文，2009。

罗　鑫，《初级实用商务汉语》与《经贸初级汉语口语》比较研究，四川师范大学硕士学位论文，2011。

孙　静，以需求分析为导向的商务汉语教材主题研究，大连理工大学硕士学位论文，2010。

王　敏，ESP理论用于对外商务汉语教学的实用性研究，西安外国语大学硕士学位论文，2011。

王　萍，对外汉语中级精读教材文化项目导入研究，东北师范大学硕士学位论文，2009。

徐　佩，在华日韩人士商务汉语学习需求分析，南京师范大学硕士学位论文，2011。

语言教材（详见第三章、第四章）

后　记

2012年8月，《汉语综合课教材论》（全2册）作为献给“对外汉语教学事业60周年、北京语言大学建校50周年、本人从事对外汉语教学30周年”的一份薄礼问世了。而今，《汉语综合课教材论》的姊妹篇《商务汉语综合课系列教材论》（全2册）即将付梓。按常理，这本又是一件激动人心的大事，但人将至耳顺之年，一切都是过眼云烟，权当聊以自慰了。正当金盆洗手之际，《国际汉语综合课教材引论》又在招手，为人为己都难以割舍。

《商务汉语综合课系列教材论》勾起了我10年前的一段往事。当时，刚转教商务汉语综合课一年，随即赴韩出任合作办学中方教学校长，工作之余，萌生了编写商务汉语教材的念头。正逢两个利好消息：一是《商务汉语考试大纲》刚刚出版，商务汉语教材的编写有了一部指导性的纲要，可步入正轨；二是商务印书馆有意出版一部理念新颖的商务汉语教材，而在“商务”出书恰好是我梦寐以求的。鉴于此，我开始参考大纲并总结教学体会，完成了给“商务”的项目论证报告，同时联系了我校在韩国任教的四位教师。几经讨论，大家取得共识，齐心协力，共同承担了此项目。两年后，《商务汉语课本》（全5册）如期出版，我作为全书的副主编，还以第一作者身份出现在第5册封面上，当时的感觉五味杂陈。不管编教、出版过程如何富有戏剧性，结果是，我的“商务”梦终于圆了。

2006年归国以来，又接着承担起商务汉语综合课的教学工作。2012年在《汉语综合课教材论》杀青之际，一个想法自然产出：不妨照方抓药，继续前行，给《汉语综合课教材论》增添一部姊妹篇，也算是应了中国的一句老话：好事成双。历经近三年，几易其稿，《商务汉语综合课系列教材论》（全2册）终于展现在了世人面前，献丑了。

至于此，结合《汉语综合课教材论》“后记”的相关内容，便是本人教授通用汉语和商务汉语“综合课”的全部心路历程，它恰好诠释了自媒体所谓的“六然”：凡事顺其自然，遇事处之泰然，得意之时淡然，失意之时坦然，艰辛曲折必然，历尽沧桑悟然。“六然”36字犹如我对外汉语教学30余年的真实写照，大幕即将落下，于汉语国际教育事业献了青春献终身，鄙人无怨无悔。

刘珣先生作为汉语国际教育的前辈和编教权威，对本人的工作给予了热情的指导与帮助，还为拙著撰写了序言，着实令人感动。我将铭记先生的嘱托，为传承北语特色，继续努力完成《国际汉语综合课教材引论》一书的编写工作。

张健总编辑作为北京语言大学出版社领导，不但对本书“征求意见稿”提出了具体修改建议，更为本书早日面世提供了绿色通道。另外，还要真诚地对付彦白责编说声“对不起”。《汉语综合课教材论》没有出现他的名字，是我的疏漏；付编为了两套“教材论”的顺畅出版付出了很多心血，没有他，就不会有这部姊妹篇。谢谢北语社。

赵金铭、崔永华、周小兵、王海峰、张黎、郑艳群、张旺熹、曹文、刘现强、许皓、赵菁、沈庶英、刘苏乔等校内外专家学者在百忙之中审阅了全部书稿并提出宝贵意见，本人对此深表感谢。

2011 级研究生王月、邓微、张涛、陈泽鸿，2012 级支悠儿、许娜娜、刘玓、王秀芳，2013 级杨阳、孙淑敏等同学为本书的最终完成做了大量工作，包括资料搜集、书中若干部分初定稿撰写、修改和校对等。特别是 11 级的王月同学，在成书过程中出力最多，既是同学之间的联络人，也是全书的整合者与写作者；12 级支悠儿同学作为我校本专业保研生，其水平与能力在同级中堪称优秀；13 级杨阳同学凭借个人实力撰写、重写了书中的某些章节；10 级的蔡雪娇同学虽已毕业，仍自始至终地关心、参与本书的编著工作。谢谢这些活泼可爱、充满活力的年轻人，老师会永远记住你们，愿与大家继续同行。

最后，感谢书中所评述的所有商务汉语综合课系列教材的编写者，没有你们的教材就没有眼前的一切。倘若拙作中出现误解、误判或评述不当之处，诚恳欢迎以各种方式批评指正。同时，期待广大读者随时随地、不拘形式地赐教，编者在此先行道谢了。

倪明亮
2014 年　国庆节